Peter Richter, Winfried Hacker
Belastung und Beanspruchung

Peter Richter, Winfried Hacker

Belastung und Beanspruchung

Streß, Ermüdung und Burnout im Arbeitsleben

Roland Asanger Verlag Heidelberg

Die Autoren:
Peter Richter, Dr., geb. 1943, Professor für Arbeits- und Organisationspsychologie, Winfried Hacker, Dr., geb. 1934, Professor für Allgemeine Psychologie, beide an der Universität Dresden.

Die Deutsche Bibliothek – CIP-Einheitsaufnahme

Richter, Peter:
Belastung und Beanspruchung : Streß, Ermüdung und Burnout im Arbeitsleben / Peter Richter ; Winfried Hacker. - Heidelberg : Asanger, 1998
ISBN 3-89334-324-5

Das Werk einschließlich aller seiner Teile ist urheberrechtlich geschützt. Jede Verwertung außerhalb der engen Grenzen des Urheberrechtsgesetzes ist ohne Zustimmung des Verlags unzulässig und strafbar. Das gilt insbesondere für Vervielfältigungen, Übersetzungen, Mikroverfilmungen und die Einspeicherung und Verarbeitung in elektronischen Systemen.

© 1998 Roland Asanger Verlag Heidelberg

Umschlaggestaltung: Doris Bambach
Printed in Germany
ISBN 3-89334-324-5

Vorwort

Dieses Buch ist konzeptionell und methodisch Bestandteil von Entwicklungsarbeiten zu einer einheitlichen arbeitspsychologischen Methodik der Analyse, Bewertung und Gestaltung von Arbeitsprozessen. Der Text steht in enger inhaltlicher Beziehung zur Darstellung der psychologischen Methodik der Arbeitsanalyse (Hacker, W., Arbeitstätigkeitsanalyse, Heidelberg: Asanger, 1995). Diese Bücher sind vor allem gedacht als Lehrmaterial zur Vermittlung von methodischen Grundlagen für Anforderungs- und Beanspruchungsanalysen bei geistiger Arbeit.

Der Prozeß einer vereinheitlichten Gesetzgebung im europäischen Arbeitsschutz einerseits, andererseits die stetige Zunahme negativer Auswirkungen ungenügend gestalteter Arbeitsprozesse hat Phänomene wie Streß, psychische Ermüdung oder Burnout mit ihren pathologischen Langzeitschädigungen zunehmend in das Zentrum der Psychologie, Arbeitswissenschaft und Medizin gerückt.

Nicht zuletzt haben diese Themen auch arbeitsrechtlich ein besonderes Gewicht erhalten. 1996 ist nach jahrelanger Diskussion das „Gesetz zur Umsetzung der EU-Rahmenrichtlinie Arbeitsschutz und weiterer Arbeitsschutz-Richtlinien" (Bundesgesetzblatt 1996; Teil I, Nr. 43) erschienen, das neue Möglichkeiten der rechtlichen und methodischen Einbeziehung des Schutzes der psychischen Gesundheit eröffnet. Das trifft ebenso für die sich in der Abschlußphase befindliche Normierungsarbeit zur Europäischen Norm EN ISO 10075 „Ergonomic principles related to mental work load" zu. Dieser Einführungstext in die Thematik der Streß- und Beanspruchungsforschung geistiger Arbeit will nicht nur Studenten der Psychologie in der Ausbildung zum Anwendungsfach „Arbeits- und Organisationspsychologie" erreichen, sondern auch Fachleute des Arbeitsschutzes und der Arbeitsmedizin in den Berufsgenossenschaften, den Gewerbeaufsichtsämtern, und in der Aus- und Weiterbildung auch die Fachkräfte für Arbeitssicherheit in den Unternehmen.

In diesem Buch ist versucht worden, aufbauend auf einem tätigkeitspsychologischen Verständnis von Regulationsprozessen der Arbeit und ihren Störungsquellen, einen systematischen Überblick über die Symptomatologie und die Differentialdiagnostik psychischer Fehlbeanspruchungen, über ihre Meßansätze und Wege zu ihrer Vermeidung zu geben.

Der Text knüpft an eine frühere Publikation der Autoren beim damaligen Deutschen Verlag der Wissenschaften (Hacker, W. & Richter, P., Psychische Fehlbeanspruchung, Berlin, 1980) an. In einigen Bereichen ist aus unserer Sicht wenig Neues geschehen, z.B. auf dem Gebiet der Skalierung psychischer

Anspannung, der praktischen Nutzung des Doppeltätigkeitsansatzes nach Bornemann oder der Ermüdungsprophylaxe durch Pausensysteme. In diesen Bereichen konnten daher mit kleineren Veränderungen Darstellungen übernommen werden. Andere Bereiche, wie z.b. die Diagnostik von Ressourcen, die Streß- und Burnout-Symptomatik haben eine so intensive Entwicklung erfahren, daß sie völlig neu zu gestalten waren.

Beide Texte stehen in sehr enger konzeptioneller Nähe zur Publikation des Tätigkeitsbewertungssystems TBS (Hacker, W.; Fritsche, B.; Richter, P. & Iwanowa, A., Das Tätigkeitsbewertunsgsystem – TBS, Zürich: vdf, 1995) sowie zum darauf aufbauenden Software-Programm (REBA) zur Bewertung von psychischen Anforderungen und Bewertungen. Das vorliegende Buch stellt eine Überarbeitung des für die FernUniversität Hagen erstellten Lehrtextes „Belastung und Beanspruchung" dar. Wir danken der FernUniversität dafür, den Text weiterverwenden zu dürfen.

Sehr herzlich möchten wir uns für die Anfertigung und Überarbeitung des Manuskripts, für die Erstellung von Abbildungen und die Korrektur von Fehlern bei Frau Dipl.- Psych. Antje Triemer, Herrn Dipl.-Psych. Andreas Pohlandt, bei cand. psych. Kerstin Ben Sassi und für die Gesamtredaktion und Gestaltung des Manuskripts bei Frau Gabriele Buruck bedanken.

Wir sind besonders dem Asanger Verlag dankbar dafür, daß nun eine geschlossene Darstellung der Methodik der Anforderungs- und Beanspruchungsanalyse in zwei Bänden erscheinen kann.

Dresden, im September 1997   Peter Richter
                                                       Winfried Hacker

Inhaltsverzeichnis

1. **Psychische Beanspruchung als Kriterium der psychologischen Arbeitsbewertung** ... 9

2. **Stressoren und Ressourcen** ... 15
2.1 Klassen von Streßkonzeptionen ... 15
2.1.1 Streß als Gesamtheit belastender Einwirkungen (Stressoren) – reizorientierte Modelle ... 15
2.1.2 Streß als organismische Reaktion auf unspezifische Verursachungen – reaktionsorientierte Modelle ... 18
2.1.3 Streß als Prozeß der Auseinandersetzung der Person mit Belastungen – das transaktionale Modell ... 20
2.2 Ressourcen und seelische Gesundheit ... 22

3. **Psychische Beanspruchung beim Bewältigen von Arbeitsaufgaben** ... 32
3.1 Beschreibungsaspekte der Inanspruchnahme psychischer Leistungsvoraussetzungen ... 32
3.2 Auftrags-Auseinandersetzungs-Konzeption ... 37
3.3 Interaktionskonzepte der Beanspruchungsbeschreibung ... 41
3.3.1 Ausgefülltheit des Beachtungsumfangs (der mentalen Kapazität) .. 41
3.3.2 Psychische Anspannung: Intensität der psychischen Beanspruchung ... 49
3.3.3 Anforderungsprofil – Konzepte ... 56
3.4 Physische Beanspruchung ... 64

4. **Differentialdiagnostik psychischer Fehlbeanspruchungen** ... 66

5. **Psychische Ermüdung** ... 71
5.1 Begriff der psychischen Ermüdung ... 71
5.2 Symptomatologie der psychischen Ermüdung ... 72
5.3 Ermittlung und Bewertung von psychischer Ermüdung ... 79
5.4 Verhütung und Vorbeugung von psychischer Ermüdung ... 90
5.4.1 Rationalisierung der Tätigkeitsstruktur ... 90
5.4.2 Ermüdungsvorbeugung durch Kurzpausensysteme ... 99
5.4.3 Erholung von vorwiegend psychisch bedingter Ermüdung ... 105

6.	**Monotoniezustand**	112
6.1	Zur Einordnung: Monotoniezustände als qualitative (einseitige) bzw.quantitative Unterforderungswirkungen	112
6.2	Phänomenologie und Bestimmungsmöglichkeiten von Monotoniezuständen	112
6.3	Entstehungsbedingungen von Monotoniezuständen	115
6.4	Erklärungsansätze für die Entstehung von Monotoniezuständen	118
6.5	Systematik von Verhütungsmaßnahmen einer vereinseitigenden und quantitativen Unterforderung	119
7.	**Streß**	123
7.1	Tätigkeitsregulation und Streß	123
7.2	Streßsymptomatik	126
7.3	Streßauslösende Bewältigungsstile von Anforderungen	132
7.4	Arbeitsbedingte Streßquellen und Wege der Streßvermeidung	137
8.	**Burnout – Spezifische Beanspruchungsfolgen dialogischer Arbeit**	144
8.1	Begriff des Burnout	144
8.2	Symptomatologie des Burnout	146
8.3	Entstehung und Ursachen von Burnout	147
8.4	Ermittlung von Burnout	153
8.5	Verhütung und Vorbeugung von Burnout	154
9.	**Methoden der Anforderungs-Beanspruchungsanalyse unter Feldbedingungen**	157
9.1	Beanspruchungsrelevante Aufgabenmerkmale und Arbeitsanforderungen	157
9.2	Erfassung der erlebten Beanspruchung	160
9.3	Physiologische Aktivierungsparameter zur Ermittlung psychischer Beanspruchung	168
10.	**Vorgehen der Beanspruchungsuntersuchung unter Feldbedingungen**	188

Lösungen zu den Übungsaufgaben ... 193

Literaturverzeichnis ... 200

1. Psychische Beanspruchung als Kriterium der psychologischen Arbeitsbewertung

> In der Nacht vom 23. zum 24. März 1989 lief der riesige Öltanker Exxon Valdez mit 1,3 Millionen Barrels Öl an Bord, nachdem er seinen Kurs verloren hatte, auf ein Riff vor der Küste Alaskas. Mehr als 11 Millionen Liter Rohöl strömten ins Meer. 1200 Meilen Küste wurden verschmutzt. 350000 Seevögel starben. Bis zum Jahre 1993 wurden die Kosten für Strafen und Beseitigung dieser Umweltkatastrophe auf 3 Milliarden Dollar geschätzt. Im abschließenden Bericht wurde als Hauptursache der Katastrophe Ermüdung der Schiffsführung aufgrund erschöpfend langer Wachen und der ständigen Überwachung junger unerfahrener Rudergänger genannt. Der amerikanische Biorhythmusforscher Moore-Ede (1993) kommt zu unglaublichen Kosten, die weltweit jährlich auf ermüdungsbedingte Unfälle zurückzuführen sind: 25 Milliarden Dollar durch Flugzeugabstürze und Kraftwerksunfälle, 7,5 Milliarden Dollar durch schwere und tödliche Industrieunfälle, 25 Milliarden Dollar durch Verkehrsunfälle.

Das Ausmaß derartiger ermüdungsbedingter Tragödien hat seit Beginn der Industrialisierung die Aufmerksamkeit von Psychologen und Medizinern auf die Grenzen menschlicher Leistungsfähigkeit gelenkt.

Die Belastungs-Beanspruchungsforschung zählt zu den ältesten Forschungsthemen der Psychologie und der Arbeitswissenschaft. Die Wurzeln der Ermüdungsdiagnostik gehen zum einen zurück auf die psychiatrische Beurteilung der geistigen Leistungsfähigkeit (Kraepelin, 1902) sowie auf die Gestaltung des Arbeitszeitregimes im Zuge der Industrialisierung am Beginn dieses Jahrhunderts (Thorndike, 1900; Poffenberger, 1928; Graf, 1922). Seitdem erfreut sich die Thematik eines ungebrochenen Interesses, das mit der Rationalisierung geistiger Arbeit durch den breiten Einsatz von Computern weiter zugenommen hat. Im neueren Sprachgebrauch wird die Thematik häufig unter dem unscharfen Streß-Begriff abgehandelt. In der Abb.1.1 ist der enorme Anstieg an Publikationen (nach einer Analyse der „Psychological Abstracts") zum Thema „Beruflicher Streß" dargestellt (nach Spielberger & Reheiser, 1994).

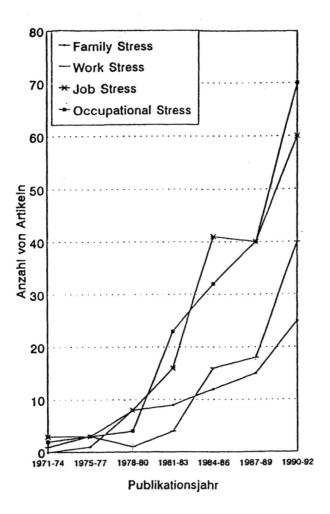

Abb. 1.1: Entwicklung der Streß- und Beanspruchungsforschung

Nach einer EU-Umfrage aus dem Jahre 1992 klagen über 70 % der Befragten über Streß-Symptome. Eine unlängst abgeschlossene Studie im Auftrag der „Bremer Angestelltenkammer" (Marstedt et al., 1993) an 6331 Bürgern der Hansestadt ließ beträchtliche Zunahmen von Überforderungssyndromen gegenüber Daten vor zehn Jahren erkennen. 68 % klagten über gewachsenes Arbeitstempo, 58 % benannten Leistungsdruck als Belastung, und 55 % klagten über psychische Belastungen bei der Einführung neuer Techniken.

Im Zusammenhang mit der Grenzwert-Diskussion einer Elektrosmog-Verordnung werden Befindens- und Schlafstörungen bei ständiger Arbeit in elektromagnetischen Feldern untersucht. Veränderungen im Hirnstrombild nach elektromagnetischer Stimulation werden beobachtet. 1994 tagte eine Arbeitsgruppe im Bundesministerium für Gesundheit, um zu prüfen, ob dem neuerdings vielfach beschriebenen chronischen Ermüdungssyndrom (Chronic Fatigue Syndrom, CFS) Krankheitswert beizumessen ist (Fock & Krueger, 1994).

Alle diese Entwicklungen haben für Ermüdungs- und Streß-Phänomene das sozialpolitische Interesse wachsen lassen und erneut die Suche nach zuverlässigen und gültigen Meßverfahren für die Zumutbarkeit von psychischen Belastungen in den Mittelpunkt des wissenschaftlichen Interesses treten lassen.

Die EU-Kommission hat 1989 in der „Richtlinie zur Verbesserung der Sicherheit und des Gesundheitsschutzes der Arbeitnehmer" weitreichende gesetzgeberische Festlegungen getroffen. Das am 20.8.1996 erlassene neue deutsche Arbeitsschutzgesetz spricht leider nur von der Einhaltung „gesicherter arbeitswissenschaftliche Erkenntnisse". Entscheidende Aspekte der Arbeitsschutz-Rahmenrichtlinie (89/391/EWG) laufen Gefahr, dadurch verwässert zu werden. Die internationalen Entwicklungen gehen von einem erweiterten Präventionsverständnis aus, indem nicht mehr nur der Schutz vor Unfällen und Berufserkrankungen, sondern ganz wesentlich auch der Ausschluß gesundheitlicher Gefährdungen durch mangelhafte Arbeitsgestaltung, durch Ermüdung und Monotonie gefordert wird.

EG-Vertrag 1989/91
Artikel 100a „Maschinen-Richtlinie"

Es müssen Belästigung, Ermüdung und psychische Belastung (Streß) des Bedienpersonals unter Berücksichtigung ergonomischer Prinzipien auf das mögliche Mindestmaß reduziert werden.

Maastrichter Vertrag von 1993, Artikel 118a (1)

Die Mitgliedstaaten bemühen sich, die Verbesserungen insbesondere der Arbeitsumwelt zu fördern, um die Sicherheit und die Gesundheit der Arbeitnehmer zu schützen, und setzen sich die Harmonisierung der in diesem Bereich bestehenden Bedingungen bei gleichzeitigem Fortschritt zum Ziel.

Parallel zu diesen arbeitspolitischen Entwicklungen, die den Schutz- und Gestaltungsbedarf geistiger Arbeit betonen, sind die Standardisierungsbemühungen der Internationalen Standardisierungs-Organisation ISO zu sehen, die in den „Ergonomic principles related to mental workload" bemüht ist, Kernbegriffe der Belastungs-Beanspruchungsforschung und Wege der Vermeidung von Fehlbeanspruchung, Monotonie, Sättigung und reduzierter Vigilanz zu standardisieren (ISO 10075-1,2; Nachreiner, 1994).

Die Diagnostik von Beanspruchungszuständen hat einen entscheidenden Stellenwert in dem hierarchischen Bewertungsansatz von Arbeitsgestaltungsmaßnahmen (vgl. ausführliche Darstellung bei Hacker, 1995). Dieses System, das sich bei der Bewertung und Gestaltung von Arbeitssystemen vielfältig bewährt hat, stellt Meßverfahren und Bewertungskriterien für die Bewertung der ergonomischen und anthropometrischen Ausführbarkeit, des Ausschlusses physischer und psychischer Gesundheitsschäden (Schädigungslosigkeit), der Gewährleistung optimaler Beanspruchungsformen (Beeinträchtigungslosigkeit) und der Entwicklungspotentiale der Tätigkeit für Gesundheit und Persönlichkeitsentwicklung (Persönlichkeitsförderlichkeit) bereit. Auf den vier hierarchischen Ebenen der Bewertung von Arbeitsgestaltungsmaßnahmen sind wahrscheinlich sowohl asymptotische wie auch Optimalitätskriterien wirksam. In Abb. 1.2 sind die funktionalen Zusammenhänge schematisiert zusammengestellt.

In diesem Band werden die Kriterien und Methoden der Belastungs- und Beanspruchungsmessung auf der Ebene der Beeinträchtigungsfreiheit behandelt. Arbeitsanalytische Techniken sind ausführlich im Buch „Arbeitstätigkeitsanalyse" (Hacker, 1995), Wege der beanspruchungsoptimalen und zuverlässigen Arbeitsgestaltung im Lehrtext „Arbeitsgestaltung" (Nachreiner et al., 1993) der FernUniversität Hagen dargestellt.

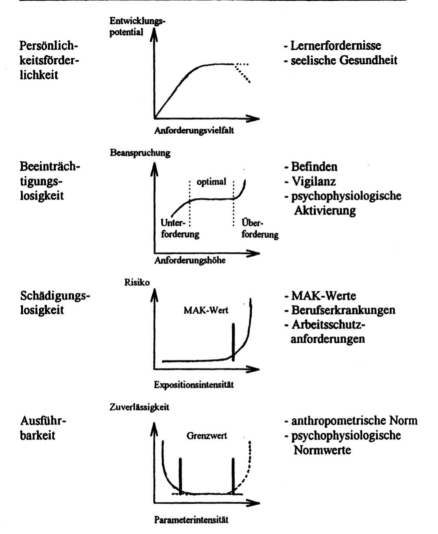

Abb. 1.2: Hierarchisches System zur psychologischen Bewertung von Arbeitsgestaltungsmaßnahmen

Übungsaufgaben zu Kapitel 1

1. Weshalb hat die Arbeitsschutz-Rahmenrichtlinie der EU-Kommission besondere Bedeutung für die Belastungs-Beanspruchungs-Forschung?
2. Worin unterscheiden sich die vier Bewertungsebenen der Arbeitsgestaltung?

2. Stressoren und Ressourcen

Bevor in Kapitel 3 der Prozeß der Beanspruchungsregulation und später die daraus resultierenden Beanspruchungsfolgen (Kapitel 4) dargestellt werden, soll hier kurz auf die besonders in der Verhaltensmedizin und Klinischen Psychologie bevorzugt verwendete Terminologie des Streß eingegangen werden. Durch die häufig synonyme Verwendung der Begriffe Belastung und Streß wird viel begriffliche Verwirrung gestiftet.

Die Streßforschung der letzten Jahrzehnte hat zu vielfältigen Theoriebildungen mit erheblichen terminologischen und konzeptionellen Unschärfen geführt. „Sowohl im Alltagsverständnis als auch im wissenschaftlichen Sprachgebrauch findet sich noch immer eine Art 'semantischer Morast'. Dazu hat vermutlich die fatale Unterscheidung zwischen 'gutem' Streß (Eustreß) und 'schlechtem' Streß (Distreß) nicht unwesentlich beigetragen" (Ulich, 1982, S. 5). Diese Vielzahl von Konzeptionen kann hier nicht behandelt werden. Zusammenfassende Darstellungen finden sich bei Udris (1981); Greif, Bamberg & Semmer (1991) und Scheuch & Schröder (1991).

Im folgenden werden drei Klassen von Streßkonzeptionen dargestellt, wie sie von Udris (1981) und Bamberg & Greif (1982) unterteilt werden.

2.1 Klassen von Streßkonzeptionen

2.1.1 Streß als Gesamtheit belastender Einwirkungen (Stressoren) – reizorientierte Modelle

Streß wird hierbei definiert durch Belastungsfaktoren aus der Lebenssituation, der Aufgabe und Umweltfaktoren, die auf den arbeitenden Menschen einwirken, also durch unabhängige Variablen. Dieses Verständnis führt leicht zur Begriffsinflationen. Schließlich werden alle Aktivitätsbereiche als Streß bezeichnet: Schulstreß, Umweltstreß, Freizeitstreß usw. Ein solches Begriffsverständnis verwischt Ansätze der Prävention und ist wenig hilfreich.

Die Struktur dieses reizorientierten Streß-Modells ist in folgendem Kasten dargestellt:

Umwelt	Person
STRESS ————————————>	BEANSPRUCHUNG
(Belastung)	
Reiz	Reaktion

Dieses Modell erklärt jedoch aufgrund der Nichtberücksichtigung individueller Besonderheiten in der Bewertung und Bewältigung von Belastung nur einen kleinen Teil der beträchtlichen interindividuellen Unterschiede in den psychophysischen Reaktionen auf diese Belastungen.

Eine Besonderheit dieser Ansätze findet sich in der Analyse sogenannter kritischer Lebensereignisse (life-events). Dabei kann es sich auch um die Summierung täglicher Alltagsquerelen handeln, die eine negative Bedeutung erhalten (daily hassels). Eine Erweiterung haben diese Ansätze durch die Rezeption der Streßtheorie nach Lazarus erfahren (Lazarus & Launier, 1981), indem die subjektive Bedeutsamkeit derartiger Ereignisse als Gewichtung einbezogen wird. Einer der neuesten Ansätze dieser Methodenklasse ist der Berufs-Streß-Fragebogen von Spielberger & Reheiser (1994). In diesem Fragebogen wird eine Vielzahl potentieller Belastungsquellen (62) hinsichtlich der Häufigkeit ihres Auftretens und der erlebten Belastung erfragt.

Diese life-event-Ansätze haben auf den entscheidenden Punkt aufmerksam gemacht, daß belastende Faktoren erst dann zu Stressoren werden, wenn sie das Erleben des Infragestellens persönlicher Ziele hervorrufen. Faber (1980) hat hierfür den Begriff der aversiven Prognosen eingeführt (Bamberg & Greif, 1982). Damit sind bereits kognitiv-emotionale Bewertungsprozesse einbezogen, die den mechanistischen Rahmen des Reiz-Reaktions-Bezuges sprengen.

Potentielle Stressoren
Externe und interne Belastungen, die mit hoher Wahrscheinlichkeit beim Fehlen kompensierender Ressourcen das Erleben der Bedrohung, verbunden mit unspezifischen, erhöhten Aktivierungszuständen auslösen können.

In der nachfolgenden Tabelle 2.1 sind eine Reihe von Belastungen zusammengestellt, die Streßreaktionen und psychophysiologische Regulationserkrankungen auslösen können.

Tabelle 2.1: Belastungen, die die Qualität potentieller Stressoren annehmen können (modifiziert nach McGrath, 1982; Hoyos, 1980)

Belastungen in der Arbeitswelt

1. **Belastungen aus der Arbeitsaufgabe**
   - zu hohe qualitative und quantitative Anforderungen
   - unvollständige, partialisierte Aufgaben
   - Zeit- und Termindruck
   - Informationsüberlastung
   - unklare Aufgabenübertragung, widersprüchliche Anweisungen
   - unerwartete Unterbrechungen und Störungen

2. **Belastungen aus der Arbeitsrolle**
   - Verantwortung
   - Konkurrenzverhalten unter den Mitarbeitern (Mobbing)
   - fehlende Unterstützung und Hilfeleistung
   - Enttäuschung, fehlende Anerkennung (Gratifikationskrisen)
   - Konflikte mit Vorgesetzten und Mitarbeitern

3. **Belastungen aus der materiellen Umgebung**
   - Umgebungseinflüsse: Lärm, mechanische Schwingungen, Kälte, Hitze, toxische Stoffe

4. **Belastungen aus der sozialen Umgebung**
   - Betriebsklima
   - Wechsel der Umgebung, der Mitarbeiter und des Aufgabenfeldes
   - strukturelle Veränderungen im Unternehmen
   - Informationsmangel

5. **Belastungen aus dem „behavior setting"**
   - Isolation
   - Dichte, Zusammengedrängtheit (Pferchung)

6. **Belastungen aus dem Person-System**
   - Angst vor Aufgaben, Mißerfolg, Tadel und Sanktionen
   - ineffiziente Handlungsstile
   - fehlende Eignung, mangelnde Berufserfahrung
   - familiäre Konflikte

2.1.2 Streß als organismische Reaktion auf unspezifische Verursachungen – reaktionsorientierte Modelle

In diesen Theorien wird Streß als abhängige Variable, also als Streßreaktion, behandelt. Diese adaptive Streßreaktion ist unspezifisch und hängt nicht von der Eigenart der einwirkenden Faktoren ab. Beliebige Faktoren werden zu Stressoren, wenn sie das von Selye wiederholt beschriebene physiologische Allgemeine Adaptionssyndrom (AAS) auslösen (vgl. Udris, 1981; Scheuch & Schröder, 1991).

Die Struktur dieser reaktionsorientierten Modelle ist im folgenden Kasten dargestellt:

Umwelt	Person
UNSPEZIFISCHE EINWIRKUNG ————>	STRESS
Reiz	Reaktion

Dieses AAS beschreibt in drei Stufen die Reaktion eines Individuums auf physikalische oder psychologische Einwirkungen (Selye, 1953). Reaktionsgrundlage sind angeborene Orientierungs- und Schreckreaktionen. Das Ausmaß des AAS ist abhängig von der Intensität und Chronizität der Reizeinwirkungen und von den vorhandenen Copingmechanismen:

1. Alarmreaktion
Diese anfängliche organismische Reaktion weist zwei Phasen auf:

– die Schockphase oder unmittelbare Reaktion, die durch fixierte hormonelle und vegetative Veränderungen ausgelöst werden (z.B. Tachykardie, erhöhte Atemfrequenz),

– die Gegenschock-(Rebound-)Phase, in der neuroendokrine Bewältigungsaktivitäten auftreten, die Körperreaktion in der Alarmphase stabil zu halten. In dieser Phase kann es bei einem vorgeschädigten Organismus zu akuten Erkrankungen und auch zum Tode kommen.

2. Stadium des Widerstandes
Der Organismus entwickelt Widerstand oder Adaptation zu den Stressoren mit Körperreaktionen, die sich von denen der Alarmphase unterscheiden. Bei Chronifizierung dieser Adaptationsreaktion kann es zu morphologischen

Veränderungen kommen, die pathogenetische Reaktionen nach sich ziehen. Schließlich verliert der Organismus seine adaptive Kapazität, und es kommt zum dritten Stadium.

3. *Stadium der Erschöpfung*
Die körperliche Kapazität, zu adaptieren, ist erschöpft (hierbei bestehen erhebliche genetische und lernbedingte interindividuelle Differenzen). Besteht der Stressor weiterhin, werden vitale Reserven angegriffen, und es kann zu einem hormonellen Zusammenbruch mit schwersten Organschädigungen kommen.

Wahrscheinlich stellt das Syndrom der vitalen Erschöpfung ein Erlebenskorrelat hierzu dar. Vitale Erschöpfungszustände sind insbesondere im kardiovaskulären Bereich als Voranzeichen traumatischer Entwicklungen (Herzinfarkt) beschrieben worden (Apples, 1991).

Die von Selye vorgenommene Einteilung von Streßtypen (Eustreß – „guter Streß", Distreß – „schlechter Streß", Hyperstreß – zu viel, Hypostreß – zu wenig) hat zum Übersehen der entscheidenden Bedeutung von psychischen Bewertungsprozessen geführt. Mason (1975) hat in einer Metaanalyse insbesondere der tierexperimentellen Studien deutlich gemacht, daß die Neuheit, die Unvertrautheit und das Ungewohnte der experimentellen Situationen wahrscheinlich einen nicht speziell beschriebenen Zustand der Bedrohung ausgelöst haben, der die Ursache des beschriebenen AAS ist.

Dennoch hat sich dieses Selyesche Modell als außerordentlich fruchtbar für die Analyse von Regulationserkrankungen erwiesen.

Dieses ursprünglich sehr eng biologisch verstandene Adaptationssyndrom wurde inzwischen um psychologische und soziale intervenierende Faktoren erweitert wie z.B. um gespeicherte Erfahrungen über erfolgreiche Bewältigungsversuche. Genetische Prädispositionen bestimmen die Möglichkeit, mit stabilen „psychobiologischen" Programmen auf Belastungen zu reagieren. Überschreitungen der Anpassungsmöglichkeiten lösen im Extremfall Adaptationserkrankungen aus (Levi, 1981).

Auch diese Modelle erlauben jedoch nur in unbefriedigender Weise, inter- und intraindividuelle Unterschiede der Streßreaktionen zu erklären. Zudem führt die Annahme einer unspezifischen Verursachung zu einem äußerst globalen Streßbegriff (einem „Streßregenschirm"), der potentiell alles umfassen kann und damit für das Ableiten gezielter Präventionsmaßnahmen ungeeignet ist.

Beide Modellklassen beschreiben somit zwar notwendige Bedingungen für das Entstehen von Streßzuständen, erlauben jedoch keine kausal-konditionalen Aussagen. Hier ermöglicht das transaktionale Modell eine qualitative Erweiterung.

2.1.3 Streß als Prozeß der Auseinandersetzung der Person mit Belastungen – das transaktionale Modell

Die psychologische Antwort auf diese reiz- bzw. reaktionsorientierten Modellvorstellungen waren Prozeßvorstellungen der kognitiven und emotionalen Bewertung von Situationen und Bewältigungsmöglichkeiten des Menschen (zusammenfassender Überblick bei Nitsch, 1981; Lazarus & Launier, 1981; McGrath, 1981; Nitsch & Hackforth, 1981). Diese Theorien gehen von einem wiederholten Durchlauf eines Zyklus von kognitiven Analysen und kognitiv-emotionalen Bewertungen der wahrgenommenen Situation, einer darauf erfolgenden Bewertung der personalen Bewältigungsressourcen und schließlich einer Neubewertung der belastenden Situation aus. Die Möglichkeiten des Entwickelns von Bewältigungsstrategien (coping) von Streß steht im Mittelpunkt dieser „kognitiven" Streßtheorien. Die wesentlichen Prozeßkomponenten, die zugleich Ansatzpunkte eines darauf aufbauenden Streßbewältigungstrainings sind, sind in der Abb. 2.1 (bei Kaluza & Basler, 1991) dargestellt.

Eine Situationsbewertung läßt einschätzen (primary appraisal), inwiefern Anforderungen oder Umweltbedingungen die Verhaltensstabilität in Frage stellen, also potentielle Stressoren sein könnten. Auf dem Hintergrund habitueller und situativer Persönlichkeitsmerkmale und Bewältigungsressourcen werden die Möglichkeiten zur erfolgreichen Beherrschung der gefährlichen Situation abgeschätzt (secondary appraisal). Die erfolgreiche Bewältigung dieser Situation wird neubewertet (re-appraisal) und damit für Wiederholungen der Belastung eine neue Situationsbewertung eröffnet. Lazarus & Launier (1981) unterscheiden zwischen instrumentellen und palliativen Bewältigungsformen. Bei den ersteren handelt es sich um problemlösende kognitive Prozesse gezielter Informationssuche von Bewältigungsmöglichkeiten, direkten Aktionen gegen die Bedrohung beziehungsweise Unterlassungen von Handlungen, die die Gefährdung verstärken könnten.

Unter palliativen Bewältigungsformen werden Emotionsregulationen verstanden, die eine vorübergehende Entlastung der Bedrohung ermöglichen, ohne die Ursachen des Stresses zu verändern. Zu dieser Klasse symptomorientierter Verhaltensweisen gehören: Einnahme von Psychopharmaka, Alkoholkonsum, Entspannungsübungen, aber auch kognitive Umbewertungen durch Ablenkungen, Bagatellisierung oder Wunschdenken.

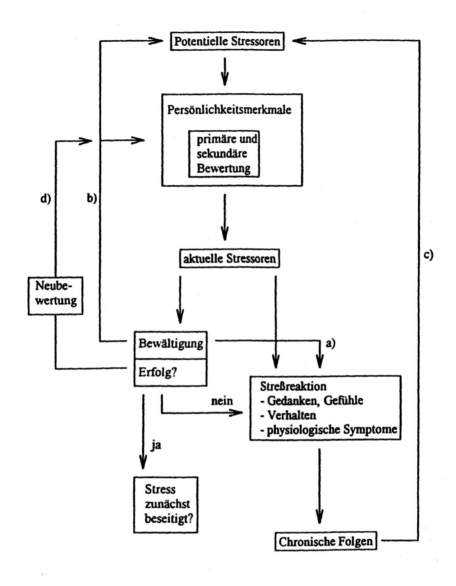

Abb. 2.1: Transaktionales Streßmodell (nach Kaluza & Basler, 1991)

Diese gleichzeitige Einbeziehung von Person-, Umwelt- und Aufgabenvariablen findet eine besondere Akzentuierung in handlungspsychologischen Streßkonzeptionen bei Schönpflug (1987) und Hockey (1993). Besondere Bedeutung wird hier der Ineffizienz von Regulationsprozessen für die Streßgenese zugemessen. Streß entsteht aus der Nichtbewältigung einer Aufgabe aufgrund unangemessener Bewältigungsstrategien, die bei dem Versuch, Aufgaben und Probleme zu lösen, neue generieren und damit einen Streßzustand verstärken können. Es sind vor allem folgende Kriterien, die das Vorhandensein von Streß signalisieren:
– die objektive Situation enthält Merkmale, deren Intensität und Zeitdauer die Wahrscheinlichkeit der Zielvereitelung, eines Versagens, einer Beunruhigung oder Gefährdung erhöht („aversive Prognosen", Faber, 1980),
– sie können durch die eigene Tätigkeit nicht reduziert werden,
– es treten unter diesen Bedingungen chronisch erhöhte Aktivitätszustände, insbesondere verbunden mit Restitutionsstörungen in den Ruhephasen (Kallus, 1995; Rau & Richter, 1995; Allmer, 1996) und eine eingeschränkte Handlungsfähigkeit auf.

In Kapitel 8 wird dieses Konzept im Rahmen der im folgenden entwickelten Anforderungs-Auseinandersetzungs-Konzeption wieder aufgegriffen bei der Darstellung der Streß-Symptomatik und ihrer Bekämpfungsmöglichkeiten.

2.2 Ressourcen und seelische Gesundheit

In den transaktionalen Modellen wie auch den tätigkeitsregulatorischen Modellen, die im Kapitel 3 behandelt werden, kommt der Sicherung einer effizienten und flexiblen Regulation von Lebensvollzügen durch den Einsatz interner und externer Ressourcen große Bedeutung zu.

Nach Kraft et al. (1994) und Udris, Rimann & Thalheim (1994) lassen sich Gesundheitsressourcen zum einen unter einem strukturellen Aspekt beschreiben. Damit ist der Aufbau lebender Systeme hinsichtlich ihrer strukturellen Komponenten gemeint (z.B. Differenziertheit, Stabilität und Lernfähigkeit von Systemkomponenten). Becker (1995) hat neuerdings den Versuch einer geschlossenen Theorie seelischer Gesundheit als Persönlichkeitsmerkmal unternommen. Zum anderen wird Gesundheit als dynamischer Prozeß verstanden, der die Selbstorganisation und Selbsterneuerung des gesunden Individuums sichert.

Dieser Selbstorganisationsprozeß liegt dem von Antonovsky (1987) vollzogenen Paradigmawechsel in der Gesundheitsforschung zugrunde. Antonovsky stellte statt der klassischen pathogenetischen Frage (Was macht Menschen krank?) die Frage nach der Salutogenese: Was erhält Menschen trotz Belastungen gesund?

Die Begriffe „Belastung", „Anforderungen" und „Ressourcen" werden häufig sehr unscharf voneinander abgegrenzt. Anforderungen wurden in der bisherigen Streßforschung häufig unter dem Aspekt ihrer belastenden Wirkung untersucht. Unter der salutogenetischen Fragestellung kommt es zu einer Betrachtung unter dem Aspekt der Ressourcen.

Diese Fragerichtung kennzeichnet den langen Weg der Entwicklung des Gesundheitsbegriffes. Hat sich mittlerweile der bereits in der WHO-Definition von 1946 betonte Gesundheitsbegriff des Wohlbefindens gegenüber dem Nichtvorhandensein von Krankheit durchgesetzt, so konnte sich dem 1987 vorgeschlagenen handlungsorientierten Gesundheitsverständnis nur das Europabüro der WHO anschließen. Die Entwicklung des Gesundheitsbegriffes ist den Definitionen im folgenden Kasten zu entnehmen:

WHO-Definition 1946:

Gesundheit ist der Zustand vollkommenen körperlichen, seelischen und sozialen Wohlbefindens und nicht allein das Fehlen von Krankheiten und Gebrechen.

Französische Gewerkschaft CFDT 1978:

Gesundheit ist die aktive autonome Fähigkeit eines jeden, sich in den verschiedenen Beziehungen zu behaupten, die man in all seinen individuellen und sozialen Aktivitäten eingeht: die Beziehung zum eigenen Körper, die interpersonellen und die gesellschaftlichen Beziehungen. Die Gesundheit ist also ein gesellschaftliches Produkt, bestimmt durch individuelle und kollektive Bedingungen.

Vorschlag WHO-Europabüro 1987:

Gesundheit ist die Fähigkeit und Motivation, ein wirtschaftlich und sozial aktives Leben zu führen.

Diese Orientierung des Gesundheitsverständnisses an den Handlungskompetenzen schlägt eine theoretische Brücke zu den Regulationskonzeptionen in der Arbeitspsychologie, deren Verständnis optimaler Beanspruchung und Persönlichkeitsförderlichkeit diesem Gesundheitsverständnis sehr nahe kommt. Im Forschungsprojekt SALUTE (unter Leitung von Ivars Udris) wird Gesundheit folgendermaßen definiert: „Gesundheit ist ein transaktional bewirkter Zustand eines dynamischen Gleichgewichts zwischen dem Individuum, seinem autonomen Potential zur Selbst-Organisation und Selbst-Erneuerung und seiner sozialökologischen Umwelt. Dieses Gleichgewicht ist abhängig von der Verfügbarkeit und der Nutzung von gesundheitsschützenden bzw. wiederherstellenden Faktoren in der Person und in der Umwelt, die als innere und äußere Ressourcen bezeichnet werden" (Kraft et al., 1994).

Dieses Verständnis von Gesundheit schließt also sowohl die Komponente des Wohlbefindens wie auch die der erlebten Handlungskompetenz ein. Die nachfolgende Tabelle 2.2 gibt einen empirischen Befund hierzu wieder, der diese Zweikomponenten-Struktur stützt. Die Daten sind ersten Befunden aus dem laufenden Public Health-Forschungsprojekt MENO an der TU Dresden entnommen.

Tab. 2.2: Varimaxrotierte Faktorenladungen von gesundheitsrelevanten Variablen bei 79 Frauen im Alter zwischen 45 bis 55 Jahren (Schroda, 1995; Uhlig, 1995)

Gesundheitsmerkmale	Faktor 1	Faktor 2
Ängste	.53	.04
Depressive Verstimmungen	.72	-.10
Klimakterische Beschwerden	.86	.05
Körperliche Beschwerden	.70	.01
Seelische Gesundheit	-.66	.06
Wohlbefinden	-.60	.20
Lebenszufriedenheit	-.46	-.08
Erholungsunfähigkeit	.43	.10
Dominanzstreben	-.09	-.40
Kontrollambitionen	.28	.60
Ungeduld	.36	-.67
Planungsneigung	.21	.73
Flexible Zielverfolgung	-.15	.66
Hartnäckige Zielverfolgung	-.06	.30

Deutlich ist der zweite Faktor durch Merkmale zielgerichteten Verhaltens, durch Flexibilität und Hartnäckigkeit der Verfolgung von Absichten gekennzeichnet (Planungsneigung: Hacker et al., 1994; FABA: Richter, Rudolf & Schmidt, 1996). Demgegenüber bilden sich auf Faktor 1 durchweg Merkmale eingeschränkten Wohlbefindens ab.

Unter den organisationalen Faktoren kommt besonders der Vielfalt von Aufgaben, deren Autonomiegrad und der Situationskontrolle entscheidende Bedeutung als streßreduzierender Ressourcen zu. Das Bedürfnis nach Durchschaubarkeit, Vorhersehbarkeit und Beeinflußbarkeit von Lebenssituationen zählt zu den Basiskomponenten einer selbständigen und gesunden Lebensführung. Grundlage derartiger Beeinflussungsmöglichkeiten im Arbeitsprozeß ist das Vorhandensein von inhaltlichen und zeitlichen Freiheitsgraden für unterschiedliche Formen der Tätigkeitsausführung. Diese Freiheitsgrade sind zum einen Voraussetzung für Entwicklungsprozesse in der Arbeit, sie ermöglichen aber auch eine entlastende Variation der Arbeitsweise, die negativen Folgen vorbeugen kann (Kapitel 3). Für eine prospektive Arbeitsgestaltung stehen Methoden zur Verfügung, die auf der Grundlage einer Dokumentenanalyse und von Arbeitsstudien eine Prädiktion von Fehlbeanspruchungsrisiken erlauben (Hacker et al., 1995; Pohlandt et al., 1996).

Worum handelt es sich nun bei dem Begriff der Ressourcen?

Der Begriff der Ressourcen beinhaltet Komponenten, die es erlauben, die eigenen Ziele anzustreben und unangenehme Einflüsse zu reduzieren.

Von Udris, Kraft & Mussmann (1992) ist eine Klassifikation von Ressourcen in äußere (organisationale und soziale) und personale vorgenommen worden. Unter letzteren werden situationsübergreifende Handlungsmuster sowie kognitive Überzeugungssysteme der Person zusammengefaßt. In Abbildung 2.2 ist eine Zusammenstellung wesentlicher Ressourcen dargestellt, die gegenwärtig in der Arbeits- und auch Gesundheitspsychologie intensiv diskutiert und für die Meßmethoden entwickelt werden.

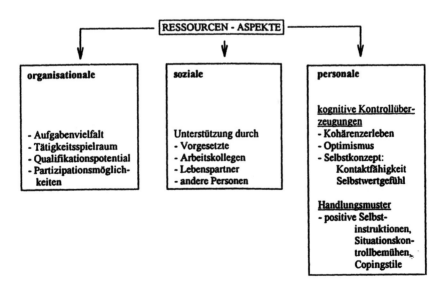

Abb. 2.2: Klassifikation gesundheitsförderlicher Faktoren unter dem Ressourcen-Aspekt

Kernbedingung für die Gestaltung und das Erleben von organisationalen Ressourcen ist das Vorhandensein von zeitlichen und inhaltlichen *Freiheitsgraden* der Tätigkeitsausführung. Diese Freiheitsgrade sind mit Methoden des Beobachtungsinterviews erfaßbar und mit dem Tätigkeitsbewertungsverfahren TBS (Hacker et al., 1995) ordinal bewertbar. Freiheitsgrade sind die objektive Voraussetzung für das Kontrollerleben, gekennzeichnet durch das Erleben der Durchschaubarkeit, Vorhersehbarkeit und Beeinflußbarkeit von Lebenssituationen.

Ein einfaches und in seiner Grundaussage überzeugendes Beschreibungsmodell des Erlebens von Freiheitsgraden ist durch Karasek (1979; Karasek & Theorell, 1990) vorgestellt worden (Job-Strain-Modell). Die Grundaussage ist in der Abbildung 2.3 dargestellt.

Unter der Bedingung erweiterter Handlungs- oder Entscheidungsspielräume führen herausfordernde, schwierige Anforderungen nicht in dem Maße zu negativen Befindens- und Gesundheitsauswirkungen wie unter den Bedingungen eingeengter Spielräume. Zahlreiche Befunde mit objektiven und subjektiven Methoden der Spielraumerfassung stützen diese Aussage.

In Längsschnittstudien konnte Karasek (1979) nachweisen, daß Beeinträchtigungen des Wohlbefindens, Medikamentenverbrauch und die Arbeitsunfähigkeitsdauer zunehmen sowohl mit steigenden Tätigkeitsanforderungen als auch mit abnehmenden Freiheitsgraden. Ausreichende Freiheitsgrade können also hohe Anforderungen kompensieren.

Gruppenarbeitskonzepte bauen auf diesem Befund ganz wesentlich auf (Hacker, 1994; Ulich, 1994). Jedoch sind die im Erleben offensichtlich tolerierbaren Belastungswirkungen hoher Arbeitsintensität bei erweitertem Handlungsspielraum (statistisch über Wechselwirkungsvarianzen nachweisbar) für biochemische und physiologische Auswirkungen nicht unwidersprochen geblieben (Fletcher & Jones, 1991; Jones & Fletcher, 1996).

In Modellüberprüfungen konnte vielfach die für die Karasek-Hypothese entscheidende Wechselwirkungsvarianz nicht gefunden werden (Warr, 1990; Hemmann u.a., 1996).

Arbeiten von Wall et al. (1996) machen jedoch deutlich, daß differenziertere Meßverfahren der beiden Dimensionen wesentlich mehr Varianzanteile der gesuchten Wechselwirkung für die abhängigen Variablen „Zufriedenheit" und „Depressivität" aufzuklären vermögen.

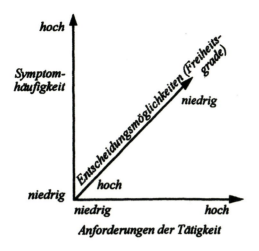

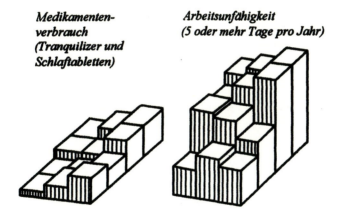

Abb. 2.3: Zwei-Komponenten-Modell nach Karasek

Eine Vielzahl von Befunden zur protektiven Wirksamkeit sozialer Netze und sozialen Rückhalts liegen in der Gesundheitspsychologie vor (Schwarzer, 1997; Udris & Frese, 1988). Erlebten sozialen Ressourcen kommt auch in der Arbeitswelt eine entscheidende Wirkung bei der Pufferung belastender Faktoren auf Gesundheitsauswirkungen zu.

In schematisierter Form ist der puffernde Effekt sozialer Unterstützung dargestellt in Abb. 2.4.

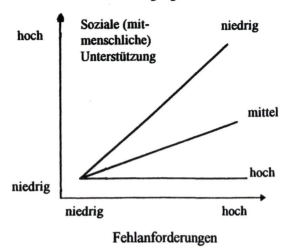

Abb. 2.4: Wechselwirkung zwischen sozialer Unterstützung und der Beziehung zwischen Fehlanforderungen und gesundheitlichen Folgen (nach House & Wells, aus Udris, 1981)

Offensichtlich besteht eine sich gegenseitig verstärkende Wirksamkeit von Handlungsspielräumen und sozialer Unterstützung (Johnson, 1989; Frese & Semmer, 1991).

Mobbing als extreme Form sozialer Bedrohung am Arbeitsplatz ist häufiger an Arbeitsplätzen festzustellen, an denen verminderte soziale Unterstützung durch Kollegen und Vorgesetzte wie auch reduzierte eigene Einflußmöglichkeiten erlebt werden (Zapf, Knorz & Kulla, 1996). Neuerdings wird selbst die Entwicklung der posttraumatischen Streß-Krankheit (PTSD) mit Mobbing am Arbeitsplatz in Verbindung gebracht (Leymann & Gustafsson, 1996).

Theorell (1986) konnte in einer repräsentativen Längsschnittstudie in Schweden nachweisen, daß die Herz-Kreislauf-Mortalität unter der Bedingung gleichzeitigen Auftretens von erlebter hoher Arbeitsintensität, reduzierten Handlungsspielraums und fehlender sozialer Unterstützung ab dem 50. Lebensjahr in dramatischer Weise steigt. In den untersuchten jüngeren Jahrgängen sind bei gleichem Risiko noch keine erhöhten Mortalitätswerte nachweisbar. Diese Ergebnisse verdeutlichen die „pathogene Trias", der es durch Maßnahmen der Arbeitsgestaltung vorzubeugen gilt (Abb. 2.5).

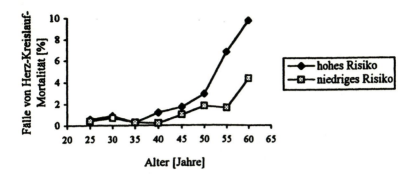

Abb. 2.5: Kardiovaskuläre Mortalität in einer 5-jährigen follow-up-Studie bei 4242 Arbeitern (nach Theorell, 1986)

Unter gesundheitsfördernden personalen Ressourcen werden relativ situationskonstante, jedoch dabei flexible Verhaltens- und Handlungsmuster sowie kognitive Überzeugungssysteme verstanden (Udris, Rimann & Thalmann, 1994). Vielfach untersucht wurden der gesundheitsstabilisierende Einfluß von optimistischer Grundhaltung, internalen Kontrollüberzeugungen, positivem Selbstwertgefühl und Selbstvertrauen.

Der *Kohärenzsinn* (Antonovsky, 1987; Kalimo & Vouri, 1990) ist eine der in der jüngsten Zeit am häufigsten untersuchten Kontrollüberzeugungen.

„Der Kohärenzsinn ist eine globale Orientierung, die ausdrückt, in welchem Umfang jemand ein generalisiertes, überdauerndes, jedoch dynamisches Gefühl des Vertrauens besitzt, daß (1) die Ereignisse in der eigenen inneren und äußeren Umwelt im Lebensverlauf strukturiert, vorhersehbar und erklärbar sind; daß (2) Ressourcen verfügbar sind, um diesen Anforderungen zu entsprechen, und daß (3) diese Anforderungen herausfordernd sowie eines Einsatzes und Engagements wert sind." (Antonovsky, 1987; S. 19; in der Übersetzung von Udris, Kraft & Mussmann, 1991, S. 15).

Menschen, die im stärkeren Maße eine derartige Sinnhaftigkeit in ihrem Leben verspüren, vermögen offensichtlich mit existentiellen Bedrohungen besser umzugehen, erleben Arbeitsbelastungen abgeschwächt und weisen in stärkerem Maße Merkmale seelischer Gesundheit auf.

Wahrscheinlich handelt es sich hierbei um eine sehr wirksame Moderatorvariable, die den Zusammenhang zwischen Belastungen und Gesundheit/ Krankheit entscheidend zu vermitteln vermag.

Effiziente Tätigkeitsregulation zeichnet sich durch *antizipatives und flexibles Vorgehen in der Planung* des Verhaltens aus und wird damit zu den Merkmalen seelischer Gesundheit gerechnet (vgl. Tabelle 2.2). Daher sind Versuche unternommen worden, die Flexibilität und Zeitperspektive der Tätigkeitsausführung als Merkmal gesunder Lebensbewältigung einer Persönlichkeit zu diagnostizieren (Hacker et al., 1994; Frese et al., 1995). Probanden mit mittlerer Ausprägung von Planungsorientiertheit bzw. *Planungsneigung* entwickeln eher übergreifende Handlungsprogramme, machen weniger Fehler, lösen Probleme schneller. Es gibt jedoch Hinweise darauf, daß eine extreme Ausprägung dieses Verhaltens die „biologischen Kosten" erhöht und zum Risiko werden kann.

Eng mit derartig ausgeprägten Planungsambitionen verbunden ist im Sinne einer Ressourcenminderung eingeschränkte *Erholungsfähigkeit* festzustellen. Mit einem Kurzfragebogen können Merkmale ineffizienter Aufgabenbewältigung diagnostiziert werden (Richter, Rudolf & Schmidt, 1996). Der folgende Kasten enthält die Items der Skala „Erholungsunfähigkeit und extremes Arbeitsengagement" beispielhaft zur Selbsteinstufung.

FABA – Fragebogen zur Analyse belastungsrelevanter Anforderungsbewältigung
Skala „Erholungsunfähigkeit und extremes Arbeitsengagement"

- Meine Arbeit pulvert mich manchmal so auf, daß ich gar nicht mehr zur Ruhe komme.
- Ich schlafe schlecht ein, weil mir oft Berufsprobleme durch den Kopf gehen.
- Es fällt mir immer wieder schwer, Zeit für persönliche Dinge (wie z.B. Friseur) zu finden.
- Auch im Urlaub muß ich häufig an Probleme meiner Arbeit denken.
- Ich strenge mich oft bei der Arbeit so an, wie man es sicherlich nicht sein ganzes Leben durchhalten kann.
- Es fällt mir schwer, nach der Arbeit abzuschalten.

  1 = Ich lehne das stark ab
  2 = Ich lehne das etwas ab
  3 = Ich stimme dem etwas zu
  4 = Ich stimme dem stark zu

Die Summenwerte über die 6 Items sind über große Stichproben standardisiert worden. So müssen z.B. für 30-50jährige Männer Werte > 17 und für gleichaltrige Frauen Werte > 18 als auffällig hinsichtlich eingeschränkter Erholungsfähigkeit eingestuft werden.

aus: Richter, Rudolf & Schmidt (1996)

Eingeschränkte Erholungsfähigkeit wird als Frühanzeichen kumulierter Streßsymptome (Kallus, 1995) angesehen. Bereits bei jungen Menschen geht erlebte Erholungsunfähigkeit mit erhöhtem Blutdruck und verzögerter Aktivitätsrückbildung einher. Bei Herzinfarkt-Patienten stellt die im Kasten dargestellte Skala einen ausgezeichneten Prädiktor des Rehabilitationsverlaufs dar. Dieser ist nach einem Jahr um so eingeschränkter, je stärker die Patienten 14 Tage nach einem Myokard-Infarkt derartige Symptome angaben (Richter, 1994; Richter, Rudolf & Schmidt, 1996).

Übungsaufgaben zu Kapitel 2

1. Kennzeichnen Sie das unterschiedliche Verständnis des „Streß"-Begriffs zwischen den reiz-/reaktionsorientierten gegenüber den transaktionalen Modellen.
2. Was versteht man unter dem Ressourcen-Begriff in der Arbeits- und Gesundheitspsychologie?
3. Wodurch ist die sogenannte „pathogene Trias" der Einflußfaktoren auf die Herz-Kreislauf-Mortalität gekennzeichnet?

3. Psychische Beanspruchung beim Bewältigen von Arbeitsaufgaben

3.1 Beschreibungsaspekte der Inanspruchnahme psychischer Leistungsvoraussetzungen

Unter psychischer Beanspruchung ist das Inanspruchnehmen von psychischen Leistungsvoraussetzungen beim Ausführen von Arbeitstätigkeiten zum Erfüllen von übernommenen Arbeitsaufträgen unter gegebenen Erfüllungsbedingungen und bei gegebenen individuellen antriebs- und ausführungsregulatorischen sowie körperlichen Leistungsvoraussetzungen durch individuelle Arbeitsweisen zu verstehen. Aus dem Auftrag und seinen Erfüllungsbedingungen ergeben sich die Anforderungen als erforderliche psychische und manuelle Verrichtungen. Diese Anforderungen bedingen neben körperlichen auch psychische Beanspruchungen, die unter verschiedenen Aspekten beschrieben werden können und beschrieben werden müssen. In der ergonomischen Literatur ist es inzwischen zu einer Standardisierung der Begriffe „Belastung" und „Beanspruchung" gekommen (ISO 10075; siehe Kasten). Unter psychologischen Gesichtspunkten ist es sinnvoll, den Begriff der „Belastung" hinsichtlich der Komponenten des Arbeitsauftrages und der Ausführungsbedingungen zu differenzieren.

Internationale Norm ISO 10075, September 1995 – Vorschlag

Psychische BELASTUNG (stress):

Die Gesamtheit aller erfaßbaren Einflüsse, die von außen auf den Menschen zukommen und psychisch auf ihn einwirken.

Psychische BEANSPRUCHUNG (strain):

Die zeitlich unmittelbare und nicht langfristige Auswirkung der psychischen Belastung auf die Einzelperson in Abhängigkeit von ihren eigenen habituellen und augenblicklichen Voraussetzungen einschließlich der individuellen Auseinandersetzungsstrategien.

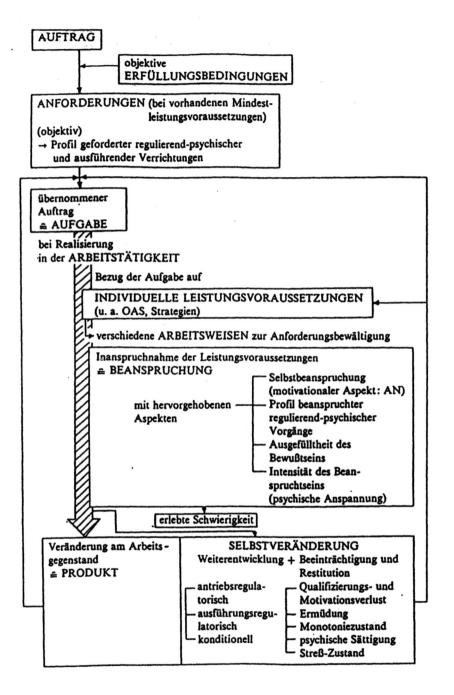

Abb. 3.1: Schema wesentlicher psychologischer Aspekte zur Beschreibung von Arbeitsprozessen

Wenigstens zwei Ansätze zur Beschreibung der Beanspruchungen können unterschieden werden:

(1) Beanspruchungen, die beschrieben werden als Wechselbeziehungen zwischen den Anforderungen der Aufträge und den Leistungsvoraussetzungen oder Ressourcen (Hancock & Shignell, 1988; Wieland-Eckelmann, 1992). Diese *Anforderungen–Ressourcen-Wechselbeziehung* wurde vorzugsweise im Zusammenhang mit Konzeptionen über das Verhältnis von Umgebungsanforderungen und personalen Leistungsvoraussetzungen (Personality-Environment-FIT/MISFIT) – Konzepten entwickelt. Sie versuchen, interindividuelle Differenzen in der Reaktion auf identische, physische und psycho-soziale Anforderungen zu erklären. Bei dieser Erklärung werden zwei unterschiedliche Denkrichtungen verfolgt. Zum einen wird eine Erklärung gesucht unter den formalen Aspekten der Ausgefülltheit, der *mentalen oder Bewußheitskapazität* sowie unter dem Aspekt der psychischen Anstrengung oder *Anspannung*. Zum anderen wird eine Erklärung in Richtung auf unterschiedliche Muster subjektiver Reaktionen auf die Beanspruchungen gesucht, wobei als Erklärungsbegriffe Ermüdung, Monotonie, psychische Sättigung bzw. affektive Aversionen, Streß, Burnout sowie psychosomatische Erkrankungen diskutiert werden (Gopher & Donchin, 1986, Hancock & Meshkati, 1988).

(2) Beanspruchungen werden als Anforderungen der Aufträge und ihrer Ausführungsbedingungen im Sinne einer unabhängigen externen Variable beschrieben, wobei sich die Arbeitenden mehr oder minder effizient mit diesen Anforderungen auseinanderzusetzen haben. Dieser *Aufgaben-Anforderungs-Ansatz* hat sich vorzugsweise in jenen Bereichen der Arbeitspsychologie und der Ergonomie entwickelt, die mit Aufgaben der Arbeitsgestaltung, insbesondere der Gestaltung künftiger Arbeitsaufgaben befaßt sind. Ihre Grundlage ist das Belastungs-Beanspruchungskonzept. Aufträge und ihre Ausführungsbedingungen belasten die Arbeitenden, welche sich mit unterschiedlichen Vorgehensweisen mit dieser Belastung und der daraus resultierenden Beanspruchung auseinandersetzen. Dieser Ansatz versucht die Frage zu beantworten, auf welche Weise durch vorausschauende Arbeitsgestaltung die entstehenden Belastungen und Beanspruchungen optimiert werden können.

Innerhalb des Anforderungs-Ressourcen-Interaktionsansatzes interessieren in diesem Kapitel zunächst die formalen Konzepte der Beanspruchungsbeschreibung. Am weitesten untersucht sind hierzu zwei Ansätze:
 a) Die Abschätzung der erforderlichen psychischen Anstrengung oder Anspannung (Bartenwerfer, 1970; Eilers, Nachreiner & Hänecke, 1986) sowie
 b) Die beanspruchte oder – umgekehrt – verbleibende mentale Kapazität. Die Abschätzung der beanspruchten bzw. der noch verfügbaren mentalen Kapazität

wird vorzugsweise mittels der herkömmlichen Doppeltätigkeitstechniken bestimmt und ist unter diesem Namen bekannt (Bornemann, 1959; O'Donnell & Eggemeier, 1986).

Die Ansätze zur Beschreibung von psychischer Beanspruchung mit Hilfe der Anforderungen von Aufträgen und ihrer Ausführungsbedingungen werden in der Regel durch profilartige Darstellungen der unterschiedlichen Dimensionen psychischer Beanspruchungen realisiert. Ausschlaggebend ist dabei die Auswahl der in die Profilzüge aufgenommen Sachverhalte. Auf diesem Gebiet gibt es bisher wenige geschlossene, theoretisch konzipierte Beschreibungsvorschläge. Zur Beschreibung eignen sich am ehesten handlungspsychologisch konzipierte Arbeitsanalyseansätze, wie sie im Zusammenhang mit der Arbeitstätigkeitsanalyse beschrieben werden. Der Ausgangsbegriff ist dabei das Konzept des Auftrags und der redefinierten Aufgabe. Die Rolle des Auftrags bzw. der Aufgabe wird durch die Tatsache unterstrichen, daß auch die Wirkung von Ausführungsbedingungen von Arbeitstätigkeiten wie Temperatur oder Lärm aufgabenabhängig sind, weil sie vermittelt werden durch die zielgerichtet verfolgte Aufgabe, die gleichsam als ein „Tor" für weitere Einwirkungen agiert (Fisher, 1986).

Während die Profile der beanspruchten psychischen Vorgänge und Repräsentationen spezifische, von der jeweiligen Aufgabe abhängige Inhalte beschreiben, handelt es sich bei der Ausgefülltheit der mentalen Kapazität oder des Bewußtseins sowie bei der Intensität der psychischen Anspannung, Anstrengung oder des Beanspruchtseins beim Ausführen einer Tätigkeit um inhaltlich unspezifische allgemeine, für alle Tätigkeiten gültige Dimensionen. Die Intensität der Anstrengung wird auf einer allgemeingültigen Dimension „Allgemeine zentrale Aktiviertheit (AZA)" beschrieben. Es geht um den Grad psychischer Anspannung als Intensität der Zuwendung zu beliebigen inneren oder äußeren Beachtungsgegenständen (Bartenwerfer, 1960, S. 232). „Dabei wird angenommen, daß die jeweilige Höhe der AZA das beste verfügbare Maß für die jeweilige psychische Beanspruchung (und der ihr nachfolgenden Ermüdung) ist" (Bartenwerfer, 1969, S. 199). Ebenso ist die Ausgefülltheit der mentalen Kapazität eine allgemeingültige Beschreibung von Beanspruchungen, die bei verschiedenartigen Tätigkeiten vorliegt. Tätigkeiten unterscheiden sich in dem Ausmaß der Inanspruchnahme der bewußten Aufgabenzuwendung. Nicht gefragt ist bei diesem Ansatz, welche konkreten psychischen Prozesse die Inanspruchnahme im einzelnen realisieren.

Die Interaktionskonzepte und die Anforderungsprofilkonzepte der Analyse psychischer Beanspruchungen haben einige Gemeinsamkeiten. Diese Gemeinsamkeiten betreffen:

(a) In beiden Konzepten gehört zu der Beanspruchungsbeschreibung zunächst eine Beschreibung der Anforderungen, die durch Auftrag bzw. Aufgabe entstehen. Das gilt auch für Interaktionskonzepte, obgleich diese über die Anforderungsbeschreibung hinausgehen, indem sie Beziehungen zwischen Anforderungen und Leistungsvoraussetzungen abzuleiten versuchen.

(b) Die psychische Beanspruchung wird als eine Beanspruchung durch Informationsverarbeitungsprozesse gesehen. Informationsverarbeitung schließt dabei sowohl kognitive als auch motivationale, volitionale und emotionale Aspekte ein, weil die arbeitenden Subjekte die Anforderungen, mit denen sie sich auseinanderzusetzen haben, stets bewerten, und auf der Grundlage dieser Bewertung ihre Anstrengung für die Auseinandersetzung selbst regulieren.

(c) Die Informationsverarbeitung integriert hinausgehend über mentale Prozesse auch mentale Repräsentationen, also z.B. Wissen oder mentale Modelle und psychische Zustände, beispielsweise Zustände der Bewußtheit oder der Aktivation.

(d) Die Beschreibung der psychischen Beanspruchung geht in beiden Ansätzen von einer multidimensionalen Beschreibung der Anforderungen aus. Sie unterstellt also, daß jede Aufgabe in einer Mehrzahl von miteinander verknüpften Merkmalen variiert, die sämtlich erfaßt werden müssen.

(e) Beide Ansätze unterstellen multidimensionale Auswirkungen psychischer Beanspruchung, indem diese mindestens das Verhalten, beispielsweise die Vorgehensweisen und die resultierenden Leistungen, die wahrgenommene oder erlebte Befindlichkeit einschließlich ihrer mittel- und langfristigen Konsequenzen für psychische Gesundheit und die psychophysiologischen Prozesse, beispielsweise Veränderungen im Blutdruck beim Arbeiten, berücksichtigt, die gleichfalls mittel- oder langfristig Auswirkungen positiver oder negativer Art auf die Gesundheit haben können.

(f) Vom Standpunkt der Arbeitsgestaltung ist in beiden Beschreibungsansätzen immanent mitgedacht, daß psychische Beanspruchung nicht minimalisiert werden sollte, wie das beispielsweise für kanzerogene Luftverunreinigungen selbstverständlich wäre – sondern optimiert. Die Ursache besteht darin, daß fordernde mentale Beanspruchungen durch Aufgaben unerläßlich für das Wohlbefinden, für die psychische Gesundheit und für die Entwicklung der Qualifikation sind, weil sie unerläßliche aktivierende Impulse, Anforderungen an die Fitneß sowie Lern- und Trainingsangebote machen. Fehlende Anforderungen können demzufolge zu Desaktiviertheit, zum Verlust der körperlichen Fitneß, zur Dequalifikation und zu einer Verschlechterung der intrinsischen, aufgabenbedingten Motivation führen.

3.2 Auftrags-Auseinandersetzungs-Konzeption

Ermüdung und andere negative Beanspruchungsfolgen wurden lange Zeit im Rahmen eines Ansatzes behandelt, der als *Belastungs-Beanspruchungs-Konzeption (BBK)* bezeichnet werden kann. Danach beanspruchen isoliert erfaßbare Belastungen aus Arbeitsaufträgen und Umgebungsbedingungen des arbeitenden Menschen in einer einlinigen Ursachen/Bedingungs-Wirkungs-Beziehung die als relativ unveränderlich angenommenen organismischen Ressourcen und führen zu spezifischen Überforderungs- oder Unterforderungserscheinungen. Diese werden bevorzugt mit sogenannten objektiven oder naturwissenschaftlichen Methoden des Arbeitsstudiums und der Psychophysiologie erfaßt. Diese klassische mechanistische Auffassung ist heute in der Theorie der Arbeitswissenschaft überwunden (Rohmert 1984; Schmidtke, 1993; Luczak, 1993).

Die BBK hat einige Schwachstellen, die die in der weiterentwickelten Konzeption der psychischen Regulation von Arbeitstätigkeiten begründete *Auftrags-Auseinandersetzungs-Konzeption (AAK)* besser zu bewältigen sucht (Hacker, 1991). Zugespitzt geht es hier an Stelle einer passiv erlittenen Belastung um die aktive Auseinandersetzung in einer veränderten Tätigkeitsregulation unter den Voraussetzungen verfügbaren Tätigkeitsspielraums:

1. In der BBK werden im Gegensatz zur AAK die tatsächlichen vielfältigen, auf unbewußten und bewußten Ebenen kognitiv und emotional verlaufenden Wechselbeziehungen zwischen dem Bearbeiter und seinem Auftrag unterschätzt. Sie entstehen insbesondere aus der kognitiv-emotionalen Stellungnahme sowie aus der aktiven und dabei antizipierenden Auseinandersetzung des zielgerichtet und überlegt kalkulierenden und arbeitenden Menschen mit seinem Auftrag oder seiner Aufgabe. Seine Situationswahrnehmung und -bewertung und seine Leistungsvoraussetzungen (vgl. primäre und sekundäre Bewertung im Streß-Konzept von Lazarus & Launier, 1981) bestimmen mit, ob überhaupt Beanspruchungen entstehen und welcher Art sie sind. Anstatt eines einfachen kausalen, ätiologischen Sachverhalts aus der Arbeitsumwelt oder dem Arbeitsauftrag sind ganze Geflechte von Wechselwirkungen zwischen Auftrag, Ausführungsbedingungen und dem Arbeitenden als Ursachen zu untersuchen. Es ist immer die *redefinierte Aufgabe* (Hackman & Oldham 1975), die vermittelt durch die Bewältigung der Anforderungen zu Beanspruchungsfolgen führt. Diese *Vermittlung* erfolgt über die regulativen Veränderungen in der *Arbeitsweise*. Objektiv gleiche Aufträge können daher bei Freiheitsgraden für die Ausführungsweise in Abhängigkeit von der gewählten Strategie zu unterschiedlichen Leistungen mit verschiedenen Beanspruchungsfolgen führen. Auch können aufgrund unterschiedlicher Arbeitsweisen gleiche Leistungen bei unterschiedlichen Beanspruchungen entstehen.

In der Abb. 3.2 sind die drei Mechanismen schematisch dargestellt, die zur kompensatorischen Stabilisierung der Tätigkeitsregulation bei einsetzender Ermüdung eingesetzt werden: Strategieveränderungen in der Auftragsbearbeitung, Anspruchsniveau-Senkung, Aufwandssteigerung. Eine Vielzahl empirischer Belege stützen diese Mechanismen (vgl. Schmidtke, 1965; Hacker & Richter, 1984). Systemtheoretische Beschreibungsansätze der Regulationsstabilisierung bei psychischer Ermüdung und Streß sind unternommen worden (Nitsch, 1972; Semmer, 1984).

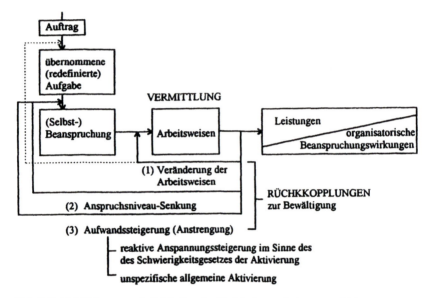

Abb. 3.2: Stabilisierungsmöglichkeiten der Tätigkeitsregulation unter Belastung

2. Die BBK konzentriert sich auf negative Beanspruchungsfolgen und unterschätzt dabei leicht die gleichzeitig mit diesen oder auch unabhängig von ihnen entstehenden positiven, also für die Leistung und die Entwicklung der Leistungsvoraussetzungen förderlichen Beanspruchungsfolgen. Gleich hohe Anforderungen können Hinzulernen und Fitneß oder Entmutigung und Erschöpfung erzeugen in Abhängigkeit von weiteren Bedingungen, insbesondere von organisatorischen, sozialen und personalen Ressourcen (Karasek & Theorell, 1990; vgl. Kapitel 2). Im Sinne eines erweiterten Gesundheitsverständnisses (Becker, 1982, 1995) ist die gesundheitsentwickelnde Rolle fördernder Aktivitäten zu berücksichtigen. Ohne hohe Beanspruchung und nennenswerte Ermüdung entstehen auch keine Trainingseffekte!

3. Schließlich sind weniger die gut isolierbaren Einzelbelastungen als vielmehr das Geflecht von Einwirkungen ausschlaggebend für die entstehende

Auseinandersetzung mit dem Auftrag und die negativen und positiven Beanspruchungsfolgen, die die AAK zu erfassen versucht.

4. Der Anforderungswandel hat besonders in den Bereichen erhöhter Automatisierung und der Bürotätigkeiten das Ausmaß geistiger Arbeit ansteigen lassen und damit zum Teil zu völlig neuen Beanspruchungsformen geführt. Die bisher überwiegend verwendeten „objektiven" arbeitsanalytischen und psychophysiologischen Verfahren, die die BBK bevorzugte, kommen hier an Grenzen ihrer Aussagekraft. Die AAK analysiert komplexe Veränderungen in der Auseinandersetzungsweise des Menschen, also im Erleben, im Befinden und in der Vorgehensweise als wichtige Beanspruchungsindikatoren und gewinnt damit einen angemesseneren Zugang zu den Folgen geistiger Arbeit wie auch der Arbeit im Humandienstleistungsbereich (Büssing, 1992; Hacker, 1996). Weiterführende Ansätze zur Differentialdiagnostik physiologischer Aktivierungsparameter zwischen physischen, kognitiven und emotionalen Beanspruchungen wurden versucht (Boucsein, 1991). Ein Ansatz zur tätigkeitspsychologischen Synchronisierung von Aufgabenstrukturkomponenten, emotionaler Bewertung und physiologischer Aktivierung wird erprobt (Rau & Richter, 1996).

5. Die klassische BBK läuft Gefahr, valide Beanspruchungssymptome zu vernachlässigen, die erst aus den erwähnten Wechselwirkungen erkennbar werden. Da die AAK auf Beanspruchungsanzeichen in Erleben, Verhalten und Leistung und psychophysiologischen Abläufen aus ist und gerade Verschiebungen in dem Geflecht von subjektiven und objektiven Daten zu interpretieren versucht, schöpft sie die vorliegende multivariate Information über Beanspruchungen und ihre Folgen besser aus. Ansätze der hierarchischen Syndromklassifikation von Destabilisierungszeichen bzw. der Nutzung der Fuzzy-sets-Theorie haben sich hierfür als brauchbar erwiesen (Rohmert & Luczak, 1973; Richter et al., 1980; Richter, P.G. & Straube, 1988).

Im folgenden Kasten sind die wesentlichsten Merkmale dieser Auftrags-Auseinandersetzungs-Konzeption zusammengestellt.

Das AUFGABEN- AUSEINANDERSETZUNGS- KONZEPT ordnet die Beanspruchungsentstehung ein in die psychische, d.h. motivationale und kognitive Regulation von Arbeitstätigkeiten.

1) Beanspruchungsfolgen *entstehen* aus den Beziehungen zwischen
   – den Anforderungen des Auftrags mit seinen Ausführungsbedingungen und den Leistungsvoraussetzungen des Arbeitenden sowie
   – dem zu übernehmenden Auftrag und den Zielen/Werten des Arbeitenden.
2) Veränderungen der Regulation sind *abhängig* von den eindrucksmäßigen (emotionalen) und überlegten (kognitiven) Stellungnahmen (Bewertungen) des Arbeitenden zu diesen Beziehungen.
3) *Beanspruchungsfolgen entstehen* in der Regulation von Tätigkeiten, *verändern* diese Regulation und *äußern sich* in ihr als einer aktiven, zielgerichteten Auseinandersetzung mit Aufträgen/Aufgaben.
4) Die Auseinandersetzung ist bei gegebenem Tätigkeitsspielraum *vermittelt* durch die Arbeitsweisen, welche die Beanspruchungsentstehung mitbestimmen.
5) Die Auseinandersetzung mit der Aufgabe *verläuft* in einem Zyklus von Destabilisierung (Labilisierungen) und Restabilisierungsbemühungen. Diese sind – dem Reafferenzprinzip entsprechend – hierarchisch organisiert. Die Destabilisierung enthält beanspruchungsbedingt ablaufende reflektorische sowie zielgerichtet zum Zwecke der Restabilisierung eingesetzte, kostenpflichtige Anteile (Abb. 3.3).

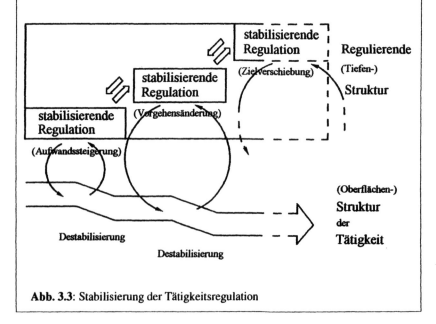

Abb. 3.3: Stabilisierung der Tätigkeitsregulation

> 6) Die aktiven Regulationsveränderungen zur Restabilisierung *treten auf* als
> - Aufwandssteigerung als Einbezug zusätzlicher (Regulations-)Vorgänge
>   • spezifischer Art (reaktive Anspannungssteigerung; Schwierigkeitsgesetz der Motivation)
>   • unspezifische allgemeine Aktivierung
> - Zielverschiebung (Anspruchsniveau-Änderung) bis zum Ausweichen mit der möglichen Folge vergrößerter Ziel-Motiv-Diskrepanz
> - Arbeitsweise-Änderungen.
> 7) Die Regulationsveränderungen *erfolgen* in der Regel *vorwegnehmend*, als ziel-/aufwandsbezogene Vorausregulation und selten nur als Rückkoppelung.

3.3 Interaktionskonzepte der Beanspruchungsbeschreibung

3.3.1 Ausgefülltheit des Beachtungsumfangs (der mentalen Kapazität)

Es gibt verschiedene Ansätze, denen der Versuch gemeinsam ist, psychische Beanspruchung ausgehend vom Ausmaß und der Art der Inanspruchnahme mentaler Kapazität oder mentaler Ressourcen zu beschreiben. Man kann diese Kapazitäts- oder Ressourcenkonzeptionen unterteilen in Konzeptionen, die am Umfang der Ressourcen ansetzen (Ressourcenvolumen-Konzepte), und in solche, die an der Verteilung der Ressourcen ansetzen (Ressourcenallokations-Konzepte) (Kahnemann, 1973; Wieland-Eckelmann, 1992).

Der Umfang der verfügbaren Kapazität kann dabei von einer einzelnen Quelle (Einzelressourcenkonzepte) ausgehen, welche die Verarbeitung der aufgabenrelevanten Information bestimmt. Die Verfügbarkeit dieser Ressource variiert mit dem Ausmaß der Aktiviertheit (Arousal, Kahneman, 1973). Neuere Konzeptionen, die sogenannten multiplen Ressourcenkonzeptionen, unterstellen einen Satz von voneinander relativ unabhängigen Verarbeitungsressourcen. Dadurch hängt die Verarbeitung davon ab, ob durch eine Aufgabe ein und dieselbe Ressource oder verschiedene in Anspruch genommen werden und ob diese Inanspruchnahme gleichzeitig oder sequentiell erfolgt. Als unterschiedliche Ressourcen sind dabei beispielsweise Mechanismen für das Encodieren, für die Verarbeitung oder für die Realisierung von Reaktionen zu verstehen (Gopher & Donchin, 1986; Wickens, 1986; Welford, 1978). Das kritischste Problem dieser Art von Konzeptionen ist die zuverlässige Identifikation von einer oder mehreren wohldefinierten Kapazitäten für Verarbeitungsoperationen.

Die Ressourcenverteilungskonzeptionen unterstellen ein qualitativ sich veränderndes Verarbeiten in Abhängigkeit von veränderlichen Verarbeitungsprozeduren oder Strategien. In Abhängigkeit von den Strategien können unterschiedliche mentale Prozesse oder Repräsentationen in die Aufgabenbearbeitung einbezogen sein. Damit ist nicht der Umfang stabiler Ressourcen, sondern die flexible Verteilung begrenzter Ressourcen durch geeignete Strategien der entscheidende Punkt. Wiederum ist allerdings die entscheidende Frage, ob derartige unterschiedliche Vorgehensweisen oder Strategien tatsächlich existieren und wie man sie zuverlässig diagnostizieren kann.

Das verbreitete praktische Vorgehen ist das empirische Ermitteln der von einer Aufgabe *nicht* benötigten Mentalkapazität mittels der Doppeltätigkeitsmethodik:

Tätigkeiten unterscheiden sich in dem Ausmaß der Inanspruchnahme der bewußten Aufgabenzuwendung, der sogenannten „Kapazität des Bewußtseins". Sie ist begrenzt, kann jedoch unterschiedlich auf um sie konkurrierende verschiedene Aufgaben verteilt werden.

Die verteilbare verbleibende Restkapazität wird mit zunehmender Schwierigkeit der Tätigkeit kleiner (Kahneman, 1973) (Abb. 3.4).

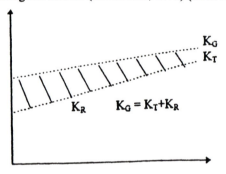

Aufgabenschwierigkeit

Die „Restkapazität", welche durch eine ausgeführte Tätigkeit nicht benötigt wird, nimmt mit zunehmender Aufgabenschwierigkeit ab. Die erreichbare „Grenzkapazität" wächst (in Grenzen) mit der Aufgabenschwierigkeit.

K_G ... erreichbare Grenzkapazität
K_T ... von einer Tätigkeit ausgefüllte Kapazität
K_R ... Restkapazität

Abb. 3.4: Modellannahme des Verhältnisses zwischen Aufgabenschwierigkeit und Restkapazität

Die psychische Beanspruchung einer Tätigkeit im Sinne der „Ausgefülltheit des Bewußtseines" wird dabei gemessen anhand des Umfanges der nicht in Anspruch genommenen bewußten Aufgabenzuwendung.

Je geringer die Ausgefülltheit, d.h. je mehr in einer anderen (Meß-)Tätigkeit während des gleichzeitigen Ausführens geleistet werden kann, desto geringer ist die psychische Beanspruchung in der interessierenden (Haupt-)Tätigkeit (vgl. Abb. 3.5).

Damit sind bereits in der Konzeption und mehr noch in der Ermittlungsmethode Unterstellungen gemacht:

1. Ausgegangen wird von der Vorstellung nicht nur einer begrenzten, sondern einer aufgabenunabhängig begrenzten bewußten Verarbeitungsmöglichkeit. Meist wird mitgedacht, daß streng gleichzeitig verschiedene bewußte Verarbeitungsoperationen nicht möglich sind.

Die Vorstellung von einer kontextunabhängig gleichbleibenden Begrenzung der bewußten Verarbeitungsmöglichkeiten ist jedoch im strengen Sinne nicht haltbar. Der Umfang der bewußten Verarbeitungsmöglichkeiten wird sowohl durch aufgabenspezifische wie unspezifische Vorgänge verändert: So kann in Abhängigkeit vom Material und der Vorgehensweise eine Bildung unterschiedlich großer Einheiten im kurzzeitigen Behalten gewählt werden, wodurch die Verarbeitungskapazität direkt verändert wird. Mit der Schwierigkeit von Aufgaben steigt des weiteren die allgemeine zentrale Aktivierung (Yerkes-Dodson-Gesetz, Schwierigkeitsgesetz der Motivation) und damit bis zu einer von der Aufgabenschwierigkeit abhängigen Grenze auch die Kapazität der bewußten Aufgabenzuwendung.

2. Unterstellt ist, daß mit zunehmender Ausgefülltheit das Tempo abnehme und/oder das Ausmaß des Ermüdens zunehme.

Die *Verfahren der Doppeltätigkeit* gehen zurück auf Binet sowie Ach und seine Mitarbeiter (z.B. Pauli, 1937) und wurden von ersterem verwendet zur Analyse, inwieweit gleichzeitig verschiedene Tätigkeiten mit Anforderungen an die Reizaufnahme und Reizverarbeitung ausgeführt werden können, sowie von letzterem zum Nachweis der psychischen Automatisierung. Seither sind weitere Verwendungszwecke hinzugekommen (zur Bewertung von Arbeitsmitteln und anderen Arbeitsbedingungen, zur Strategieuntersuchung beim Mehrfachhandeln, zur Analyse von Interferenzen zwischen Aufgaben, zur Analyse von Ebenen der Tätigkeitsregulation, weil bei Mehrfachtätigkeit eine Rückkehr zu niederen Ebenen zu erwarten ist (vgl. hierzu die Überblicke bei Sanders, 1971; Leplat & Sperandio, 1967; Brown, 1978). Als erster setzte Bornemann (1959) die Methodik zu der hier interessierenden Messung psychischer Beanspruchung im Sinne der Ausgefülltheit mit der Absicht ein, auf psychische Ermüdung zu schließen. Abb. 3.5 veranschaulicht das Vorgehen.

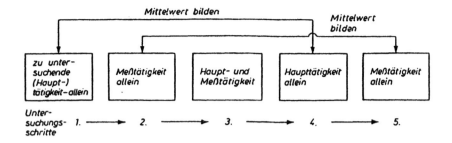

Abb. 3.5: Untersuchungsplan zur Ermittlung der Ausgefülltheit des Beachtungsumfangs

Neben der zu untersuchenden Tätigkeit wird das gleichzeitige Ausführen einer Zusatz- oder Meßtätigkeit, seit Bornemann häufig in Form des Kopfrechnens als Addieren ein- oder zweistelliger Zahlen, gefordert. Zunächst wird die Meßtätigkeit allein ausgeführt und die bei maximaler Geschwindigkeit erreichbare Leistung (L_M) bestimmt, dann wird die zu untersuchende Tätigkeit zum gleichen Zwecke allein ausgeführt (L_H), schließlich werden Haupt- und Meßtätigkeit gemeinsam hinsichtlich der Leistungen untersucht (L_M ; L_H) (Abb. 3.5). Für beide wird die Leistung bei gleichzeitiger Ausübung als Anteil der Leistung bei der Einzelausführung angegeben. Da sich auch trotz entsprechender Instruktion oft die Unmöglichkeit des Beibehaltens der isoliert erzielten Hauptleistung bei Doppeltätigkeit herausstellt, wird eine Umrechnung auf die als 100 gesetzte Leistung aus der isolierten Ausübung vorgenommen. Damit werde die wahre geistige Beanspruchung einer Arbeit ermittelt, auch „wenn während des Meßversuchs die Konzentration nicht zu 100 % auf der zu messenden (gemeint ist die zu untersuchende) Tätigkeit lag" (Bornemann 1959, S. 27).

$$B\,[\%] = 200 - (L_{\bar{M}\,\text{rel}} + L_{\bar{H}\,\text{rel}})$$
$$= 200 - \left[\left(\frac{L_{\bar{M}}}{L_M} + \frac{L_{\bar{H}}}{L_H}\right) \cdot 100\right]$$

Tab. 3.1 zeigt auf solche Art gewonnene Ausgefülltheitswerte.

Die Ausgefülltheit B variiert zwischen 0 und 100. Dabei bedeutet 0, daß der Beachtungsumfang überhaupt nicht ausgefüllt ist. Bei 100 ist vollständige Ausgefülltheit gegeben. Dabei ist zu beachten, daß gleiche Ausgefülltheit auf verschiedene Weise entstehen kann. So kann „vollständige Ausgefülltheit" dadurch entstehen, daß beide Tätigkeiten mit je 50 % beteiligt sind, oder auch dadurch, daß eine Tätigkeit mit keiner, die andere mit 100 % Ausgefülltheit beteiligt ist.

Tab. 3.1: Ausgefülltheit des Beachtungsumfangs, ermittelt anhand der Möglichkeit, neben den benannten Tätigkeiten Kopfrechenaufgaben (Additionen) lösen zu können (Bornemann, 1959)

Tätigkeit	Ausgefülltheit des Beachtungsumfangs B (%) (gerundet)
Putzen, Staubwischen, Kehren	10
Maßdrehen mit Drehbank	30
Nägel einschlagen	45
Bekannten Text schreiben	75
Telefonnummer suchen	100

Die wesentlichsten methodischen Festlegungen für Doppeltätigkeitsuntersuchungen betreffen nach Brown (1978):

• Ort der Interferenz zwischen der untersuchten und der Meßtätigkeit, der liegen kann in
– der Informationsaufnahme,
– den Verarbeitungsmöglichkeiten,
– der Handlungsrealisierung.

Da nicht Begrenzungen durch das Datenangebot, sondern durch die Ausgefülltheit des Beachtungsumfangs interessieren, sollte die Interferenz die Verarbeitungsmöglichkeiten betreffen.

• In der Instruktion geforderte Priorität der untersuchten Tätigkeit, die
– primär
– sekundär oder
– gleichbedeutsam mit der Meßtätigkeit sein kann.

Für das Ermitteln der Ausgefülltheit sollte die zu untersuchende Tätigkeit die Priorität in der Zuwendung besitzen.

• Zeitliche Struktur der Meßtätigkeit, die
– außengetaktet, d.h. mit Zeitvorgaben von außen versehen, oder
– selbstgetaktet sein kann.

Wenn die Haupttätigkeit außengetaktet ist und möglichst nicht verändert werden soll, muß zur Bestimmung der Ausgefülltheit durch eine Haupttätigkeit Selbsttaktung der Meßtätigkeit zugelassen werden (Knowles 1963).

Eine spezifische Variante der Einordnung von Meßtätigkeiten speziell bei Regelungsaufgaben sind die kreuzadaptiven Nebenaufgaben. Hierbei wird die Meßtätigkeit in Abhängigkeit von Fehlern in der Haupttätigkeit hinzugefügt bzw. ihr Darbietungstempo verändert. Damit sollen relativ konstante Leistungen in der Haupttätigkeit gesichert werden (Kelley & Vargo, 1957). Des weiteren können die Probanden instruiert werden, die zweite Tätigkeit mit unterschiedlichem Grad an Priorität auszuführen.

Trotz seiner Originalität hat das Vorgehen schwerwiegende Mängel, die den damit ermittelbaren Werten nicht mehr als Hinweischarakter belassen.

Wir setzen die oben begonnene Bezifferung fort:

3. Die Ergebnisse sind von der Wahl der Meßtätigkeit abhängig. Ermittelt wird der **Verwandtschaftsgrad** oder umgekehrt die Interferenz der Anforderungen von Haupt- und Meßtätigkeit. Mit der Methode kann man „nicht die psychische Beanspruchung (Ausgefülltheit, W.H.) schlechthin messen ..., die eine Arbeit stellt, sondern immer nur den Grad, in dem eine bestimmte Arbeit die gleichen psychischen Funktionen erfordert wie die jeweilige Meßtätigkeit" (Bornemann, 1959, S. 34).

4. Die Beeinträchtigung der Haupttätigkeit tritt bei Doppelarbeit häufig auch bei entsprechender Instruktion auf. Der dargestellte Umrechnungsvorschlag setzt die „Konstanz der Leistungssummen" der beiden Tätigkeiten voraus: Die Beachtungskapazität, die einer Tätigkeit entzogen wird, muß der anderen im gleichen Maße zugute kommen. Bornemann glaubte, das annähernd nachweisen zu können. Die hinreichend strenge Gültigkeit dieser Annahme ist jedoch, wie bereits Bornemanns Resultate selbst zeigen, fraglich. Es gibt Wechselwirkungen, z.B. Strategieänderungen bei Doppelarbeit.

5. Die strenge Gleichzeitigkeit des Ausführens bewußter Arbeitsoperationen ist fraglich. Tatsächlich wird ein rascher Zuwendungswechsel festgestellt. Damit ist das Ergebnis stark von Strategien des zweckmäßigen raschen sukzessiven Wechsels zwischen Haupt- und Meßtätigkeit (Time-Sharing) abhängig. Dies aber trägt nicht bei zum Messen einer Ausgefülltheit. Damit wird deutlich:

6. Die Methode ist nur anwendbar auf zu untersuchende Tätigkeiten, die kontinuierlich und ununterbrochen eine bewußte Zuwendung erfordern. Im Maße möglicher Abschweifungen, z.B. durch das Erlernen von Redundanz im Ablauf, sind die Voraussetzungen für Doppelarbeitsmethoden nicht mehr gegeben. Das Vorliegen dieser Möglichkeiten dürfte aber unter Praxisbedingungen gerade der vorherrschende Fall sein.

7. Zu beachtende allgemeine Störbedingungen bei der Anwendung der Methode sind (Bartenwerfer, 1970):
– die Geübtheit in der Meßtätigkeit,
– die Geübtheit für die Doppeltätigkeit,
– die Gewöhnung an die Versuchssituation,
– die Einstellungsmomente.

Insgesamt haben die mit der Bestimmung der Ausgefülltheit als einem Aspekt der psychischen Beanspruchung mittels Doppeltätigkeit erzielbaren Aussagen nur hinweisenden Wert im Zusammenhange streng abgegrenzter spezieller Fragestellungen nach verfügbaren Verarbeitungsmöglichkeiten für konkrete Daten unter konkreten Bedingungen. Sie gestatten weder allgemeine Aussagen über
– den Grad der Inanspruchnahme des Umfangs bewußter Beachtung (vgl. u.a. das Verwandtschaftsproblem), noch

– die Lernförderlichkeit von Aufgaben, weil diese nicht von der Ausgefülltheit generell, sondern der Inanspruchnahme durch bestimmte Anforderungsarten abhängt, noch
– die nachfolgende psychische Ermüdung, weil diese in wesentlich engerem Zusammenhange steht mit der psychischen Anspannung (AZA). Zwischen der AZA und der Ausgefülltheit bestehen insbesondere wegen der Abhängigkeit vom Verwandtschaftsgrad von Haupt- und Meßtätigkeit keine eindeutigen Zusammenhänge.

Diese Einschränkungen bezüglich der Methode zur Ermittlung eines Aspekts psychischer Beanspruchung stellen jedoch nicht wesentliche inhaltliche Beziehungen in Abrede:

Komplexe Tätigkeiten können aufgefaßt werden als *Mehrfachverrichtungen*. Handlungsvorbereitende kognitive und ausführende manuelle Verrichtungen überlappen einander, aber auch verschiedene kognitive oder sensumotorische Verrichtungen werden parallel, nämlich streng gleichzeitig oder in kurzfristigem Wechsel reguliert. Derartige Überlappungen kognitiv-manueller, kognitiv-kognitiver und manuell-manueller Verrichtungen sind nicht die Ausnahme, sondern die Regel. Einige Formen derartiger Mehrfachverrichtungen weisen nach übereinstimmenden Anzeichen im Erleben, in der Leistung und in psychophysiologischen Veränderungen Beanspruchungen auf, die durch hohe psychische Anspannung gekennzeichnet sind und zu erhöhter psychischer Ermüdung sowie sogar zu Streßzuständen führen. Dabei handelt es sich um Anforderungen, zu deren zuverlässiger forderungsgerechter Erfüllung das wirklich gleichzeitige Ausführen mehrerer bewußter Verrichtungen gehören müßte. Diese wirkliche Gleichzeitigkeit ist zwar denkbar für eine automatische bzw. automatisierte und eine kontinuierliche bewußte Verrichtung, nicht aber für zwei oder mehrere kontinuierliche bewußte Verrichtungen.

Man kann die Untersuchungen zur Doppelarbeit mit gebotener Vorsicht auch umgekehrt zur üblichen Frage nach der Ausgefülltheit betrachten und fragen nach der *Störung* einer Tätigkeit durch eine gleichzeitig geforderte andere. Dabei wird erkennbar, daß sogar neben weitestgehend *automatisierten* sensumotorischen Verrichtungen einfache bewußte Verrichtungen wie das Addieren nicht ohne Leistungsbeeinträchtigungen ausgeführt werden können:

Staubwischen, Kehren, Putzen	... B = 10 %
Fahrradergometer treten	... B = 10 %
Stanzen am Fließband	... B = 25 %

Bei Tätigkeiten, die *bewußte* Zuwendung erfordern, können die notwendigen Zuwendungswechsel selbst bei einfachen Verrichtungen mit hohem Anteil automatisierter Unterprogramme zu starken Störungen führen. Bornemann führt bei Kopfrechnen neben dem Schreiben des ABC einen B-Wert von 80 % neben dem Lesen einen B-Wert von 100 % an.

Diese Störungen oder Interferenzen von Leistungen, die bewußte Zuwendung erfordern, liegen auch vor bei denkbar elementaren Verrichtungen, deren Kombination mit anderen wegen der lebenspraktischen Gebräuchlichkeit unproblematisch erscheint.

Faßt man *komplexe* Tätigkeiten als Doppel- oder Mehrfachverrichtungen auf, so sind Interferenzen zwischen verschiedenen Komponenten dieser Handlungsstrukturen zu erwarten.

Für die Erörterung der Inanspruchnahme psychischer Leistungsvoraussetzungen ist diese Auffassung von Tätigkeiten als Bewältigen von Mehrfachaufgaben, die hinausgeht über wenig ergiebige Ermittlungen der Ausgefülltheit, insofern nützlich, als sie auf Erklärungsmöglichkeiten für psychische Anspannungsgrade, Schwierigkeitserleben und nachfolgende Ermüdungs- bzw. sogar Streßzustände sowie überforderungsbedingte Fehlhandlungen und auf diesbezüglich gefährdende Anforderungsmuster verweist. Interferierende Anforderungsteile bedingen Leistungsminderungen und negative psychische Beanspruchungsfolgen.

Anforderungsinterferenzen bei Mehrfachtätigkeiten können bei hoher Fehlhandlungswahrscheinlichkeit und schwerwiegenden Folgen auch *Streß* erzeugen (Schönpflug, 1976): Streßzustände können dabei ausgehen von einer Konkurrenz um überforderte Kapazität bei
– Orientierungsprozessen,
– Verarbeitungsprozessen zum Zwecke der Bildung von Zustandsmodellen, Zielhierarchien, Aktionsprogrammen,
– Ausführungskontrolle oder auch bei Überforderung der physischen Kapazität für das Ausführen,
– Interferenz paralleler Orientierung, Verarbeitung und Kurzzeitbehaltensanforderungen.

Insgesamt gilt somit:
Einzelne auch über längere Zeit gut bewältigbare Anforderungen können bei gleichzeitigen oder kurz nacheinander auftretenden anderen Anforderungen zu belastungskritischen Fehlbeanspruchungen führen. Das tritt ein,
– wenn verschiedene Aufgaben um die begrenzte mentale Verarbeitungskapazität *konkurrieren* und sich dabei beeinträchtigen, sowie
– wenn nicht nur verschiedene Aufgaben, sondern Aufgaben mit miteinander schlecht oder gar *nicht vereinbaren* („inkompatiblen") Anforderungen um die begrenzte mentale Verarbeitungskapazität konkurrieren (Wickens, 1986; Wieland-Eckelmann, 1992).

3.3.2 Psychische Anspannung: Intensität der psychischen Beanspruchung

Für jede Tätigkeit kann der arbeitende Mensch einen zur Ausführung erforderlichen Grad der psychischen Anspannung angeben. Diese psychische Anspannung ist im Erleben abtrennbar von der eventuell erforderlichen muskulären Anspannung. Die Angaben zur psychischen Anspannung können außerdem weitestgehend unabhängig gemacht werden von
- der Art der beanspruchenden Tätigkeit,
- dem Anlaß der psychischen Anspannung wie Konzentration bei der Arbeit oder Affektzuständen,
- der Schwere der gleichzeitigen Muskelarbeit.

Mithin liegt ein für jeden Wachzustand kennzeichnendes allgemeines Erleben vor. Versteht man unter Aufmerksamkeit den jeweiligen Intensitäts- oder Aktivitätsgrad psychischer Vorgänge, so kann die erlebte psychische Anspannung, die auch als „Allgemeine zentrale Aktiviertheit" (AZA) bezeichnet wird, mit Aufmerksamkeit gleichgesetzt werden. Unter AZA-Werten versteht Bartenwerfer (1969) Grade auf einer gedachten Skala zwischen dem tiefsten, traumlosen Schlaf und der höchsten, wachsten Aufmerksamkeit. „Im Wachbereich dieser Skala sind Grade der psychischen Anspannung erlebbar. Operational wird die AZA wie folgt definiert: AZA wird gemessen durch auf bestimmte Weise skalierte Angaben über die innere Angespanntheit sowie über denjenigen Anteil von Änderungen der Herzfrequenz, der von muskulären, körpertemperaturregulatorischen und sonstwie störenden Kreislauffaktoren bereinigt ist" (Bartenwerfer, 1969, S. 201).

Diese Definition beruht darauf, daß die intervallskalierte psychische Anspannung angenähert linear mit der von (additiv eingehenden) Anteilen aus Muskelarbeit, Körperhaltung und Temperaturregulation bereinigten Herzfrequenz des Zustands nach Abklingen eines Anfangsanstiegs (steady state) kovariiert (Abb. 3.6).

AZA-Werte sind intervallskaliert. Es gibt Hinweise darauf, daß sie einer Verhältnisskala nahekommen, mit einem natürlichen Nullpunkt bei festem Schlaf. Damit wären Aussagen über Mehrfache bzw. Teile gegenüber einer Bezugsanspannung sinnvoll.

Die ermittelte psychische Anspannung ist in jedem Falle als Aussage über Beanspruchung abhängig von den aktuellen und habituellen Leistungsvoraussetzungen der Untersuchten.

Neben dieser allgemeinen unspezifischen Aktivierung scheinen spezifische Aktivierungsformen zu bestehen, die auf Erweiterungsmöglichkeiten des eindimensionalen Ansatzes hinweisen.

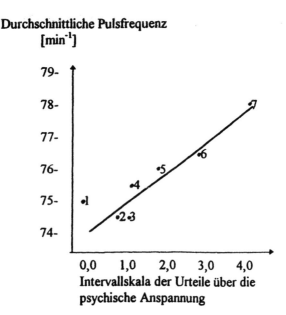

Regression der mittleren Urteile über die psychische Anspannung auf die Pulsfrequenzmittelwerte von zehn Personen bei sieben verschiedenen Tätigkeiten (Bartenwerfer, Kotter & Sickel, 1963). Die Pulsfrequenz wurde in Stichproben während des Tätigseins gemessen und je Tätigkeit gemittelt; die Angaben über die erlebte psychische Anspannung wurden nach je zwei Tätigkeiten im Vergleich zwischen ihnen erhoben und nach der Methode des Paarvergleichs (Fall V) ausgewertet; die ebenfalls verwendete Methode der kategorialen Schätzung erbrachte nahezu identische Ergebnisse; mit jeder Versuchsperson wurden alle Tätigkeitskombinationen, auf mehrere Versuchstage verteilt, durchgeführt, wobei die Reihenfolge der Tätigkeiten zwischen den Personen wechselte; jede Person übte jede Tätigkeit viermal aus.
1 Zählen regelmäßiger Klopfzeichen, 2 langsames Kopfrechnen (nach Dücker Typ B), 3 langsames Bedienen einer Saldiermaschine, 4 Zählen unregelmäßiger Klopfzeichen, 5 schnelles Kopfrechnen (nach Dücker Typ B), 6 Buchstaben umstellen, 7 komplexes Kopfrechnen (nach Dücker Typ D)

Abb. 3.6: Zusammenhang zwischen psychischer Anspannung und Herzfrequenz

Diese erlebbare Intensitätskomponente aller psychischen Vorgänge und Zustände wird hypothetisch in Beziehung gebracht zu Vorgängen im zentralen Nervensystem, die sich nicht nur in Durchblutungs- und Erregungsprozessen in der Großhirnrinde – erfaßbar u.a. mittels PET (Positronen-Emissions-Tomographie) oder EEG (Elektronzephalogramm) –, sondern auch in neurovegetativ regulierten Vorgängen wie der Herzfrequenz oder dem Blutdruck niederschlagen (Birbaumer & Schmidt, 1996). Aktivierungszustände des zentralen Nervensystems hängen ab von der vorwiegend durch das auf- und absteigende retikuläre Aktivierungssystem vermittelnden Stimulierung aus der Umwelt, von Rückmeldungen von Körperbewegungen sowie von kortikal ausgelöster Selbstaktivierung.

Eine präzise Darstellung des Wesens der psychischen Anspannung ist wegen der Schwierigkeit ihrer Definition nicht möglich. Einige Konkretisierungen sind über die Darstellung der Erfassungsmethodik zu erreichen.

Die Bestimmung erfolgt mit unterschiedlich aufwendigen Skalierungs- und psychophysiologischen Methoden (vgl. Bartenwerfer, 1969, S. 201-210):

Die Skalierung der AZA mittels Aussagen über innere Angespanntheit unter Verwendung von zehn Ankersituationen kann auf zwei Wegen erfolgen:

a) Mit der Paarvergleichsmethode unter Rückgriff auf das Gesetz des Vergleichsurteils von Thurstone mit anschließenden Transformationen. Die zu bewertende Tätigkeit oder Situation wird mit zehn gleichbleibenden Ankersituationen paarweise verglichen. Praktisch werden die 55 Paare als Karten in Zufallsabfolge mit der Instruktion, die jeweils stärkere psychische Anspannung anzugeben, geboten. Auf dieser Grundlage werden die Skalenwerte für die Ankersituationen bestimmt. Da die Ankersituationen von verschiedenen Menschen ähnlich beurteilt werden, wurden sie mit ihren bei mehr als 500 Beurteilern ermittelten „mittleren normierten Standardwerten" zum Bezugssystem erhoben (Abb. 3.7).

b) Hochgradig vereinfacht ist die Skalierung mit einer festen graphischen Standardskala. Sie erscheint möglich wegen der geringfügigen Unterschiede in der Beurteilung der Ankersituationen zwischen Personengruppen. Der Befragte markiert seine Angaben über die psychische Anspannung in einer Zeichnung (Abb. 3.7), in der beim Einsatz die Ziffern weggelassen werden. Die Vorteile liegen in der Zeitersparnis beim Durchführen und Auswerten. Der AZA-Wert ist sofort ablesbar. Ein wesentlicher Nachteil ist, daß nicht jeder Befragte die Ankersituationen ebenso plazieren dürfte, wie dies im Durchschnitt der 557 Ersturteiler erfolgte.

Mittlere normierte AZA-Standardskalenwerte für 10 Ankersituationen (Bartenwerfer, 1969; S. 205; n = 557 Urteiler - Arbeiter, Angestellte, Studenten)

Ankersituationen	Mittlere normierte Standard-AZA-Skalenwerte
- Ich befinde mich voller Todesangst in einem abstürzenden Flugzeug.	48
- Ich bin in einen Verkehrsunfall verwickelt, den ich verschuldet habe.	39
- Ich lasse mir bei schweren Schmerzen nichts anmerken.	35
- Ich versuche, bei starken Verkehr die Sraße zu überqueren.	32
- Ich sehe einen aufregenden Film.	31
- Ich lese einen Kriminalroman.	30
- Ich lese Zeitung.	29
- Ich löse Kreuworträtsel.	26
- Ich liege auf einem Sofa und blättere in einer Illustrierten.	21
- Ich liege auf einer Waldwiese und träume mit offenen Augen.	11

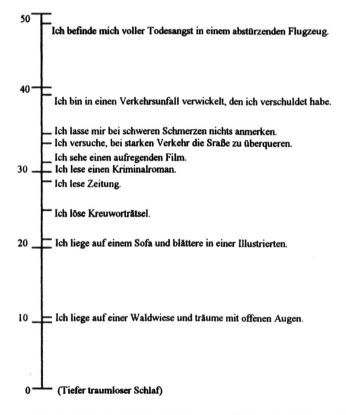

Graphische Standardskala der AZA-Werte zum Skalieren durch Eintragen der erlebten psychischen Anspannung (Bartenwerfer, 1969).

Abb. 3.7: Standardskala der AZA-Werte

Daneben ist eine Schätzung der AZA aufgrund physiologischer Messungen möglich. Dafür wurden von Bartenwerfer wiederum zwei unterschiedlich aufwendige Wege angegeben:

- Schätzungen der AZA über die Herzfrequenz und die gleichzeitige Sauerstoffaufnahme mittels mehrerer Vor- und Hauptmessungen. Die zum Ermitteln der psychischen Anspannung oder AZA einsetzbaren physiologischen Indikatoren sind nicht allein von dieser, sondern von mehreren anderen Bedingungen abhängig, deren Wirkungen mithin zunächst abgetrennt werden müssen. Im Falle der Herzfrequenz sind dies hauptsächlich Muskelarbeit, Körperlage, Körpertemperaturregulation, Pharmakaeinflüsse, tagesrhythmische Einflüsse. Die Körperlage unterscheidet sich zwischen verschiedenen sitzenden Arbeiten nicht wesentlich. Tagesperiodik und Arznei- und Genußmitteleffekte sind mit der Versuchsplanung kontrollierbar. Damit verbleiben bei der vergleichenden AZA-Schätzung bei vorwiegend nicht muskulären Tätigkeiten in bequemer Sitzhaltung die Raumtemperatur und die verbleibende (statische) Muskelarbeit als die hauptsächlichen Störeinflüsse.
- Schätzung der AZA über die Herzschlagfrequenz allein. Sofern bei den hinsichtlich der AZA zu vergleichenden Tätigkeiten die muskuläre Beanspruchung gering und annähernd gleich ist, wird ein ökonomischeres Vorgehen vorgeschlagen. Allerdings können bereits Unterschiede in der Sitzhaltung oder motorische Betätigungen wie Schreiben zur Fehlerquelle werden und sind daher zu kontrollieren.

Die Standardfrequenz, die auch hier zur Ermittlung der AZA-Mehrpulse benötigt wird, kann in einer Standardsituation ermittelt werden, welche vor und nach der zu untersuchenden Tätigkeit eingeschaltet werden muß. Als Standard- oder Ruhesituation dient bei Bartenwerfer das stille Zählen unregelmäßiger, gut hörbarer Klopfzeichen von einer mittleren Häufigkeit von 25 je Minute. Der Proband zählt jeweils bis 20 und gibt dann ein Signal. Als Standardherzfrequenz dient das geometrische Mittel aus der Vor- und Nachmessung.

Die eingangs erwähnte annähernd lineare Kovariation der intervallskalierten AZA mit den bereinigten Mehrpulsen ($r=0.78$) erlaubt im Mittel (aus Werten von mehreren Personen oder mehreren Messungen einer Person) Voraussagen der AZA-Werte aus der Herzfrequenz und umgekehrt mit einer noch vertretbaren Ungenauigkeit. Empfohlen wird die Wahl jenes Verfahrens, für das unter den jeweiligen Untersuchungsbedingungen die geringeren Störungen zu erwarten sind.

Welche Aussagen werden mit dem Messen der psychischen Anspannung angestrebt?

1. Mit dem zeitlichen Verlauf der Höhe der AZA kann der zeitliche Verlauf der Intensität psychischer Beanspruchung erfaßt werden. Anwendungen für die Industrie liegen vor. Die Skalenwerte für die mittlere psychische Anspannung eines Arbeitsplatzes werden auf folgendem Wege bestimmt:
a) Arbeitsablaufstudie zum Ermitteln vorkommender Tätigkeitsklassen und Zuordnung von Zeitanteilen zu ihnen;
b) Bestimmung der mittleren psychischen Anspannung durch die Arbeitsplatzinhaber oder auch durch Experten nach einer der beiden Skalierungsmethoden;
c) Ermittlung einer mittleren psychischen Anspannung je Normalarbeitstag. Die Problematik liegt hauptsächlich bei den Anwendungsvoraussetzungen der dargestellten rechnerischen Prozeduren. Unbeschadet dessen sind praktisch nützliche Anwendungen in der Arbeitsbewertung und der Arbeitsgestaltung bekannt.
2. Die psychische Anspannung als Intensität der Inanspruchnahme steht im Zusammenhang mit der Leistung. Leistungen sind wahrscheinlich maximal bei mittleren Aktivierungsgraden. Mit der Kompliziertheit der Aufgabe nimmt diese zu maximalen Ergebnissen führende mittlere Höhe der Aktivierung ab (Lambda-Regel; Yerkes-Dodson-Gesetz).
3. Das Berücksichtigen von Anspannung und Leistung erlaubt Effektivitätsaussagen. Das Verhältnis von Ergebnis und Aufwand ist ein wesentlicheres Bewertungsmerkmal als die Leistung allein.
4. Über die Beziehungen zwischen Anspannung und psychischer Ermüdung macht das Bartenwerfer-Konzept folgende entscheidende Annahme: Die AZA ist in ihrem Verlauf die notwendige und hinreichende Bedingung für das Entstehen psychischer Ermüdung. „Je intensiver eine Aktiviertheit bei geistiger Tätigkeit ist und je länger sie andauert, um so stärker ist die nachfolgende Ermüdung" (Bartenwerfer, 1970, S. 187). Die Beziehung zwischen Anspannung und psychischer Ermüdung faßt Bartenwerfer in vier Thesen:
a) Von der AZA während geistiger Tätigkeit hängt der Grad psychischer Ermüdung ab. AZA ist definiert und meßbar.
b) Der Ermüdungsgrad (gemessen durch die Relation zwischen einer Standardleistung und dem zum Erreichen der jeweils geforderten Leistung erforderlichen Aufwand) ist allein eine Funktion der Intensität (I_{AZA}), Dauer (t_{AZA}) und des Verlaufs (V_{AZA}) der unspezifischen zentralen Aktiviertheit. Das Einbeziehen des Verlaufs berücksichtigt eine mögliche Erholung während der Tätigkeit.

$$E = f(I_{AZA}, t_{AZA}, V_{AZA})$$

c) Der Grad der psychischen Ermüdung ist nicht unmittelbar abhängig von der Motivierung. Diese beeinflußt mittelbar, nämlich über veränderte AZA, die psychische Ermüdung. Weiterhin beeinflußt die Motivation Leistung und Müdigkeitsgefühl.

Mit diesen Annahmen sollen die Schwierigkeiten aus der ungenügenden Meßbarkeit der Motivation für das Ermüdungskonzept umgangen sein.

d) Der Grad der psychischen Ermüdung ist nicht unmittelbar abhängig von der Art der beanspruchenden Tätigkeit. Eine mittelbare Abhängigkeit besteht über den Einfluß der Tätigkeitsarten auf die AZA (weil sie sich in einer unspezifischen Aktivierungsdimension, auf die sich der eindimensionale Ansatz konzentriert, niederschlagen).

Insgesamt erscheint ein Konzept zur Kennzeichnung einer allgemeinen oder unspezifischen Intensitätsdimension der psychischen Beanspruchung – nicht als Ersatz für eine Methodik zur Bestimmung der psychischen Ermüdung – unerläßlich. Bis zum Verfügen über Besseres ist die kritische Nutzung im Rahmen einer Verfahrensbatterie zur Ermittlung psychischer Beanspruchung sinnvoll. Die empfindlichste Lücke ist dabei das Fehlen einer Bewertung hinsichtlich erforderlicher bzw. zulässiger allgemeiner zentraler Aktiviertheit. Auch die Korrelation mit Herzfrequenzwerten bietet hier bisher keinen Anhaltspunkt.

Was leistet das Konzept der psychischen Anspannung zur Ermittlung psychischer Ermüdung?

Die allgemeine zentrale Aktiviertheit wird als notwendige Bedingung nachfolgender psychischer Ermüdung beschrieben und die AZA-Ermittlung als Ausweg aus dem Dilemma der Ermüdungsmessung betrachtet. Leider ist die allgemeine zentrale Aktiviertheit wenigstens genauso vielseitig determiniert wie die Ermüdung, das Ermüdungsgefühl und die Leistung. Der Fortschritt des AZA-Konzepts erreicht in dieser Hinsicht keine neue Qualität. Weiter ist der Zusammenhang zwischen Intensität, Dauer und Verlaufsform der psychischen Anspannung und der nachfolgenden psychischen Ermüdung noch ungenügend geklärt. Die neurophysiologischen Grundlagen sind hypothetisch, eine Konstruktvalidierung verspricht also wenig. Eine pragmatische Validierung von AZA-Werten an psychischer Ermüdung ist kaum vorstellbar, da die Auswege über die AZA gerade wegen der schlechten Erfaßbarkeit der psychischen Ermüdung vorgeschlagen wurden. Damit hängt eng zusammen, daß ein Ermüdungsmaß, wenn es arbeitsgestalterisch irgendwelchen Nutzen haben soll, Bewertungen ermöglichen muß. Wie viele AZA-Einheiten sind über welche Dauer bei welcher Verlaufsform im Hinblick auf die nachfolgende psychische Ermüdung zumutbar? Das AZA-Konzept verhilft bei solchen Fragen nicht zu günstigeren Möglichkeiten als das Ermüdungskonzept selbst.

3.3.3 Anforderungsprofil-Konzepte

Wir hatten gesehen, daß Anforderungen von Aufgaben nur durch einen Satz von Merkmalen beschrieben werden können, daß also die Beschreibung lediglich mit Hilfe einer einzigen Dimension wie der psychische Anspannung oder der Ausgefülltheit einer mentalen Kapazität der inhaltlichen Vielfalt der Aufgabenmerkmale nicht voll gerecht wird. Diese Merkmalsvielfalt im Falle einer inhaltlichen Beschreibung der Aufgabenanforderung führt logischerweise zu einer profilartigen Beanspruchungscharakteristik. Das kritische theoretische Problem besteht dabei in der Definition des Begriffs „Auftrag" bzw. „Aufgabe" und speziell des sogenannten Aufgabeninhalts, weil entsprechend dieses Inhaltsverständnisses unterschiedliche Beschreibungsmerkmale ausgewählt werden können. In den letzten Jahren hat sich zunehmend eine Übereinstimmung hinsichtlich der ausschlaggebenden Merkmalsdimensionen ergeben, die eine valide Prädiktion der Beanspruchungsfolgen ermöglichen. Diese Merkmalsdimensionen werden zusammenfassend durch das Konzept der vollständigen Tätigkeit beschrieben, das im Zusammenhang mit der psychischen Arbeitsanalyse dargelegt ist (vgl. Hacker et al., 1995; Hacker, 1995). Das Identifizieren dieser Aufgabenmerkmale verlangt eine abgestimmte Prozedur der Auftrags- und Tätigkeitsanalyse, welche die Dokumentenanalyse, Arbeitsstudien als Beobachtungen, Interviews und Gruppendiskussionen einschließt, welche in einem quasi-experimentellen Design integriert sein müssen.

In der Abb. 3.8 ist als Beispiel der Vergleich der psychischen Anforderungen zweier Varianten einer rechnergestützten Textbearbeitung beim Erzeugen von Satzspiegeln dargestellt.

Verglichen werden zwei Aufgaben, Aufgabe A ist durch einen sehr engen Tätigkeitsinhalt, Aufgabe B dagegen durch einen breiten Tätigkeitsinhalt gekennzeichnet. Man erkennt in der Abbildung, daß Aufgabe A in mehreren Merkmalen deutlich bessere Ausprägungen aufweist, als Aufgabe A. Das betrifft unter anderem die Anzahl der Teiltätigkeiten, das Vorhandensein eigener Kontrollmöglichkeiten, die Häufigkeit der Wiederkehr gleichförmiger Verrichtungen (Wiederholungen), die Freiheitsgrade oder Tätigkeitsspielräume und aus diesen resultierenden Planungsanforderungen nebst den damit verbundenen psychischen Regulationserfordernissen sowie den langfristig verbleibenden Lernanforderungen. Aufgrund dieser Profilunterschiede ist zu erwarten, daß Aufgabe B mit ihrem breiten Tätigkeitsinhalt als abwechslungsreicher erlebt wird und damit summarisch mit höherer Arbeitszufriedenheit einhergeht und daß in der Wahrnehmung der Tätigkeit die Tätigkeitsspielräume, die Anforderungsvielfalt, die Durchschaubarkeit der Aufgabe als ausgeprägter erlebt werden als das bei der Aufgabe A mit dem geringen Tätigkeitsinhalt der Fall ist.

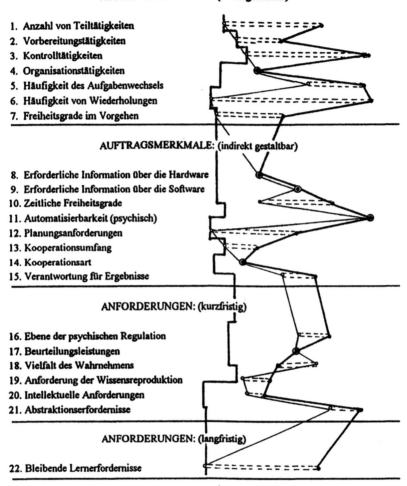

Abb. 3.8: Vergleich der Anforderungen bei zwei Varianten rechnergestützter Textbearbeitung beim Satz

ARBEITSZUFRIEDENHEIT

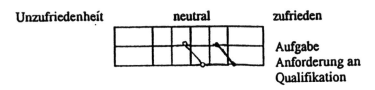

Unzufriedenheit — neutral — zufrieden

Aufgabe
Anforderung an Qualifikation

WAHRGENOMMENE TÄTIGKEITSMERKMALE

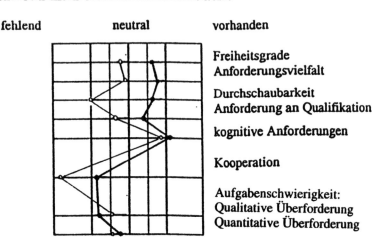

fehlend — neutral — vorhanden

Freiheitsgrade
Anforderungsvielfalt

Durchschaubarkeit
Anforderung an Qualifikation

kognitive Anforderungen

Kooperation

Aufgabenschwierigkeit:
Qualitative Überforderung
Quantitative Überforderung

ERLEBTES PSYCHOPHYSIOLOGISCHES BEFINDEN

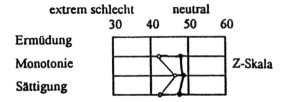

extrem schlecht   neutral
   30   40   50   60

Ermüdung

Monotonie   Z-Skala

Sättigung

- ○ Aufgabe A ... geringer Tätigkeitsinhalt (15 Setzer)
- ● Aufgabe B ... breiter Tätigkeitsinhalt (7 Setzer)

Abb. 3.9: Vergleich der Auswirkungen zweier Varianten rechnergestützter Textbearbeitung beim Satz

Man kann sich in Abb. 3.9 überzeugen, daß dem so ist. Damit wiederum ist zu erwarten, daß die erlebten Beanspruchungsauswirkungen, also Befindensmerkmale bezüglich Ermüdung, Monotonie und Sättigung bei der Aufgabe mit dem breiten Tätigkeitsinhalt auch nach mehrstündiger Ausführung, also am Ende eines Arbeitstages, günstiger ausfallen als bei der einförmigeren Aufgabe mit dem geringen Tätigkeitsinhalt. Die Abb. 3.9 zeigt anhand der Werte des BMS-Verfahrens (vgl. Kapitel 9), daß dies der Fall ist.

Mit Hilfe der Benutzung derartiger profilanalytischer Verfahren ist es möglich, mit einer erträglichen Fehlerbreite die zu erwartende psychische Ermüdung, die Monotonie und die psychische Sättigung vorherzusagen (Pohlandt et al., 1996). Dies wiederum ermöglicht, in der prospektiven Arbeitsgestaltung Aufgabenmerkmale zu entwerfen, die zumutbare Ermüdungsgrade und keine ins Gewicht fallenden Ausmaße von Monotonie oder psychischer Sättigung aufweisen werden.

Bei diesen profilanalytischen Verfahren erfolgt allerdings nur eine Makroanalyse. Es bleibt offen, welche psychischen Anforderungskomponenten im einzelnen an der Entstehung von unerwünschten Beanspruchungsfolgen vom Typ der Ermüdung, Monotonie, Sättigung oder des Stresses ausschlaggebend beteiligt sind. Um diese Frage zu beantworten, sind detailliertere oder *Mikroanalysen* erforderlich. Für diese müssen die beanspruchende Aufgabe und die aus ihr resultierende Tätigkeit in feinere Komponenten zerlegt werden. Die Abb. 3.10 zeigt für die psychologisch und wirtschaftlich im Vordergrund stehenden vorwiegend geistigen Arbeitstätigkeiten eine schematische Übersicht von Beschreibungsaspekten und Komponenten. Ausschlaggebend ist dabei, einerseits Gedächtnisrepräsentationen und andererseits Verarbeitungsoperationen zu unterscheiden. Innerhalb der Verarbeitungsoperationen muß dabei weiter differenziert werden nach Operationsarten. Insbesondere ist das reine Aufnehmen und Übertragen von Daten zu unterscheiden von eigentlichen Verarbeitungsoperationen, in denen Daten in unterschiedlicher Weise verändert werden können. Dieses Verändern kann ein Klassifizieren und Beurteilen beim Aufnehmen und Übertragen sein, es kann aber auch denkende Verarbeitungsschritte unterschiedlicher Art umfassen. Ebenso müssen die Gedächtnisrepräsentationen, das Behalten der Datenbasis, die zu verarbeiten ist, weiter differenziert werden. Für die Frage nach psychischen Beanspruchungsfolgen steht dabei im Mittelpunkt des Interesses die sogenannte mentale Verarbeitungskapazität, operationalisiert im Arbeitsgedächtnis. Sein Charakteristikum besteht darin, daß es Anforderungen vom Typ des Verarbeitens beim gleichzeitigen Erhalten (Bewußterhalten) anderer Daten leistet.

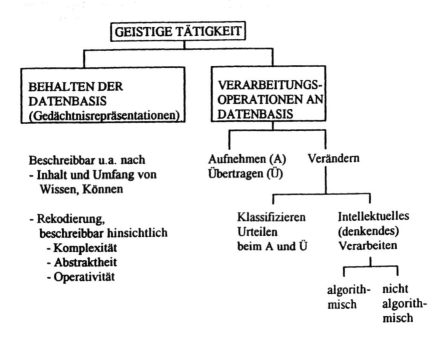

Abb. 3.10: Schematische Übersicht zu Beschreibungsaspekten und Komponenten „geistiger" Arbeitstätigkeiten

Verarbeitungsanforderungen und Gedächtnisanforderungen haben unterschiedliche Konsequenzen in der Belastung. In der dominierenden Arbeitsform der geistigen Routinearbeit führen höhere, komplexere Verarbeitungsanforderungen in der Regel zu verbesserten Leistungen und reduzierter psychischer Beanspruchung in Form von erlebter Müdigkeit oder erlebter Beeinträchtigung der Leistungsbereitschaft (Motivation). Hingegen führen erhöhte Gedächtnisanforderungen in der Regel zu verschlechterten Leistungen bei erhöhter erlebter Müdigkeit. Das weist darauf hin, daß in der Entstehung von psychischer Ermüdung die Gedächtnisanforderungen vom Typ der Arbeitsgedächtnisbeanspruchungen eine Schlüsselrolle besitzen. Abb. 3.11 illustriert diesen Sachverhalt am Beispiel der Auswirkungen einer dreistündigen geistigen Routinetätigkeit mit unterschiedlichen Gedächtnis- und Komplexitätsanforderungen.

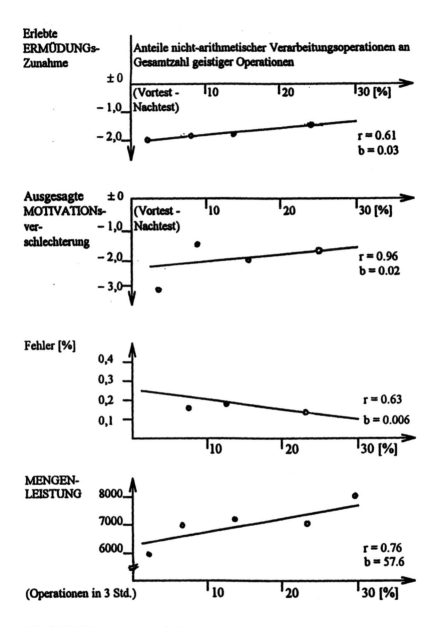

Abb. 3.11: Wirkungen der Aufgabenstruktur: Mit wachsendem Anteil nicht-arithmetischer Verarbeitungsoperationen verbessern sich Leistung und Erleben der Arbeitssituation (B ... Anstiegsquotienten in der Regressionsgleichung)

Auch innerhalb der Verarbeitungsanforderungen bestehen wesentliche Unterschiede in ihren Auswirkungen auf die entstehende psychische Beanspruchung, insbesondere die erlebte Müdigkeit und die ausgesagte Verschlechterung der Arbeitsmotivation.

Vereinfachend kann gelten, daß die bei längerfristiger geistiger Routinetätigkeit entstehende Beeinträchtigung nach Menge und Güte und die Zunahme von Ermüdung und Arbeitsunwilligkeit umso größer sind, je einförmiger die auszuführenden Verarbeitungsoperationen sind.

Die Leistungs- und Befindensverschlechterung ist am geringsten, wenn die auszuführenden Verarbeitungsoperationen Mischungen unterschiedlicher Operationsarten und unterschiedlicher Verarbeitungsinhalte darstellen. Diese beanspruchungs- und belastungsreduzierende Wirkung sogenannter geistiger Mischanforderungen wird durch Abb. 3.12 illustriert.

Man erkennt, daß mit einem wachsenden Anteil nichtarithmetischer Verarbeitungsoperationen, also mit zunehmender Mischung arithmetischer und nichtarithmetischer Operationen, sich die Leistung und das Erleben der Arbeitssituation deutlich verbessern. Arbeitsgestalterisch bedeutet das, daß die verbreitete Forderung nach Mischarbeit auch mikroanalytisch bestätigt werden kann und eine wesentliche Vorgehensweise in einer beanspruchungsoptimierenden und belastungsreduzierenden Arbeitsgestaltung darstellt.

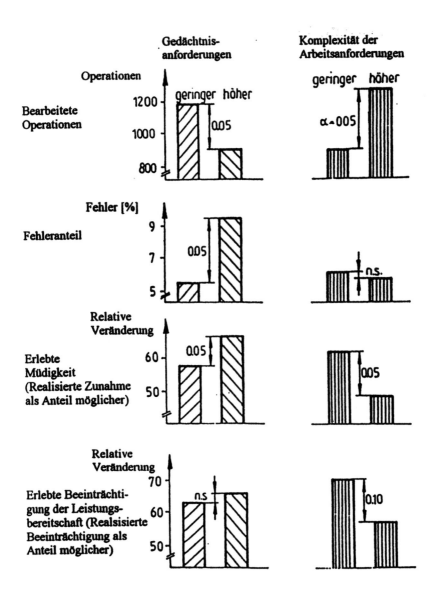

Abb. 3.12: Beanspruchungsquellen in geistiger Routinearbeit

3.4 Physische Beanspruchung

Bislang richtete sich unsere Aufmerksamkeit ausschließlich auf die Analyse psychischer Beanspruchungsformen. Das entspricht der Zielstellung dieses Buches. Eine Bewertung der Gesamtbeanspruchung des Organismus außerhalb experimenteller Laborsituationen kann jedoch auf eine Analyse der körperlichen Beanspruchung nicht verzichten.

Schwere muskuläre Arbeit mit hohem Kraftaufwand und großen Bewegungsausmaßen tritt in modernen Informationsverarbeitungstechnologien zunehmend anstelle differenzierter sensumotorischer Bewegungskoordination in den Hintergrund. Aber gerade für die Optimierung von Arbeitssystemen kommt der arbeitsphysiologischen Bewertung statischer und dynamischer Muskelarbeit bei der ergonomischen Systemgestaltung weiterhin große Bedeutung zu. Vielfach stellen heute einseitige Körperhaltungen (z.B. bei der Arbeit an Bildschirm- oder Kassenarbeitsplätzen) oder gar die weitgehende Reduktion körperlicher Beanspruchungen (Hypokinese) ernste arbeitsmedizinisches Probleme dar.

Zumeist wird heute die Herzfrequenz als praktikable und valide integrale Meßgröße zur Beurteilung der körperlichen Beanspruchung verwendet. Oberhalb der Dauerleistungsgrenze reagiert die Herzfrequenz mit einem Arbeitspuls-Anstieg, der ein gestörtes Verhältnis von Sauerstoffbedarf und -angebot in der Muskulatur anzeigt. Durch Erhöhung der Schlagfrequenz versucht der Organismus, das entstandene Mißverhältnis auszugleichen.

Für statische und dynamische Muskelarbeit sind praxisanwendbare Bewertungsverfahren entwickelt worden, die insbesondere auch zur Ermittlung des Pausenbedarfs herangezogen werden (Schiffmann, Laurig & Vedder, 1995). Für die Bewertung dynamischer Muskelarbeit ist ein praktikables Klassifikationsschema vorgelegt worden, das sich an gesicherten arbeitsphysiologischen Erkenntnissen orientiert (Tabelle 3.2, Rohmert & Laurig, 1993).

Tab. 3.2: Klassifizierung der Arbeitsbeanspruchung bei dynamischer Muskelarbeit

Methode	Arbeitsbeanspruchung					
	sehr leicht	leicht	mäßig	schwer	sehr schwer	extrem schwer
Herzschlagfrequenz [min^{-1}]	(< 75)	75-100	100-125	125-150	150-175	> 175
Sauerstoffaufnahme [l/min]	< 0,5	0,5-1,0	1,0-1,5	1,5-2,0	2,0-2,5	> 2,5
Körpertemperatur [°C]		< 37,5	37,5-38,0	38,0-38,5	38,5-39,9	> 39,0
Schweißabgabe [ml/h]		< 200	200-400	400-600	600-800	> 800

Immer wieder wird diskutiert, ob geringfügige Hand- und Fingerbewegungen, z.B. bei Rechnerbedienung, einen Einfluß auf die Herzfrequenz bei der Informationsverarbeitung haben. Kohlisch & Schaefer (1996) haben zeigen können, daß Einflüsse der Motorik auf die Herzfrequenz zu vernachlässigen sind, wenn der Abstand des Tastendrückens nicht 300 ms unterschreitet.

Übungsaufgaben Kapitel 3

1. Welche Strukturkomponenten sind zu berücksichtigen, um den Belastungs-Beanspruchungs-Prozeß vollständig zu beschreiben?

2. Was unterscheidet das BBK- vom AAK-Konzept in der Beanspruchungsforschung?

3. Was versteht man unter der „Allgemeinen zentralen Aktiviertheit" und wie kann sie ermittelt werden?

4. Differentialdiagnostik psychischer Fehlbeanspruchungen

Bevor in den folgenden Kapiteln eine detaillierte Darstellung unterschiedlicher Formen von Folgen psychischer Fehlbeanspruchung erfolgt, sollen zunächst Leitmerkmale zur Differentialdiagnostik zusammengestellt werden. Die Kenntnis dieser Abgrenzungsmerkmale ist wichtig, um die erforderlichen unterschiedlichen Maßnahmen der Vermeidung gezielt auslösen zu können.

Eine Klassifikation der Folgen psychischer Beanspruchung hinsichtlich der Überforderung bzw. Unterforderung der Leistungsvoraussetzungen durch die Arbeitsanforderungen ist in der Abb. 4.1 dargestellt.

Eine trennscharfe Charakterisierung der unterschiedlichen Syndrome auf nur einer Parameterebene ist nicht möglich. Der Polysymptomatik dieser Zustände entsprechend ist vielmehr die komplexe Analyse der auslösenden Tätigkeitsmerkmale, der Spezifik von Leistungs-, Erlebens- und Aktivationsverlauf sowie der Vermeidungsmaßnahmen nötig. Als Hilfe für ihre Abgrenzung sind in Tab. 4.1 wichtige Unterscheidungsmerkmale der Formen negativer Beanspruchungsfolgen zusammengestellt. Eine vergleichbare Klassifikation ist bei Scheuch & Schröder (1991) zu finden. Diese Besonderheiten der Erlebenssymptomatik sind dem differentialdiagnostischen Ansatz des BMS-Fragebogens zugrunde gelegt worden (Plath & Richter, 1984). *Burnout* stellt eine spezifische Folge dialogischer Tätigkeiten dar (Kapitel 8) mit den Formen emotionaler und kognitiver Erschöpfung, die insbesondere im Humandienstleistungs-Bereich kennzeichnend sind. Die Symptome von emotionaler Erschöpfung, reduzierter Leistungsfähigkeit und Depersonalisation rücken dieses Syndrom am ehesten in die Nähe von Streß und chronischer Ermüdung.

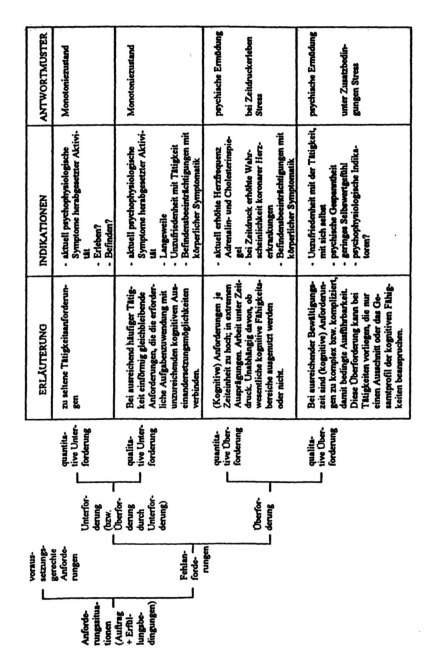

Abb. 4.1: Typisierende Ordnung beeinträchtigender Anforderungssituationen und Zuordnung „klassischer" arbeitstätigkeitsbezogener Antwortmuster

Tab. 4.1: Differenzierungsmerkmale unterschiedlicher Formen psychischer Fehlbeanspruchungen

Kriterium	Psychische Ermüdung	Monotonie	Psychische Sättigung	Streß
Konfiguration auslösender Leitmerkmale	zeitlich anhaltende Forderungen der Leistungsvoraussetzungen (LV): beschleunigt bei Ausschöpfung, Überforderung der LV	Unterforderung der LV als Zuwendungsnotwendigkeit bei eingeengtem Beobachtungsumfang	erlebte fehlende Sinnhaftigkeit bei Bereitschaft zur Aufgabenrealisierung	objektive Überforderung ohne Ausweichmöglichkeit und/oder durch Erleben der Überforderung ausgelöste negative Emotionen; Vereitelung von Zielen
Phänomenale (Erlebens-) Leitmerkmale	Erschöpfung, Müdigkeit ohne Langeweile	Interessenlosigkeit, Langeweile mit Müdigkeit	unlustbetonte Gereiztheit, Widerwillen	erregt-geängstigte Gespanntheit, Unruhe, Sorge und Erfüllbarkeit der Aufgabe
Zeitliche Beziehung zur Tätigkeit	nach längerer Tätigkeitsdauer auftretend; steigender Verlauf	nach längerer Tätigkeitsdauer auftretend; wellenförmiger Verlauf	auch vorwegnehmend und während der Tätigkeit möglich	auch vorwegnehmend und während der Tätigkeit möglich
Auswirkungen eines Tätigkeitswechsels	gering	Leistungsverbesserung	?	nachhaltige Leistungsminderung wahrscheinlich
Ausmaß der Abhängigkeit von Bewertungen	gering	gering	hoch	hoch
Aktivierung	anfangs kompensatorisch erhöht, später gesenkt	gesenkt	erhöht	erhöht
individuelle Disposition	fehlende Fähigkeiten und Fertigkeiten verstärken psychische Ermüdung	fehlende LV und eingeschränkte Aufgabenvariabilität begünstigen habituelle Hypoaktivierung	keine	erhöhte Anfälligkeit bei emotionaler Labilität
Rückbildungsverlauf	kontinuierliche, zeitaufwendige Rückbildung	sprunghaft möglich	?	nachhaltige Rückbildungsstörungen
Vorbeugungsmaßnahmen	arbeitsgestalterische Maßnahmen der Mensch-Maschine-Funktionsteilung, Training regulativer LV, Pausengestaltung	Aufgabenbereicherung, Senkung von Daueraufmerksamkeitsbindung	individuelle Sinn- und Zielbildung, Tätigkeitswechsel	Reduktion emotionaler Belastungen durch Tätigkeitsspielraumerweiterung, Therapie emotionaler Labilität

Psychische Sättigung bezeichnet einen ärgerlich-unruhigen, unlustbetonten Spannungszustand, also einen Zustand des Wachseins mit affektiver Steigerung der psychischen Aktivität. Kennzeichnend ist eine mit Widerwillen erlebte Sinnlosigkeit, die aus Widersprüchen zwischen den zu erfüllenden Anforderungen und persönlichen Wertvorstellungen entstehen kann. Sättigung kann keineswegs nur bei objektiv einförmigen Tätigkeiten entstehen, sondern auch bei abwechslungsreich erscheinenden Anforderungen, wenn der Sinnbezug verlorengeht. Der Begriff ist in der Lewin-Schule durch Karsten (1928) ein-geführt worden. Dort findet sich auch eine ausgezeichnete detaillierte Darstellung der Phänomenologie.

Demgegenüber ist der *Monotoniezustand* eine Folge einförmiger Arbeit, ein Zustand der Desaktivierung, also herabgesetzter Aktivität als spezifische Folge einer ständig erforderlichen Zuwendung zur Aufgabe bei eingeengtem Beachtensumfang (Bartenwerfer, 1960).

Schwieriger als gegenüber der psychischen Sättigung ist der Monotoniezustand von der *psychischen Ermüdung* abgrenzbar. Ermüdung und Monotonie ist ein in der Regel auftretender Leistungsabfall beim Erlebnis der Müdigkeit gemeinsam. Dennoch bestehen aber auch wesentliche Unterschiede:
1. Ermüdung ist keine spezifische Folge einförmiger Verrichtungen.
2. Ermüdung bildet sich nur allmählich durch Erholungsprozesse zurück (Pausen, Schlaf). Monotoniezustände können dagegen wenigstens anfänglich schlagartig beseitigt werden durch den Wechsel der Bedeutungseinordnung einer Aufgabe. Bei psychischer Ermüdung weist bei Tätigkeitswechsel die zweite Tätigkeit demgegenüber ebenfalls Beeinträchtigungen auf.
3. Steigerung des Arbeitstempos führt bei Ermüdung zu einer Beschleunigung des Leistungsabfalls. Bei Monotonie dagegen kann eine Leistungsverdichtung unter bestimmten Bedingungen zu anhaltenden Leistungssteigerungen mit dem Erleben zunehmender Frische führen. Analoges gilt für Leistungsverbesserungen in Daueraufmerksamkeitssituationen (Vigilanzsituationen) durch Erhöhung der Signaldichte.

Demnach ist es also hinreichend möglich, Monotoniezustände von psychischer Ermüdung abzugrenzen, was wegen der unterschiedlichen Vermeidungswege von grundsätzlicher Bedeutung ist. Jedoch bestehen vor allem bei anhaltenden Monotoniezuständen fließende Übergänge zu psychischer Ermüdung, die insbesondere durch die Beanspruchung bedingt ist, die mit dem fortwährenden Ankämpfen gegen Wachheitssenkungen verbunden ist. Auch Monotoniezustände sind Überforderungen, allerdings entstehend durch Unterforderungen!

Streß kennzeichnet eine komplexe psychophysiologische Reaktion auf als unannehmbar bis bedrohlich erlebte, konflikthafte Fehlbeanspruchung, die aus extremer Überforderung, aber durchaus auch aus Unterforderungen der Leistungsvoraussetzungen und dem Infragestellen persönlich bedeutsamer Ziele sowie widersprüchlichen Anforderungen folgen kann. Kennzeichnend sind negative Emotionen, die sich in Unruhe und erregt-geängstigter Gespanntheit äußern. Sie gehen mit einer Hyperaktiviertheit einher, die zu nachhaltigen Rückbildungsstörungen von Aktivierungszuständen und Erholungseinschränkungen führt (vgl. ausführlich Kapitel 7)

Übungsaufgaben Kapitel 4

1. Unterscheiden Sie Streß- von Ermüdungszuständen!

2. Was sind die bestimmenden Merkmale von Monotoniezuständen?

5. Psychische Ermüdung

5.1 Begriff der psychischen Ermüdung

Die Diagnostik und Maßnahmen zur Minderung psychischer Ermüdung zählen zu den klassischen Aufgabenfeldern der Arbeitspsychologie und Pädagogischen Psychologie (Thorndike, 1900; Offner, 1910). Nach wie vor ist der beste Überblick über die Phänomenologie und Diagnoseansätze bei Schmidtke (1965) zu finden. Die Darlegungen bei Hacker & Richter (1984) und Luczak (1987) enthalten umfangreiche Darstellungen methodischer Entwicklungen, insbesondere auch Ansätze der Bedingungs- und Tätigkeitsanalyse sowie der psychophysiologischen Methoden zur Messung ermüdungsbedingter Aktivierungsveränderungen.

Jeder Erfassungsversuch psychischer Ermüdung muß ihre Verursachung durch eine vorangegangene psychisch beanspruchende Arbeitstätigkeit einer (im Stundenbereich liegenden) Mindestdauer einbeziehen. Es ist unvermeidlich, daß damit eine methodisch aufwendige Abspaltung kovariierender nicht arbeitsbedingter Ursachen im Begriff der arbeitsbedingten psychischen Ermüdung mit definiert ist.

Zunächst noch ohne Einschränkung auf psychische Ermüdung gilt:

> Ermüdung des täglichen Lebens ist eine durch fortgesetzte Tätigkeit im Verlaufe von Stunden bis zu einem Tag entstehende, durch Tätigkeitswechsel, Umwelteinflüsse oder Anregungsmittel vorübergehend und durch Schlaf vollständig aufhebbare Schutzhemmung der Leistungsbereitschaft.

Diese Umschreibung gliedert zunächst unzumutbare Tätigkeitsfolgen, nämlich Übermüdung und Erschöpfung mit der Möglichkeit allmählicher Gesundheitsstörungen, von der alltäglichen Ermüdung insofern aus, als die Entstehung und vollständige Rückbildung innerhalb eines 24-Stunden-Zyklus mitgedacht ist.

Zur Eingrenzung der *psychischen Ermüdung* sind zusätzliche Festlegungen erforderlich. Folgende Bestimmungen sind unbestritten:
- Psychische Ermüdung ist eine Folgeerscheinung von vorwiegend psychisch, durch Informationsaufnahme und -verarbeitung beanspruchender Tätigkeit.

- Dabei ist eingeschlossen, daß eine durch hohe willentliche Anspannung gegen zunehmende körperliche Ermüdung weitergeführte körperliche Arbeit gleichfalls zu psychischer Ermüdung führen kann.
- Bei psychischer Ermüdung entstehen zeitweilige Funktions-, Befindens- und Leistungsbeeinträchtigungen, welche sich zurückbilden.
- Diese Rückbildung erfolgt nicht sprunghaft, sondern ist zeitaufwendig.
- Die ausschlaggebende Grundlage der Beeinträchtigungen sind Veränderungen in der Stabilität zentralnervöser Regulationsvorgänge:
  – Destabilisierungen der nichtbewußten physiologischen Homöostaseregulation zwischen Organismus und Umwelt;
  – Destabilisierungen im Zusammenwirken kognitiver tätigkeitsregulierender Vorgänge;
  – Destabilisierungen der aktuellen Motivierung für die auszuführende Tätigkeit.

> Psychische Ermüdung ist demnach eine durch andauernde, vorwiegend psychisch beanspruchende Arbeitstätigkeit bedingte Stabilitätsbeeinträchtigung der Tätigkeitsregulation. Reaktive und antizipative Gegenmaßnahmen, die zusätzlich beanspruchen können, versuchen einen neuen Stabilitätszustand herzustellen. Kann dieser nicht erreicht oder nicht aufrechterhalten werden, treten neuerliche Stabilitätsverluste auf, die wirksamere antizipative oder reaktive Gegenmaßnahmen bis hin zum Handlungsabbruch erfordern. Negative Emotionen nehmen in diesem Prozeß zu, und die Effektivität der Regulation nimmt ab.

5.2 Symptomatologie der psychischen Ermüdung

Eine umfassende Darstellung der Symptomatik psychischer Ermüdung ist bei Schmidtke (1965) zu finden. Ihr wird weitgehend gefolgt. Dabei werden die beobachteten Verhaltensdefizite in die Prozeßmerkmale der Tätigkeitsregulation eingeordnet. Insgesamt sind Herabsetzungen des Niveaus und Labilisierungen in der Tätigkeitsregulation festzustellen. Diese können in einem Stufenmodell zur Bewertung von Ermüdungsgraden genutzt werden (Kapitel 5.3).

Bei der *Motivierung und Zielsetzung* äußert sich psychische Ermüdung in einer Verlagerung der Ziele von einer optimalen, aktiven Bewältigung des Auftrages auf ein „Laufenlassen", einen „Dienst nach Vorschrift" auch wider besseres Wissen zum Zwecke des Überstehens der belastenden Umstände.

Verändert werden mit den Zielen (Anspruchsniveauänderung) auch die zielbezogenen Ausführungsweisen. Hinsichtlich der ermüdungsbedingten Zielsetzungsänderungen können Voraussagen getroffen werden aus der habituellen Leistungsmotivation (Erfolgs-versus-Mißerfolgs-Motivierung und entsprechende Kausalattribuierungen).

Nachlassende Disziplin, bei Kindern und Jugendlichen als läppisches Verhalten, sowie affektive Entgleisungen werden wahrscheinlicher. Damit können Beeinträchtigungen in der sozialen Kommunikation und der Kooperation verbunden sein.

Zielverlagerungen gehen einher mit Veränderungen im *Entscheiden*. Entscheidungsveränderungen treten in zeitlicher und inhaltlicher Form auf. Die Verlängerung und Streuungsvergrößerung von Entscheidungs- oder Reaktionszeiten durch psychische Ermüdung wächst mit dem Umfang der erforderlichen zentralen Verarbeitungsanteile, also mit der Anzahl zu berücksichtigender Antwortmöglichkeiten und mit der Kompliziertheit der Antwortableitung. Während demgemäß Wahlreaktionen verzögert werden, sind bei Einfachreaktionen keine nennenswerten Verschlechterungen durch Ermüdung nachweisbar. Dem entspricht, daß im Maße der Geübtheit, und damit der möglichen Reduktion zentraler Verarbeitungsschritte, die Ermüdungsanfälligkeit sinkt (Abb. 5.1).

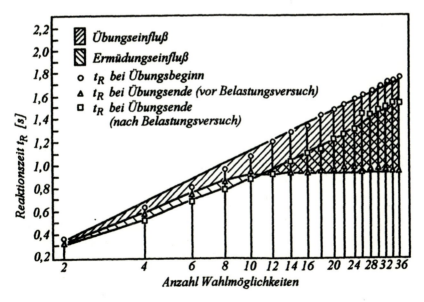

Abb. 5.1: Einfluß von Übung und Ermüdung auf eine Wahlreaktionstätigkeit (Schmidtke, 1965)

Für Ermüdungserscheinungen gilt nicht nur bei Entscheidungsprozessen eine Analogie zur Ribotschen Regel. Diese besagt für den Gedächtnisabbau, daß Späterwerbungen zuerst, Früherwerbungen zuletzt abgebaut werden. Analog sind phylogenetische und ontogenetische Späterwerbungen, die in der Regel gleichzeitig kompliziertere Leistungen als Früherwerbungen darstellen, für psychische Ermüdung anfälliger und daher auch sensiblere Indikatoren.

Verschiebungen in den Entscheidungskriterien, die bei Entscheidungsmerkmalen, welche in der Nähe von Sinnesschwellen liegen, zusammenwirken können mit Sensibilitätsverschlechterungen, erfolgen im Sinne der Aufwandsreduktion und wirken sich auch als Änderungen in der entworfenen oder erinnerten Vorgehensweise aus.

Die Auswirkungen der Verschiebungen von Entscheidungskriterien sind vielfältig. Sie können sich als Qualitätsverschlechterungen äußern, insbesondere wenn mit erkannten Qualitätsminderungen aufwendige eigene Nacharbeiten verbunden sind und die Fremdkontrolle lückenhaft ist. Vermehrte Risikoübernahme durch Unterlassen von Sicherheitshandlungen mit der Konsequenz erhöhter Unfallgefahr oder Unterlassen von Sollwertkontrollen mit der Folge vermehrten Ausschusses sind zu erwarten, wenn damit Aufwand reduziert werden kann. Die Verminderung sicheren Verhaltens ist die Konsequenz (Hoyos & Ruppert, 1995). Ermöglicht umgekehrt die Anforderungsstruktur eine Aufwandsminimierung durch Risikosenkung im Sinne des „Dienstes nach Vorschrift", so wird sich Ermüdung im Entscheiden für das risikoärmere Vorgehen ausdrücken. Fluglotsen reduzieren bei erhöhten Anforderungen die Anzahl der von ihnen gleichzeitig geführten Maschinen auf das vorgeschriebene Maß, was sich meßbar in verlängerten Wartezeiten der anfliegenden Maschinen bzw. erhöhtem Treibstoffverbrauch ausdrückt (Sperandio, 1978).

Ebenso ist das Entscheiden über die Ausnutzung von Freiheitsgraden bei Ermüdung wirkungsabhängig: Kann durch die Nutzung von Tätigkeitsspielräumen Aufwand reduziert werden, so kann das Nutzen des Spielraums ein Anzeichen der psychischen Ermüdung sein. Ist dagegen der gleiche Effekt erzielbar mit dem Verzicht auf Ausnutzung von Tätigkeitsspielräumen, so ist diese Entscheidung und die damit verbundene Vorgehensweise ein Ermüdungsanzeichen.

Insgesamt sind also zielstellungsabhängige Veränderungen in dem Kalkül von Aufwand und Nutzen in Abhängigkeit von den Freiheitsgraden ein wesentliches, beobachtbares und erfragbares Ermüdungssyndrom.

Vielfältige Veränderungen liegen bei psychischer Ermüdung auch beim *Orientieren* in der Umwelt und im eigenen Gedächtnis sowie bei der reafferenten Form des Orientierens, dem Kontrollieren des Ausführens eigener Tätigkeiten, vor.

Während eine spezifische Rezeptorermüdung kaum nachweisbar ist, werden die Leistungen der Analysatoren insgesamt bei psychischer Ermüdung in einem lebenspraktisch bedeutsamen Grade verschlechtert. Neben Veränderungen der zentralen Verarbeitungsvorgänge sind dabei auch Ermüdungsvorgänge in den Muskeln der Rezeptoren beteiligt.

Das Phänomen verschlechterter Sinnesleistungen kann durch Messungen bestätigt werden. Bei ausgeprägter Ermüdung verschlechtern sich im visuellen System die Akkomodation (die Akkomodationsbreite kann bis auf ein Drittel sinken), die Konvergenz der Augachsen und die Ausblendungszeit durch Lidschläge nimmt zu (Stern, 1994). Insbesondere die Senkung der Flimmerverschmelzungsfrequenz ist häufig als Ermüdungsindikator verwendet worden (Abb 5.2).

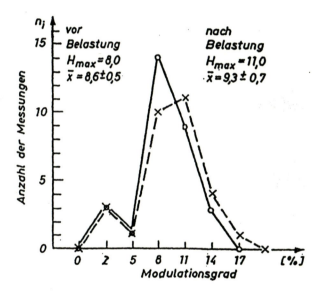

Abb. 5.2: Verschlechterung der Flimmerverschmelzungsfrequenz (zeitliche Absolutschwelle) nach 50 Minuten geistiger Tätigkeit (Bourdon- und Rechenaufgaben)

Im Einzelfall muß jedoch psychische Ermüdung nicht notwendig mit Schwellenvergröberung einhergehen. Diese individuelle Nichteindeutigkeit von Schwellenvergröberungen als Ermüdungsindikatoren ist dadurch bedingt, daß Schwellen auch von aktuellen und habituellen individuellen Reaktionsbedingungen (Ausgangswertproblem, tagesperiodische Einflüsse, Übbarkeit der Schwellenbestimmung) abhängen (Hacker, 1961). Es ist indessen sehr wahrscheinlich, daß sich im individuellen Verlauf von Schwellenveränderungen bei belastender geistiger Tätigkeit insgesamt – also nicht kurzerhand nur in einer stetigen Vergröberung – regelhafte Veränderungen in der Funktionsweise des vegetativen Nervensystems unter Belastung widerspiegeln.

Des weiteren sind – stets im Mittelwert für Kollektive – bei psychischer Ermüdung die Nachbilddauer verlängert, die Täuschungsbeträge bei geometrisch-optischen Täuschungen vergrößert, und bei mehrdeutigen Objekten häufen sich einstellungsabhängige Fehlinterpretationen.

Neben Schwellenvergröberungen ist also auf Kosten von Selektivität und Unterscheidung eine voreilige Fixierung auf Wahrnehmungshypothesen mit der Folge unvollständiger oder falscher Abbildung zu verzeichnen. Nicht selten wird unter Ermüdung an diesen voreiligen Abbildungen unkritisch festgehalten. Daran ist die Beeinträchtigung jener Orientierungsleistungen, die Reaktivierungen von Gedächtnisinhalten betreffen, beteiligt.

Besonders ermüdungsanfällig sind die Mechanismen der *Informationsspeicherung.* Als charakteristische „Schwachstelle" der Informationsverarbeitung erweist sich dabei besonders die Klasse der aufmerksamkeitskontrollierten Operationen. Mit den Methoden einer Mikrostrukturanalyse konnte sowohl unter Labor- wie auch Feldbedingungen nachgewiesen werden, daß sich unter Ermüdung vor allem folgende Störungen zeigen:
– Verlängerung der Verweilzeit der Information im sensorischen Speicher, wodurch die verbal-akustische Kodierung erschwert wird;
– Störung des rehearsal-Mechanismus im Kurzzeitgedächtnis (KZG);
– Verzögerung der Informationsüberführung ins Langzeitgedächtnis (LZG);
– Schwierigkeiten der semantischen Strukturierung im LZG.

Dabei handelt es sich nicht schlechthin um eine quantitative Verschlechterung der Informationsverarbeitung, sondern um eine qualitative Desorganisation der Wechselbeziehung der funktionellen Blöcke des Gedächtnisses, die die kognitive Leistungsfähigkeit unter Ermüdung senkt.

Bereits Kraepelin (1902) und seine Schüler wiesen als Ausdruck ermüdungsbedingter Aufmerksamkeitsverschlechterung zunächst eine zunehmende Fehlerzahl und vergrößerte Schwankungen in den Lösungszeiten einfacher Rechenaufgaben nach. Sie beobachteten als ein Teilphänomen das spätere Zunehmen rhythmisch wiederkehrender überdurchschnittlich langer Lösungszeiten.

Dieses Phänomen der *Reaktionsverzögerung* gilt als Ausdruck vorübergehenden kurzfristigen Verlustes (Blockierung) der Möglichkeit zur Aufgabenerfüllung mindestens bei elementaren geistigen Repetitivanforderungen und somit als wesentliches Ermüdungszeichen. Die zeitweiligen Reaktionsblockierungen können operational definiert werden als Reaktionszeiten, die ein Mehrfaches der durchschnittlichen Reaktionszeiten betragen.

Diese Reaktionsverzögerungen nehmen mit der Dauer der Belastung zu. Sie sind bei höherer Geübtheit seltener. Fehler konzentrieren sich auf Blockierungsabschnitte und ihre Vorperiode.

In konzentrierter Form treten Reaktionsanforderungen in Dauerbeobachtungs- oder Vigilanztätigkeiten bei der Gütekontrolle oder bei Überwachungsaufgaben auf. Bei unvorhersehbaren und kurzfristigen (nicht bis zur Beantwortung andauernden) Reizen ist bereits nach 30-60 min. ein starker Abfall in der Entdeckungsleistung zu verzeichnen, der um so ausgeprägter und früher eintritt, je seltener zu beantwortende Signale auftreten. Nach Arbeitszeiten an Radarschirmen von mehr als einer Stunde wurde über Fehlleistungen von 40-50 % berichtet. Neben dem völligen Übersehen von Signalen tritt unter Ermüdung ein Ausbleiben auch hochgeübter Reaktionen auf entdeckte Signale als Ausdruck der beeinträchtigten zentralen Verarbeitung auf.

Beim *Entwerfen* bzw. Modifizieren erinnerter Handlungsprogramme für manuelle Tätigkeiten und beim Ausführen geistiger Tätigkeiten können Denkleistungen gefordert sein, die mit zunehmender Arbeitsdauer beeinträchtigt werden. Mit zunehmender psychischer Ermüdung verliert beim Problemlösen der Denkablauf an Ordnung und nimmt sprunghafte und abschweifende Formen an:
– Größere Zusammenhänge können schlechter überschaut werden, sie zerfallen dem Ermüdeten im Zusammenhang mit Beeinträchtigungen des Kurzzeitbehaltens. Aufgabenfremde Inhalte werden weniger streng ausgesondert. Der Ermüdete gleitet von der erforderlichen Denkrichtung ab. Beeinträchtigungen des kurzzeitigen Behaltens erschweren das Entwickeln gedanklicher Schrittfolgen. Nicht nur Zwischenresultate und Bedingungen, sondern sogar das Ziel werden zeitweilig vergessen. Das erfordert zusammen mit dem Abgleiten ein wiederholtes Neubeginnen. Zielgerichtet fortschreitendes Denken weicht einer gleichsam kreisförmigen Bearbeitung.
– Das Bewußtwerden von Fehlleistungen ist verzögert. Zusammen mit möglichen Verschiebungen von Entscheidungskriterien entsteht ein unkritischeres – zeitweilig möglicherweise als gesteigerte Produktivität oder Kreativität verkanntes – Vorgehen. Etappenweise prüfende Denkweisen können Hasardstrategien weichen.
– Es wird deutlich, daß zwischen der geschilderten Phänomenologie der psychischen Ermüdung und dem Verhalten kognitiv überforderter Probanden in komplexen Situationen, das sich äußert in thematischem „Vagabundieren", Verkapseln, Stereotypie des Denkens, Sinken der Entscheidungsbereitschaft und Delegationstendenzen von Entscheidungen, viele Ähnlichkeiten bestehen (vgl. Dörner, 1989).
– Gedankliche Verbindungen werden mit wachsender psychischer Ermüdung zunehmend ungeordneter erzeugt, flüssige Produktivität versiegt schließlich. Statt dessen herrscht ein starres Haften an Einzelheiten vor.

Beim *Ausführen* manueller Tätigkeiten sind aufgrund von psychischer Ermüdung Störungen in den Bewegungen beobachtbar, die Ausdruck einer gestörten

Bewegungskontrolle sind. Während bei Ermüdung durch körperliche Arbeit vorzugsweise Bewegungstempo und Muskelkraft beeinträchtigt sind, herrschen bei psychischer Ermüdung zentralnervös bedingte und im Zusammenhang mit den erörterten Schwellenvergröberungen zu sehende psychomotorische Koordinationsstörungen vor. Die räumliche und zeitliche Abstimmung von verschiedenen Bewegungen aufeinander und von gleichen Bewegungen in ihrer Abfolge mißlingt häufiger. Visuell regulierte Feinzielungen mit hohen Anforderungen an die Auge-Hand-Koordination sind verschlechtert. Die Variabilität und die Dauer von Feinbewegungen wachsen.

Die Größe der Handschrift nimmt ebenso wie der Schreibdruck zu. Die Fixationsdauer zwischen Augenbewegungen ist ein sensibles Kriterium für die Verhaltenseffizienz. Leistungsstarke Arbeitskräfte weisen bei der visuellen Kontrolle von Mikrochips unter dem Mikroskop kürzere Fixationsdauern auf. Unter Ermüdung erhöht sich die Fixationsdauer, und die Anzahl der Augenbewegungen – nicht der Korrekturbewegungen beim Fixieren – sinkt.

Zusammenfassend sind in der Abb. 5.3 die Vielzahl von nachgewiesenen Symptomen psychischer Ermüdung einem Schema der Informationsverarbeitung zugeordnet worden.

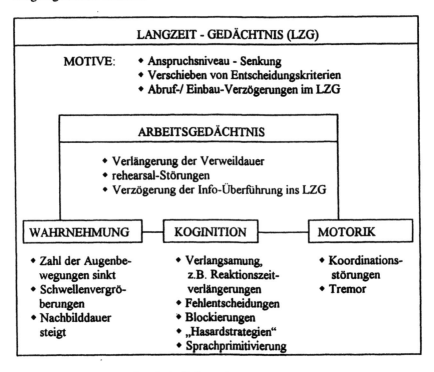

Abb. 5.3: Ermüdungsmerkmale der Informationsverarbeitung

5.3 Ermittlung und Bewertung von psychischer Ermüdung

Psychische Ermüdung ist als eine durch andauernde Beanspruchung informationeller Prozesse verursachte Destabilisierung organismischer Regulationssysteme definiert worden. Dieser Stabilitätsverlust ist reversibel. Im Gegensatz zu anderen negativen Beanspruchungsfolgen ist der Restitutionsvorgang zeitaufwendig. Die meßbaren Veränderungen in den drei Merkmalsbereichen des Tätigkeitsvollzuges, des Erlebens und der physiologischen Aktivitätsparameter stehen – jeder Parameter für sich betrachtet – zumeist nur in schwacher korrelativer Beziehung zum verwendeten Gültigkeitskriterium. Die wesentlichste Ursache ist dabei nicht in Mängeln der Indiktoren, sondern in der Vielfalt der Bewältigungsmöglichkeiten des ermüdenden Individuums zu suchen.

Aufgrund der Vielgestaltigkeit des Sachverhaltes kann es nicht den Indikator psychischer Ermüdung geben, sondern nur mehr oder weniger zuverlässige Muster anforderungs- und zeitabhängiger *Stabilitätsveränderungen mehrdimensionaler* Meßgrößen.

Die Symptomatik psychischer Ermüdung (vgl. 5.2) hat dabei deutlich gemacht, daß diese vielfältigen Veränderungen nicht gleichzeitig auftreten, sondern eine zeitliche Abfolge, je nach Ausmaß der funktionellen Beeinträchtigungen, besteht; beginnend bei lokalisierten „engpaßspezifischen" Veränderungen, bis hin zu generalisierten Regulationsstörungen, die dann auch anforderungsunspezifische Bereiche einschließen. Die Stufeneinteilung psychischer Ermüdung erfaßt diese Beeinträchtigungen auf ordinalem Skalenniveau. Dabei erhöhen sich die Gleichsinnigkeit der Kriterien, ihre Konvergenz und intraindividuelle Korrelation mit wachsendem Ausprägungsgrad der Ermüdung. Vor allem die Diagnose des Beginnens ermüdungsbedingter Veränderungen der Tätigkeitsausführung ist daher erschwert.

Sowenig mit Stabilitätsveränderungen nur in einem Indikatorbereich zu rechnen ist, sowenig ist auch zu erwarten, daß die Beanspruchung nur die Folge eines Merkmals der Informationsverarbeitung ist. Vielmehr ist für das Vorgehen davon auszugehen, daß stets eine einheitliche organismische Reaktion auf eine komplexe beanspruchende Situation vorliegt, die außer dem hier vor allem interessierenden informationellen Aspekt immer auch zugleich Ausmaß und Art der körperlichen Beanspruchung sowie die Arbeitsbedingungen einschließt. Multivariate Analyse- und Bewertungskonzepte sind also unerläßlich. Multiple und kanonische Korrelationsmodelle bieten sich als geeignete Analyseansätze an. Ihnen sind jedoch vielfach untersuchungsökonomische Grenzen gesetzt.

Beanspruchungsfolgen sind nur interpretierbar bei Kenntnis der Tätigkeitsanforderungen und psychischen Leistungsvoraussetzungen. Diese triviale Aussage wird dennoch mitunter methodisch nicht berücksichtigt. Dies ist immer dann der Fall, wenn nur z.B. arbeitsdauerabhängige Erlebensveränderungen erfaßt werden und keine Analyse des Tätigkeitsverlaufs erfolgt oder wenn andererseits nicht ausdrücklich habituelle und aktuelle Leistungsvoraussetzungen berücksichtigt werden. Anforderungsanalysen und eine Ermittlung des individuellen Niveaus anforderungsspezifischer Fähigkeiten und Fertigkeiten sind unerläßlicher methodischer Bestandteil von Beanspruchungsuntersuchungen.

Fehlbeanspruchungen entstehen aus Diskrepanzen zwischen Anforderungen und Leistungsvoraussetzungen. Das Verhältnis nicht vorhandener oder nicht genutzter individueller Befähigungen zu den jeweiligen Anforderungen bestimmt das Ausmaß von Über- oder Unterforderungen und somit die Wahrscheinlichkeit nachfolgender Ermüdungs- oder Monotonieerscheinungen.

Der Nachweis, daß ein verwendetes Merkmal tatsächlich Ermüdung anzeigt, also ein gültiger (valider) Ermüdungsindikator ist, kann nicht allein an der Beanspruchungsdauer erfolgen. Eine solche ausschließliche Validierung an der Dauer führt letztlich nur „... zu der ebenso korrekten wie interessanten Feststellung, daß unser Ermüdungstest in Wahrheit besagt, wie spät (wahrscheinlich) es zur Zeit der Messung ist" (Wendt, 1956, S. 124).

Ein Gültigkeitsnachweis von Ermüdungsindikatoren ist nur zu erbringen, wenn Indikatorveränderungen mit der erbrachten Leistung in Beziehung stehen und eine *Leistungsprognose* ermöglichen (Schmidtke, 1965). Eng mit der Forderung nach einer Leistungsprognose verbunden ist die Forderung, daß eine Validierung von Ermüdungsindikatoren an die Vorhersage des *Erholungsverlaufes* (Restitution) nach einer ermüdenden Beanspruchung gebunden ist.

Obwohl die Forderungen nach Indikatoren zur Ermüdungsvorhersage bereits seit langem erhoben werden, sind entsprechende Ansätze sehr selten und beschränken sich zumeist nur auf Restitutionsverläufe physiologischer Parameter nach kurzzeitiger Beanspruchungsdauer.

Um in Felduntersuchungen *kumulative Effekte* möglicher Restitutionsstörungen im Verlaufe einer Arbeitswoche feststellen zu können, sind Wiederholungsmessungen an mindestens zwei aufeinanderfolgenden Tagen unerläßlich. Man wird die Zumutbarkeit der Tätigkeitsausführung in Frage stellen müssen, wenn eine Zunahme von Beeinträchtigungsmerkmalen nachweisbar ist (Schlafstörungen, Befindens- und Leistungsbeeinträchtigungen bereits am Arbeitsbeginn, Aktivitätserhöhungen u.a.).

Die Mindestforderung, die an die Gültigkeit eines Indikators für psychische Ermüdung gestellt werden muß, besteht darin, daß er in der Lage ist, die Folgen unterschiedlicher Schwierigkeitsgrade beanspruchender Tätigkeiten trennscharf zu unterscheiden.

Darüber hinaus ist seine Gültigkeit um so höher zu bewerten, je stärker seine *intraindividuelle* Korrelation zu anderen als valide angesehenen Ermüdungsmerkmalen ist.

Validierungsmöglichkeiten von Indikatoren psychischer Ermüdung sind also zusammenfassend:
a) Trennung unterschiedlicher *Beanspruchungsdauer*,
b) Differenzierung von *Beanspruchungsgraden*,
c) inter- und intraindividueller *Zusammenhang* (Korrelation) mit anderen Kriterien, deren Indikatorwert bekannt ist,
d) Prognose künftiger Leistungen und des *Restitutionsverlaufes*.

Die Forderung nach einer Ermüdungsermittlung gleichzeitig aus Verhalten, Erleben und physiologischen Veränderungen ist durch eine Reihe unterschiedlicher Ansätze realisierbar, die sich durch die Wahl der Untersuchungsgegenstände und des Meßeingriffes in die Tätigkeit unterscheiden lassen, jedoch in einem Untersuchungsansatz kombinierbar sind.

Unter Feldbedingungen wird der Einsatz zusätzlicher Meßverfahren vor und nach der Tätigkeit nicht immer möglich sein und sich häufig beschränken auf die Skalierung erlebter Beanspruchungsveränderungen. Der Schwerpunkt liegt auf der Verlaufsanalyse der Tätigkeit selbst und der gleichzeitigen Erfassung physiologischer Aktivitätsparameter.

Eine *Bewertung* von Ergebnissen aus Beanspruchungsuntersuchungen erfordert
– das Vorliegen von Daten aus den Bereichen des Tätigkeitsverlaufs, des Erlebens und der physiologischen Parameter der Aktiviertheit, also einen mehrdimensionalen Ansatz,
– eine Darstellung der unterschiedlichen skalierten Daten auf der Ebene ordinal gestufter *Stabilitäts-/Destabilitätszustände*,
– eine Relationsherstellung zwischen Leistungs- und Aufwandskriterien im zeitlichen Verlauf der Beanspruchung.

In Tätigkeitsverlaufsanalysen lassen sich mit hinreichender Übereinstimmung Abschnitte der anfänglichen einarbeitungsbedingten Steigerung und späteren allmählichen Verminderung von Leistungsvoraussetzungen abgrenzen. Diese bei Verlaufsuntersuchungen abgrenzbaren Abschnitte können genutzt werden zur Stufung psychischer Ermüdung (Schmidtke, 1965; Rohmert & Luczak, 1973; Plath, 1976). Dabei werden sie als Ausprägungsgrade psychischer Ermüdung aufgefaßt. Das Schema (Tab. 5.1) läßt die Herkunft aus verlaufsanalytischen Daten erkennen.

Ermüdungsstufen im engeren Sinne sind nur die Stufen 1 bis 4.

Tab. 5.1: Hilfsmittel zur Einordnung von Ausprägungsgraden psychischer Ermüdung

	Stufen - abgeleitet aus Verlaufsabschnitten	Leitmerkmale
	(Wieder)einarbeitung	(Wieder)einarbeitung nach Arbeitsunterbrechungen mit Verbesserung der eingesetzten Leistungsvoraussetzungen (LV)
	(0) Optimale Leistungsfähigkeit	Beanspruchung ohne Minderung der eingesetzten LV
Beanspruchung mit reversibler Verminderung von Leistungsvoraussetzungen	(1) Volle Kompensation	- Schwankungen und Mittelwert von Leistungskennwerten konstant - kurzfristige leichte unbemerkte Beeinträchtigungen peripherer physiologischer Indikatoren - kompensatorische Veränderungen in Tätigkeitsstrukturen - keine Befindensbeeinträchtigung
	(2) Labile Kompensation	- Schwankungen steigen bei konstantem Mittelwert - Fehlerzunahme (instabile Tätigkeitsregulation und Regulatiosstörungen) - Leistungsbeeinträchtigung erlebt - höchstens geringe Befindensbeeinträchtigungen - Zentrale (Über-)aktivierung
	(3) Anhaltend verminderte Aktivität	- zusätzlich zu 2.: - Leistungsmenge sinkt - Destabilisierung zentraler und vegetativer Indikatoren; Desaktivierungszeichen (eventl. auch kurzfristige Überaktivierungszeichen) - stärkere Befindensbeeinträchtigungen - Störungen der Tätigkeitsstruktur
Beanspruchung mit möglichem Übergang zu langzeitigen oder irreversiblen Minderung der LV	(4) Funktionelle Störungen	- zusätzlich zu 2.,3.: - anhaltende Störungen in Struktur psychophysischer Abläufe - Störungen in Tätigkeitsstruktur bis zu Strukturzerfall mit starken Leistungsminderungen

Kriterienbereiche	B-Werte im BMS-Verfahren	Bewertung der Beeinträchtigung
- Leistungsschwankungen - periphere physiologische Indikatoren - Tätigkeitsstruktur - Aussagen zum Befinden	B>50	beeinträchtigungslos/zumutbar *
- Leistungsschwankungen - Fehler - Tätigkeitsstruktur - Aussagen zum Befinden - Indikatoren peripherer und zentraler Aktivierung (Aufwandsindikatoren)	46-49	bedingt beeinträchtigungslos/zumutbar (sofern nur geringe Freizeitbeeinträchtigung), arbeitsgestalterische Verbesserungen (Kurzpausensystem) erwägen
- Leistungsmenge und -schwankungen - zentrale und periphere Aktivierungsindikatoren - Fehler - Befindensaussagen - Tätigkeitsstruktur	40-45	zeitweilig bedingt zumutbare Beeinträchtigung (sofern vollständige Erholung bis zur nächsten Schicht **) alsbaldige arbeitsgestalterische Maßnahmen erforderlich
- wie 2.,3.; zusätzlich: - funktionelle Störungen auch bleibender Art - Veränderung in Persönlichkeitsmerkmalen	<40	unzumutbar beeinträchtigend (da Dauerschaden nicht mit Sicherheit auszuschließen und starke Produktivitätsminderung)

Dem multidimensionalen Ansatz entsprechend werden bei dieser Stufung quantitative und qualitative Leistungskriterien zur erlebbaren Anspannung, Beanspruchung, Ermüdung und deren Befindensbegleiterscheinungen sowie zu Aktivierungsindikatoren in Beziehung gesetzt.

Ob eine zu Arbeitsbeginn nachweisbare *Wiedereinarbeitung* mit der Zunahme der Leistung oder dem Verbessern der Effektivität vorliegt, hängt nicht nur von der Dauer der vorher arbeitsfreien Zeit, sondern auch von der Kompliziertheit der Tätigkeit und der Festigung der erforderlichen Leistungsvoraussetzungen ab. Diese Phase muß also nicht notwendigerweise auftreten. Auch sind bei langzeitig Tätigen zusätzlich zur Einarbeitung in die jeweilige Tätigkeit denkbare *körperliche Umstellungen* auf Aktivität – die bei sportlichen Wettkämpfen häufig durch Aufwärmübungen abgefangen werden – nicht zu erwarten.

Im Stadium *optimaler Leistungsfähigkeit* liegt keine psychische Ermüdung vor. Im Idealfalle eines stabilen Gleichgewichts von Beanspruchungs- und Erholungsvorgängen kann diese „Ermüdungsstufe 0" während der gesamten Schichtzeit vorliegen. Anspannung, psychophysischer Aufwand und erzielte Leistung sind stabil. In den Zyklen der Tätigkeit ist ein vollständiges Reproduzieren der benötigten Leistungsvoraussetzungen möglich.

Geringgradige Ermüdungserscheinungen liegen erst auf der Stufe der *vollen Kompensation* vor. Wenn die tätigkeitsinternen Reproduktionsmöglichkeiten überschritten sind, entstehen geringe Beeinträchtigungen der unmittelbar beanspruchten (tätigkeitsregulierenden sowie peripher-physiologischen) Funktionseinheiten. Sie betreffen zunächst Vorgänge, die Beanspruchungsengpässe und Späterwerbungen sind. Da noch keine allgemeine Beeinträchtigung von Leistungsvoraussetzungen vorliegt, wird manchmal von partieller Ermüdung gesprochen.

Durch die *reaktive Anspannungssteigerung* als einer nicht-bewußtseinspflichtigen Form „zusätzlicher" Regulationsvorgänge werden kurzfristig geringfügig abgesunkene Leistungen aufrechterhalten. Dieses vollständige Kompensieren kann ohne voll bewußtes Erleben von Störungen erfolgen. Falls nicht durch Veränderungen von Leistungszielen und Arbeitsweisen ein neues stabiles Gleichgewicht von Beanspruchung und Reproduktion erreicht wird, führt die reaktive Anspannungssteigerung, also ein instabiler, gestörter Gleichgewichtszustand, zu ausgeprägteren Ermüdungserscheinungen.

Die *labile Kompensation* bezeichnet Ermüdungsgrade mit vergrößerten Leistungsschwankungen und erhöhten Fehlerraten als Ausdruck von Regulationsbeeinträchtigungen bei stabilem Mittelwert der Leistungsmenge. Die Störungen werden nunmehr erlebt als unbeabsichtigte Fehlleistungen und als ein Schwierigerwerden der Aufgabe. Daher erfolgt bei gegebener Motivierung und Festhalten des Leistungsziels ein Ausgleich durch erhöhte willentliche Anspannung. Die Leistungsschwankungen sind ein Ausdruck dieses kompensierenden

Einsatzes. Die zentrale Aktiviertheit ist erhöht. Beim Gewährleisten der Zusatzbedingung, daß die Freizeit nicht beeinträchtigt ist durch Arbeitsnachwirkungen, ist diese Ermüdungsstufe zumutbar.

Sofern kein neues stabiles Gleichgewicht nunmehr durch Veränderungen der Zielsetzungen oder der Arbeitsweisen hergestellt wird, entstehen in diesem Zustand deutlich gestörten Gleichgewichts von Erholung und Ermüdung noch ausgeprägtere Ermüdungszustände. Zu diesen trägt speziell auch die zusätzlich beanspruchende willentliche Kompensation bei. Sie führt zu Ermüdung und unterliegt ihr.

Augenfälliges Kennzeichen der Stufe *anhaltend verminderter Effektivität* ist (bei Tätigkeiten mit Stückfertigung) die fallende Tendenz der Leistungsmenge, deren Niveau nicht mehr durch einen erhöhten Einsatz stabilisiert werden kann. Die relativ stetige Abnahme unterscheidet diesen Zustand von einer stärker unstetigen, vorsatzbedingten Herabsetzung der Leistungsmenge zur Herstellung eines neuen Gleichgewichts zwischen Anforderungen und Leistungsmöglichkeiten.

Zentrale Integrationsvorgänge sind – auch im Zusammenhang mit dem Kompensationsbemühen – beeinträchtigt. Demzufolge liegen deutliche Störungen der Tätigkeitsstruktur sowie Verschlechterungen auch bei nicht unmittelbar in die Tätigkeit einbezogenen Leistungsvoraussetzungen vor. So sind z.B. akustische Schwellen bei visuellen Kontrollaufgaben verschlechtert. In den zentralen Aktivierungsindikatoren finden sich Zeichen starker Aktivierungsveränderungen, wobei neben Desaktivierung auch Überaktivierungszustände vorliegen können. In den Indikatoren des vegetativen Nervensystems treten Anzeichen für Destabilisierung der Regulation auf. Beispielsweise sind die Herzfrequenz verändert und ihre Schwankungen vergrößert. Die Bewertung dieser Stufe als unzumutbar, sofern die vollständige Erholung regelmäßig nicht bis zum Beginn der nächsten Schicht möglich ist, hat folgende Gründe: In diesem Falle werden nicht nur die tägliche Freizeit, sondern auch die arbeitsfreien Wochenenden zur Wiederherstellung der Leistungsfähigkeit benötigt. Damit ist aber ihr Wert für die Verwirklichung der Persönlichkeit außerhalb von Arbeitsprozessen beeinträchtigt. Die Bewertung erfolgt nach normativen gesellschaftlichen Zielstellungen. In die Bewertung gehen unvermeidlich die Auswirkungen von Reproduktionsbedingungen (z.B. die Schlafbedingungen für Schichtarbeiter in Abhängigkeit vom Lärm im Wohngebiet) ein. Die Gestaltung der Reproduktionsbedingungen für Leistungsvoraussetzungen hat also Einfluß auf die Zumutbarkeit von Arbeitsanforderungen.

Mit der Forderung der vollständigen Wiederherstellung der Leistungsfähigkeit bis zum nächsten Schichtbeginn ist nur eine *Minimalforderung der Zumutbarkeitsbewertung* angeführt. Für die volle, also durch Arbeitsnachwirkungen nicht geschmälerte Nutzbarkeit der Freizeit für familiäre, kulturelle, sportliche und soziale Aufgaben wäre eine weitgehende Reproduktion innerhalb der

Arbeitszeit, also nicht erst in der täglichen Freizeit, erforderlich. Zumutbar sind aus dieser Sicht nur Anforderungen, die volle Kompensation ermöglichen, d.h. Stufe 1. Die Erholung von arbeitsbedingter Ermüdung in der Freizeit beeinträchtigt insbesondere aktive und dabei wiederum kreative Freizeitaktivitäten. Gerade diese aber sind gesamtgesellschaftlich und individuell von besonderer Bedeutung.

Insbesondere wenn keine ausreichende Restitution möglich wird, ist das Entstehen langzeitiger oder irreversibler Beeinträchtigungen von Leistungsvoraussetzungen denkbar, die zunächst als *funktionelle Störungen* auftreten. Zusätzlich zu den Leistungsverschlechterungen über einer Schicht sowie über der Arbeitswoche, die zurückgehen auf Regulationsstörungen bis hin zum zeitweiligen Zerfall von Handlungsstrukturen, können Verschlechterungen über noch längere Zeiträume entstehen. Das Wohlbefinden ist stark beeinträchtigt, funktionelle Störungen werden als Beschwerden und als Fehlregulationen, vorzugsweise im Herz-Kreislauf- und Verdauungsbereich, nachweisbar. Die allgemeine Morbidität einschließlich ihres als Arbeitsunfähigkeit erfaßten Anteils ist in Häufigkeit und Dauer erhöht. Störungen der Tätigkeitsstruktur sind noch ausgeprägter und anhaltender als bei Stufe 3. Die Erholungsfähigkeit ist durch Arbeitsnachwirkungen u. a. in Form von Schlafstörungen beeinträchtigt. Bei langzeitigen extremen Ausprägungen können Veränderungen der Arbeitsweisen entstehen, die Symptome für sich verändernde psychische Eigenschaften mit Persönlichkeitswert sind. Psychopathologischen Syndromen ähnliche Zustände, insbesondere Bewußtseinsstörungen (altered states of consciousness), wurden beobachtet. Diese Ausprägungsstufe psychischer Ermüdung ist unzumutbar.

Zusammenfassend sind *beeinträchtigungslose, zumutbare Anforderungen* durch folgende Bedingungen gekennzeichnet:
1. Gleichbleibende, zuverlässige Erfüllbarkeit der im Arbeitsauftrag geforderten Leistung hinsichtlich Menge und Qualität über der gesamten Schichtzeit bei Einhaltung der erforderlichen Mikro-, Kurz- und Schichtpausen über der Arbeitswoche sowie über ein ganzes Arbeitsleben (also ohne anforderungsbedingten Arbeitsplatzwechsel auch im fortgeschrittenen Lebensalter).
2. Keine arbeitsbedingten Disregulationserscheinungen während der gesamten Schicht in der
   – nichtbewußtseinsfähigen, zentralnervösen, neuroendokrinen oder vegetativen Regulation von organismischen Abläufen und der
   – bewußtseinsfähigen Regulation (also keine Zunahme von korrigierten Fehlhandlungen und unkorrigierten Fehlern oder keine zeitbedingten Verschlechterungen der auftragsgerechten Arbeitsausführung).
3. Keine bzw. unwesentliche arbeitsbedingte, aktuelle oder habitualisierte körperliche und psychische Befindensbeeinträchtigungen, funktionelle Störun-

gen oder Veränderungen von Eigenschaften mit Persönlichkeitswert (z.B. Neurosenentstehung).
4. Vollständige Rückbildung eventuell arbeitsbedingter Beeinträchtigungen bis zur folgenden Schicht bei zeitlich und ausprägungsmäßig höchstens geringer Beeinträchtigung der täglichen Freizeit.

Sind diese Regeln nicht erfüllt, so liegt Beeinträchtigungslosigkeit nicht vor. Die Anforderungen sind in der angegebenen Form nicht zumutbar.

Welche Einschränkungen sind bei der Klassifizierung nach Ermüdungsgraden und ihrer Bewertung zu beachten?
1. Das ausschlaggebende Einbeziehen von Daten aus der Tätigkeitsverlaufsanalyse beschränkt das Anwenden auf Tätigkeiten mit relativ kontinuierlichen, beobachtbaren Leistungsfortschritten. Eine Anwendung ist nur eingeschränkt möglich auf geistige und Überwachungstätigkeiten.
2. Bei der Verwendung des Schemas in Tab. 5.1 (siehe S. 82/83) ist zu unterscheiden zwischen einer Anforderungsbewertung für Menschengruppen und für Individuen. Das Schema ist nur für die erste Aufgabe entworfen.
Für die Einzelfallbewertung (z.B. zur individuellen Anforderungsbemessung oder in strafrechtlichen Zusammenhängen) ist bei sinngemäßem Vorgehen auf Verfahren zurückzugreifen, die für die Einzelfallbewertung geeignet sind und die Beziehungen zur individuellen psychonervalen Belastbarkeit herstellen. Da diese nur begrenzt der Selbsteinschätzung zugänglich und derzeit auch nur begrenzt in medizinischen Routineuntersuchungen *tätigkeitsspezifisch erfaßbar* ist, kann das Vorliegen auftragsangemessener psychonervaler Belastbarkeit nicht kurzerhand nach der erfolgten Einstellungs- oder Tauglichkeitsuntersuchung als gewährleistet gelten.
3. Eine angemessene Klassifikation ist abhängig von den Gütekriterien der eingesetzten Indikatoren, die in Kapitel 9 behandelt werden.
4. Die Klassifikation hat unbeschadet einzelner Verfahren mit höherem Skalenniveau insgesamt nur Ordinalniveau mit sich überlappenden Klassen.
5. Die bewertenden Aussagen sind entwicklungsabhängige, historisch bedingte Konventionen.

Im einzelnen kann hier nicht auf die große Anzahl von Zusatzaufgaben, die als „Ermüdungsindikatoren" entwickelt worden sind und auf die Vielzahl von *Verhaltens- und Tätigkeitsverlaufsmerkmalen* eingegangen werden. Ausführliche Darstellungen dazu finden sich bei Schmidtke (1965), Hacker & Richter (1984) und Eissing (1992).

Folgende Verlaufsmerkmale der Tätigkeit werden in der betrieblichen Praxis erfolgreich genutzt (vgl. Kasten):

Klassen ermüdungsrelevanter Tätigkeitsmerkmale

1. Produkte der Arbeitstätigkeit
   - Mengenleistung und deren zeitliche Variabilität
   - Qualität der Erzeugnisse

2. Tätigkeitsverlauf
   - qualitative Veränderungen der Struktur von Komponenten (prozentuale Proportionen von Operativzeiten, Wartungszeiten, Überwachungszeiten, Erholungs- und Verlustzeiten)
   - Dauer ununterbrochener Tätigkeitsphasen
   - Dauer und Lage willkürlicher Pausen

3. Verlauf spezifischer leistungsbestimmender Teilleistungen
   - Mittelwert leistungsbestimmender Teilzeiten:
     – Verlängerung der Zeit/Produkt
     – Verlängerung kognitiv anspruchsvoller Grundzeiten
     – Erhöhung fachlicher Verteilzeiten, persönlicher Verteilzeiten
     – Streuungsvergrößerung manueller Operationen
     – Blockierungen
     – Latenzzeitvergrößerungen

4. Veränderungen der Arbeitsstrategien
   – „Dienst nach Vorschrift" oder umgekehrt „Hasardstrategien"

5. Verhaltensmerkmale
   - Blickabwendungen
   - Lidschlußzunahme
   - soziale Kontakte/Kommunikation
   - Primitivierung der syntaktischen Sprachstruktur (Drei-Wort-Sätze)

In Kapitel 9 sind Fragebogenmethoden zusammengestellt worden, die für die Diagnostik beanspruchungsbedingter Veränderungen der Befindensqualität und -intensität Verwendung finden.

Im letzten Jahrzehnt hat sich für die trennscharfe Diagnostik arbeitsschichtbedingter Befindensbeeinträchtigungen das BMS-Verfahren vielfältig bewährt (Plath & Richter, 1984).

Der Fragebogen ist intervallskaliert und liegt für unterschiedliche Technologieklassen in Parallelformen vor, die Ermüdung, Monotonie, Sättigung und Streß messen. Für praktische Zwecke sehr hilfreich und dem salutogenetischen

Anliegen der Beanspruchungsforschung entsprechend, sind die Skalen gleichabständig gestuft vom negativen bis zum positiven Pol. Im folgenden Kasten ist eine Skala beispielhaft dargestellt, die natürlich im Fragebogen permutiert eingesetzt wird.

Ermüdungsskala (B) / Form A

Items (Aussagen)	Skalenwerte (T)
Ich fühle mich zur Zeit stark abgespannt.	31
Die Arbeit ist momentan sehr anstrengend.	36
Ich muß mich im Augenblick zusammenreißen, damit ich die Tätigkeit erledigen kann.	39
Um die Arbeit fortführen zu können, muß ich mich gegen die Müdigkeit wehren.	44
Ich reagiere momentan nicht ganz so schnell.	48
Ich kann momentan noch den Überblick behalten.	51
Zur Zeit ist die für meine Arbeit erforderliche Konzentration unverändert.	54
Ich arbeite zur Zeit ohne große Mühe.	60
Zur Zeit löse ich alle Probleme bei meiner Arbeit schnell.	65
Ich fühle mich gelöst und frisch.	71

Die folgende Tab. 5.2 enthält Daten aus einer Untersuchung von 232 österreichischen Fluglotsen (Hoffmann & Lehnert, 1992). Das Ermüdungs- und Monotonieerleben am Ende einer Arbeitsschicht bei einer Teilstichprobe von 27 Lotsen wurde in Abhängigkeit von aufgetretenen Komplikationen während des Arbeitstages dargestellt:

Tab. 5.2: Ermüdungs- und Monotonieerleben am Ende einer Arbeitsschicht in Abhängigkeit von auftretenden Luftraumkomplikationen bei Fluglotsen (verringerte T-Werte (unter 50) kennzeichnen erhöhte Ermüdung bzw. Monotonie)

	Komplikationen		
	keine	leichte	schwere
Ermüdung	55.2	50.5	45.8
Monotonie	47.8	52.0	54.5

Mit wachsendem Komplikationsgrad verstärkt sich das Erleben von psychischer Ermüdung, während Monotonie erwartungsgemäß abnimmt.

In Verbindung mit dem Analyse- und Bewertungsverfahren TBS sind eine Vielzahl von Befunden ermittelt worden, die die differentialdiagnostische Brauchbarkeit dieses Verfahrens belegen (Richter, Jordan & Pohlandt, 1994; Hacker et al., 1995; Hacker, 1996; Pohlandt et al., 1996).

5.4 Verhütung und Vorbeugung von psychischer Ermüdung

Eine Vermeidung bzw. wenigstens Verringerung psychischer Ermüdung ist möglich durch Maßnahmen der Gestaltung der Tätigkeitsstrukturen wie auch der Gestaltung von Arbeitszeit- und Erholungsregimen, bis hin zur Sicherung ausreichenden und ungestörten Schlafes. Erst dieser sichert den vollständigen Ermüdungsabbau. Letztlich vermag die ganze Breite der Maßnahmen der Arbeits- und Ausbildungsgestaltung zur Minderung negativer Beanspruchungsfolgen beizutragen. Daher wird die Diagnostik von Ermüdungsprozessen auch immer wieder als Bewertungsmethodik des Niveaus der Arbeitsprozeßgestaltung herangezogen.

5.4.1 Rationalisierung der Tätigkeitsstruktur

Die in der Literatur wiederholt beschriebene Ermüdungssymptomatik läßt eine Zusammenstellung hochwahrscheinlicher Quellen psychischer Ermüdung zu, die keineswegs vollständig ist, jedoch als Suchhilfe genutzt werden kann (siehe nachfolgenden Kasten).

Extrembedingungen mit hoher Wahrscheinlichkeit psychischer Ermüdung:

1. Fremdgesetzter Zeitdruck bzw. das Überfordern hinsichtlich Tempo oder Dauer der Tätigkeit.
2. Einseitig gehäufte, kurzzyklische Anforderungen ohne Freiheitsgrade für das Verändern der Arbeitsweise. Diese Tätigkeiten sind häufig mit Bewegungsarmut (Hypokinese) als ermüdungs- und monotoniebegünstigendem Faktor verbunden.
3. Nichtvorhersehbarkeit rasch erforderlicher Handlungen mit Daueraufmerksamkeitsbindung.
4. Qualitative und quantitative Überforderung der Verarbeitungskapazität, insbesondere bei zusätzlich eingeschränkten Freiheitsgraden durch
   – rasch wechselnde Zuwendungserfordernisse zu unterschiedlichen Aufträgen;
   – regelmäßig schwellennahe Anforderungen an das Unterscheiden oder Identifizieren;
   – regelmäßige schwellennahe Feinkoordinationsanforderungen;
   – Informationsübertragung bzw. -verarbeitung bei kapazitätsnahen Anforderungen an das Arbeitsgedächtnis;
   – Informationsverarbeitung als Vergleich oder Kombination mehrerer unabhängiger, schlecht überschaubarer Sachverhalte nach Regeln, mathematischen Funktionen oder anderen Richtlinien;
   – Informationsverarbeitung als regelmäßiges Entscheiden unter Beachtung schwierig kontrollierbarer Folgen bzw. folgenkritisches Problemlösen algorithmischer, selbständiger bzw. sogar schöpferischer Art.
5. Fehlbeanspruchungen durch die erforderliche Kombination verschiedener, einzeln für sich unkritischer Aufgaben – bzw. sogar verschiedener Aufgaben mit schlecht vereinbarten Anforderungen (Rollenambiguität) – mit der Folge einer beeinträchtigenden Konkurrenz um mentale Verarbeitungskapazitäten sowie widersprüchlicher Ziele.
6. Fehlanforderungen, die einen Übergang von psychischer Überforderung im Sinne unzulässiger Ermüdungsgrade zu Streßerscheinungen bewirken können:
   – ständiger Zeitdruck ohne subjektive Ausweichmöglichkeiten, auch als vermeintlicher oder selbsterzeugter Zeitdruck (vgl. Typ-A-Verhalten, Kapitel 7);
   – ständiger Verantwortungsdruck im Sinne der Verantwortlichkeit für subjektiv als unzureichend beeinflußbar bzw. kontrollierbar erlebte Vorgänge;
   – ständige Anforderungen mit Risiko für die eigene Gesundheit oder die anderer Menschen.

Ermüdungsvorbeugung ist durch das Optimieren unspezifischer und spezifischer Aktivierungsvorgänge möglich. Wir behandeln hier die letzteren. Ermüdungsvorbeugung durch Arbeitsgestaltungs- und Ausbildungsmaßnahmen läuft auf folgende Möglichkeiten hinaus:
a) Weniger zu tun zum Erzielen der gleichen Ergebnisse: *Verrichtungsreduktion.*
b) Etwas anderes effektiver tun zum Erzielen des gleichen Ergebnisses: *Verrichtungsverlagerung.*
c) Das gleiche effektiver tun: *Verrichtungsmodifikation.*

Die Art dieser überhaupt möglichen Rationalisierungen der Tätigkeitsstruktur hängt von den Freiheitsgraden, also dem Resultat vorgängiger Arbeitsgestaltung ab: Liegen keine objektiven Freiheitsgrade für eine veränderte Tätigkeitsausführung vor, so bestehen für den arbeitenden Menschen keine Möglichkeiten der Ermüdungsverringerung durch veränderte Ausführungsweisen. Er kann lediglich zu Lasten seines „output" eine Mengenvornahme und damit seinen Aufwand senken.

Liegen Freiheitsgrade vor, so können zur Ermüdungsverringerung auch ohne Ausstoßverringerung
– eine Verlagerung (Redefinition) des Auftrages zu einer subjektiv rationeller lösbaren Aufgabe und/oder
– aufwandsgünstigere, veränderte Vorgehensweisen entwickelt werden.

Diese Möglichkeiten, die zu veränderten, nämlich *effektiveren Tätigkeitsstrukturen* führen, haben veränderte operative Abbildsysteme (Hacker, 1995) und Handlungsprogramme zur Grundlage.

Mit Erfolg in der Arbeitspsychologie beschrittene Wege der Ermüdungsvorbeugung durch lernbedingte Rationalisierung der Tätigkeitsstruktur sind im folgenden kurz zusammengestellt (ausführlich siehe Hacker & Richter, 1984; Hacker et al., 1995).

Möglichkeiten für effektive Tätigkeitsstrukturen

Durch Lernen können in vielfältigen Hinsichten effektivere Tätigkeitsstrukturen erzeugt werden, denen die Verringerung des erforderlichen psychophysischen Aufwands ohne Leistungseinbußen gemeinsam ist. Zu denken ist an:

1. Entlastung von geistigen Aufnahme- und Verarbeitungsleistungen durch das Arbeiten mittels fertiger *Programme aus dem Gedächtnis*. *Durch das Erlernen von Handlungsprogrammen* können Tätigkeiten weitgehend „aus dem Gedächtnis" reguliert werden, und wesentliche der zuvor unerläßlichen Aufnahme- und Verarbeitungsoperationen können entfallen.
2. Erlernen von Kenntnissen, die den *kognitiven Transformationsaufwand* zwischen Informationsangebot und Handlung verringern und somit Ermüdungsquellen *reduzieren*. Die Gestaltung kompatibler, den Aufwand reduzierender und das Kurzzeitgedächtnis entlastender Informationsangebote führt zu geringerem Zeitbedarf und geringerer Ermüdung (z.B. integrierte Informationsanzeigen wie head-up-displays, Sprenger, 1992).
3. Entlastung der exterozeptiven Regulation zugunsten *taktil-kinästhetischer Regulation* und im Zusammenhang damit Entlastung der bewußten Verarbeitung beim Erwerb sensumotorischer Fertigkeiten.
4. *Entlastung durch Bilden größerer Handlungseinheiten*. Mehrere Verrichtungen werden zu einer einheitlichen, umfassenderen Verrichtung zusammenge-

führt. So verschmelzen beispielsweise beim Erlernen des Autofahrens ungefähr ein Dutzend Bewegungen beim Schalten und Kuppeln zu einer Komplexverrichtung. Dabei entfallen die ursprünglich erforderlichen bewußten Impulse für jede Bewegung. Übrig bleibt ein Impuls für den dann ohne bewußte Führung und Kontrolle ablaufenden Gesamtvorgang. Gleichzeitig verschmelzen die Bewegungen zeitlich und können teilweise nunmehr wegen der erübrigten bewußten Führung anstatt nacheinander auch gleichzeitig ausgeführt werden. Damit wird sowohl der motorische Aufwand – z.B. an Haltearbeit – als auch die Inanspruchnahme von bewußter Verarbeitungskapazität verringert.

5. Entlastung durch Entwicklung einer *antizipativen, planenden* anstelle einer reaktiven oder momentanen *Vorgehensweise*. Grundlage hierfür ist der Aufbau operativer Abbilder über Ereigniswahrscheinlichkeiten, Ereignisabfolgen, den Zeitbedarf erforderlicher Operationen sowie Signal-Ursachen-Maßnahme-Beziehungen, da ein planendes Vorgehen nur möglich ist auf der Grundlage des Voraussehens künftiger Arbeitsprozeßzustände oder Verhaltensweisen.

Das antizipativ-planende Vorgehen entlastet *direkt durch*
• das Erübrigen von Verrichtungen (z.B. von Einspannungen, Ausspannungen oder Umspannungen bei der mechanischen Bearbeitung von Werkstücken durch das Wählen der zweckmäßigsten Bearbeitungsreihenfolge),
• das vorbeugende Verhüten oder wenigstens Verringern beanspruchender Verrichtungen durch das Wählen weniger beanspruchender,
• die gleichmäßigere Verteilung von Anforderungen über die Schicht
sowie *indirekt durch*
• das Vermeiden von Zeitdruckerleben, welches mit Überaktivierungszeichen und der Folge vorzeitiger Ermüdung sowie möglicherweise mit Streß verbunden ist,
• das Zurückdrängen reaktiven Tätigseins zugunsten antizipativen, selbstorganisierten Verhaltens bei gegebenen Freiheitsgraden an den Eingriffspunkten in den technologischen Prozeß, das nicht nur als weniger beanspruchend erlebt wird, sondern auch psychophysiologisch geringere Belastungsanzeichen aufweist.

Eine Arbeitsgestaltung, die den Menschen zum Subjekt, also zum Gestalter und Planer seiner Tätigkeit macht, ist also nicht nur im Sinne der Persönlichkeitsförderlichkeit, sondern auch der Beeinträchtigungslosigkeit überlegen. Das in der Streßforschung übliche Konzept der *Kontrolle* ordnet sich als Sonderfall dem Konzept der *Freiheitsgrade* für selbständiges Entscheiden über Wege, Mittel und Ausmaß der Auftragserfüllung an Eingriffspunkten in den Produktionsprozeß unter. Kontrolle bezeichnet in der Streßforschung das Ausmaß der gesehenen (subjektiven) Möglichkeiten, Aufträge und Ausführungsbedingungen nach eigenen Zielen und Leistungsmöglichkeiten zu durchschauen, vorherzusehen und zu beeinflussen (Frese, 1989), also den zur Selbstorganisation der Tätigkeit benutzten Handlungsspielraum. Auch für das Vermeiden von Streß ist nahegelegt, daß eine antizipative Auseinandersetzung (das sogenannte Coping) spätere Streßreaktionen zu reduzieren vermag. Der Entwicklung effektiver Bewältigungsstile kommt große Bedeutung für die Senkung des Herzinfarktrisikos zu. Das Infarktrisiko bei Typ-A-Personen mit flexiblen, affekt-beherrschten Bewältigungstechniken ist niedriger als bei Personen mit starren, affekt-gesteuerten Defense-Strategien (vgl. Kapitel 7).

6. Entlastung durch Entwicklung von aufwandsarmen Vorgehensweisen durch das Einsparen von erforderlichen Verrichtungen aufgrund der *Übernahme erhöhten Risikos* oder umgekehrt eines *Dienstes nach Vorschrift*.
7. Entlastung von neuen handlungsvorbereitenden Aktivitäten mit Hilfe der *Übertragung* anderweitig bewährter Vorgehensweisen (Transfer) oder mit Hilfe der *Ableitung aus verallgemeinerten Plänen* zur Erzeugung von spezielleren Handlungsplänen (Metaplänen).
8. Entlastung durch *Anpassung von Bewegungsprogrammen* beispielsweise in Form eines Aktivitätsabbaues der antagonistischen Muskelgruppen durch diesbezüglich ausgelegte Übungsprogramme.

Auf die Entlastung durch den *Abbau extremer unspezifischer Aktivierung* vorübergehender oder verfestigter Art als erlernter Fehlanpassung mit einer möglichen Frühinvalidisierungsgefahr wird im Kapitel 7 eingegangen.

Der näheren Erklärung bedarf dagegen die Ermüdungsverringerung durch *Training*, ohne daß hier die industrielle Lernpsychologie dargelegt werden kann (vgl. Hacker & Skell, 1993). Ermüdungsverringerung durch Training knüpft an alte Erkenntnisse an: Ermüdung tritt um so rascher ein, je niedriger das Übungsniveau für eine Tätigkeit und damit je höher der individuelle Aufwand ist.

Dem entsprechen auch Langzeitauswirkungen: Eine Quelle sowie eine Vorhersagemöglichkeit einer Frühinvalidisierungsmöglichkeit durch mentale Überforderung liegt in einem ungünstigen Verhältnis von individuellem Aufwand und individueller Leistung. Wir erinnern an die Konvergenzregel von Anspannung und Leistung. Sie besagt: Im Normfall wird das Verhältnis von Anspannung und Leistung mit der Dauer einer Tätigkeit zunehmend ausgeglichener. Diese Anpassung erfolgt unter der Voraussetzung einer hinreichenden Motivation durch vom Anforderungsniveau der Tätigkeit abhängige Lernprozesse. „Das Überbeanspruchungsrisiko ist demnach durch hinreichend extreme Abweichungen von der Konvergenz ... bzw., bezogen auf die Zeit, hinreichend extreme Verzögerung der Konvergenz unter diesem Aspekt nichts anderes als die ultima ratio des Organismus zur 'gewaltsamen' Herbeiführung der Konvergenz, nun allerdings auf einem für die Berufsausübung zu niedrigen Gesamtniveau der Tätigkeit" (Tent, 1968, S. 7). Dauernd unproportioniert hoher relativer Aufwand ist ein Risiko der Überbeanspruchung. Im Falle des Überziehens der Regulations- oder Streßtoleranz führt dieses Risiko zu einer irreversiblen

„Schwächung" des Organismus und damit eventuell zur Frühinvalidität im Sinne eines vorzeitigen Abbaus der Leistungsfähigkeit. Praktisch nützliche Vorhersageverfahren für diese Gefahr sind noch zu entwickeln.

In Langzeituntersuchungen an Schülern wurde gezeigt, daß Selbstüberforderung (overachievement) relativ stabil auftreten kann. Bei Knaben besteht eine hohe signifikante Korrelation zwischen Selbstüber- bzw. -unterforderung und der Adrenalinausscheidung in Leistungssituationen (Magnusson, 1977): Für ein gegebenes Intelligenzniveau existiert eine eindeutige positive Korrelation zwischen Selbstanforderung und Adrenalinausscheidung. Die Adrenalinausscheidung ist bei sich extrem überfordernden Personen (overachievers) beträchtlich größer als bei angemessener Forderung oder Unterforderung (Tab. 5.3).

Tab. 5.3: Adrenalinausscheidung (ng/min) bei Knaben während Beanspruchung bei unterschiedlichen Niveaus von Intelligenz und Leistung (Magnusson, 1977)

Intelligenz-Niveau	Leistungsniveau				
	Unterdurchschnittlich	Gering unterdurchschnittlich	Durchschnittlich	Gering überdurchschnittlich	Überdurchschnittlich
Unterdurchschnittlich	Selbstüberfordernde Gruppen		6,7	9,4	12,2
Gering unter Durchschnitt		6,2	8,9	11,6	14,4
Durchschnitt	5,7	8,4	11,1	13,9	16,6
Gering über Durchschnitt	7,9	10,7	13,4	16,1	
Überdurchschnittlich	10,1	12,9	15,6	Selbstunterfordernde Gruppen	

(Der Durchschnitt bezieht sich auf mehr als 350 Schüler von 13 Jahren; gering über bzw. unter dem Durchschnitt: ±0,66 Standardabweichung vom Mittelwert; über- bzw. unterdurchschnittlich: ±1,33 Standardabweichung vom Mittelwert. Adrenalin wurde fluorimetrisch aus dem Urin bestimmt. Zur Intelligenzermittlung diente ein standardisierter schwedischer Intelligenztest. Das Leistungsniveau wurde anhand von Zensuren und Schulleistungstests bestimmt.)

Des weiteren scheint die Höhe der Adrenalinausscheidung enger verknüpft zu sein mit dem Ausmaß der Selbstüberforderung als mit dem absoluten Niveau der Selbstanforderung bzw. entsprechenden Leistungen und mit der Intelligenz.

Die Analyse der Adrenalinausscheidungsrate ist deshalb von hohem Interesse, weil eine positive Korrelation zwischen dieser und erlebtem Streß gesichert ist. Dauerstreß aufgrund habitueller Selbstüberforderung könnte möglicherweise negative Auswirkungen auf die Gesundheit haben.

Wege zu effektiven Tätigkeitsstrukturen

Es ist einsichtig, daß durch Arbeitsgestaltung im Sinne der Mensch-Maschine-Funktionsteilung zur Verhütung psychischer Ermüdung beigetragen werden kann. Was automatisiert ist, beansprucht nicht. Ebenso einsichtig ist, daß eine angemessene Arbeitsteilung bzw - kombination Fehlbelastungen verhüten kann.

Zur Ermüdungsverringerung können verschiedene Lernvorgänge beitragen, nämlich Sensibilisierung, psychische Automatisierung zum Zwecke des Aufbaus von Fertigkeiten, Verbalisierung sowie Intellektualisierung zum Zwecke tieferer Einsicht in die Struktur der Tätigkeit (Hacker, 1986). Dabei wirken zwei Sachverhalte zusammen:

1. Der *Abbau der anfänglich stark erhöhten Aktivierung* (Startaktivierung). Die Startaktivierung ist ein unvermeidliches, biologisch sinnvolles System unbedingt- und bedingt-reflektorisch ausgelöster Vorgänge auf niedrigen, tätigkeitsunspezifischen Ebenen des hierarchischen Aktivierungssystems, das sich jedoch unter ungünstigen personellen Bedingungen – z.B. bei erhöhtem Neurotizismus – verfestigen kann oder dessen Abbau verzögert ist. In diesem Falle liegt ein unökonomischer, überhöhter Aufwand mit der Gefahr vorzeitigen Ermüdens vor. Das Verhüten solcher Verfestigung eines überhöhten Aufwands gelingt in der Mehrzahl der Fälle als *Nebenergebnis des Ausbildens der für die Tätigkeit benötigten Kenntnisse, Fertigkeiten und Fähigkeiten*. Wenn jedoch uneffektive, mit einer langzeitigen Überaktivierung einhergehende Bewältigungsformen sich durch einen Lernvorgang im Sinne einer Fehlanpassung verfestigen, sind therapeutische Eingriffe kombiniert mit arbeitspädagogischen Hilfen ratsam. Praktisch ist dafür die Zusammenarbeit von Ausbilder und Psychotherapeut der optimale Weg. Psychotherapie – im einfachsten Falle als Lehren angepaßter konzentrativer Selbstentspannung, in schwierigen durch das Erarbeiten angemessener Zielsetzungs- und Zielverfolgungsstrategien und Umbau individueller Wertsysteme – vermag allerdings nicht berufsspezifische Arbeitsmethoden zu vermitteln. Deren Aneignung gelingt ohne gleichzeitiges Erlernen des Beeinflussens der eigenen Aktivierung nur ungenügend. Bei der Bewertung der Kosten eines solchen Vorgehens muß die erörterte Frühinvaliditätsgefahr und allgemeiner das Problem des Krankenstandes mit seinen ökonomischen Folgen einbezogen werden.

2. Nur didaktisch kann von dem Abbau der Startaktivierung das Lehren tätigkeitsspezifischer bzw. auf die jeweilige Tätigkeit übertragbarer *Kenntnisse, Fertigkeiten und Fähigkeiten* abgetrennt werden. Gegenstand des Lehrens sind hierbei disponible Grundlagen für das Regulieren ganzer Klassen von Arbeitstätigkeiten. Disponibilität bedeutet dabei, daß Arbeitsverfahren mit den zugehörigen operativen Abbildern angeeignet werden, die eine selbstän-

dige Anpassung an wechselnde Aufträge mit ihren Ausführungsbedingungen und an unterschiedliche Leistungsvoraussetzungen zulassen. Solche Ausbildungsverfahren können dann zur Ermüdungsprophylaxe beitragen, wenn sie rationelleres, aufwandsgünstigeres Vorgehen lehren. Damit ist der aus vorwiegend geistigen und vorwiegend körperlichen Verrichtungen resultierende Gesamtaufwand gemeint (Hacker & Skell, 1993).

Es erscheint nicht ratsam, von einer 'entlastenden Wirkung' der Übung zu sprechen, weil damit unzutreffende Vorstellungen provoziert werden: Ermüdung bezeichnet eine zeitweilige Beeinträchtigung von Leistungsvoraussetzungen, und deren Rückbildung kann *passiv*, durch Untätigkeit (Entlastung) erfolgen. Übung vermag eine *anhaltende* Verbesserung von Leistungsvoraussetzungen zu erzeugen durch das *aktive* Auseinandersetzen mit einem Auftrag. Diese erworbenen Leistungsvoraussetzungen können im günstigsten Falle das Entstehen von Ermüdung verhüten oder wenigstens verzögern. Insofern entlasten sie nicht, sondern beugen Ermüdung sogar vor.

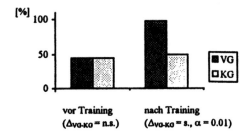

a) Prozentuale Häufigkeit des Einordnens von Hilfs- und Vorbereitungstätigkeiten in Phasen des gemeinsamen Maschinenlaufs, (RÜHLE, 1977).

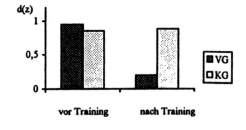

b) Einfluß kognitiven Trainings auf das Erlernen eines Vorsignals für eine vorbeugende Tätigkeit: Die Lehrlinge der Versuchsgruppe (VG) erlernten die Beziehung zwischen Spulendicke und noch zu erwartender Laufzeit des Teilkettbaums beim Schären signifikant besser (RÜHLE, 1977); KG Kontrollgruppe, $d_{(z)}$ Abweichung der Regressionskoeffizienten.

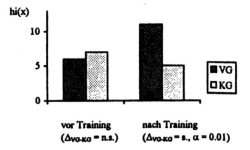

c) Einfluß des kognitiven Abbildes auf die Auftrittshäufigkeit des prophylaktischen Spulenwechsels (RÜHLE, 1977).

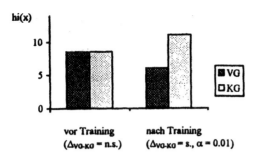

d) Auswirkung der kognitiven Operation des prophylaktischen Spulenwechsels auf die Häufigkeit des Auftretens von Fadenbrüchen (RÜHLE, 1977).

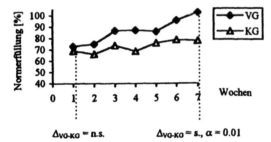

e) Einfluß des Erlernens leistungsbestimmender kognitiver Verrichtungen auf die Normerfüllung der so ausgebildeten Lehrlinge gegenüber herkömmlich ausgebildeten (RÜHLE, 1977).

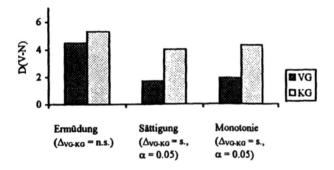

f) Einfluß des umfassenden Erwerbs leistungsbestimmender kognitiver Regulationsgrundlagen auf verschiedenen Dimensionen erlebter Beanspruchungsfolgen [D(V-N) = Differenz zwischen Vor- und Nachschichtwerten im BMS-I-Verfahren], (RÜHLE, 1977).

Abb. 5.4: Trainings- und Beanspruchungseffekte bei einer Mehrmaschinen-Bedientätigkeit (Rühle, 1988)

Ein Beispiel zur Ermüdungsvorbeugung und Ermüdungsverringerung durch Ausbildung soll das Gesagte veranschaulichen: Bei der Untersuchung der Ausbildung von Textilfaserfacharbeitern wurde festgestellt, daß ausschlaggebende Gründe für ein unterschiedlich effektives Arbeiten in folgenden Vorgehensunterschieden zu suchen waren:
- Optimierung des Fertigungsablaufes. Ein Beispiel ist das Verlegen von Tätigkeiten in Phasen des Laufs aller zu bedienenden Maschinen zum Zwecke der Minimierung der Stillstände.
- Minimierung langdauernder Tätigkeiten. Ein Beispiel sind vorbeugende Tätigkeiten zum Zwecke der Verringerung der Häufigkeit und der Dauer zeitaufwendiger späterer Tätigkeiten. Dazu ist das Erlernen von Vorsignalen für erforderlich werdende langdauernde Tätigkeiten unerläßlich.

Diese als rationell erkannten Vorgehensweisen wurden nunmehr gelehrt. Als Kontrollgruppe (KG im Unterschied zu einer Versuchsgruppe VG) diente die herkömmliche Kenntnis- und Fertigkeitsvermittlung im Beistellverfahren. Abb. 5.4 zeigt, daß das Einordnen von Arbeitstätigkeiten in günstige Produktionsabschnitte erlernt wurde. Abb. 5.4a belegt das Erlernen eines erforderlichen Vorsignals für eine vorbeugende Tätigkeit anhand der wesentlich geringeren Abweichung vom Sollwert im Falle idealen Verhaltens.

Die Kenntnis des Vorsignals ermöglicht ein häufigeres Ausführen der vorbeugenden Verrichtungen (Abb. 5.4b) und verringert zeitraubende Eingriffe bei Fadenbrüchen (Abb. 5.4c). Für die erörterte Frage ist entscheidend, daß trotz höherer Leistung (Abb. 5.4d) keine signifikant erhöhte erlebte Ermüdung auftritt (Abb. 5.4e). Monotonie und Sättigung sind sogar verringert (Rühle, 1988).

Die Möglichkeit der Verringerung des erforderlichen Gesamtaufwands und der Ermüdung durch Training ist erwiesen. Das bewußtere Nutzen von Ausbildungsgängen zu diesem Zweck kann Reserven gleichzeitig für die Produktivitätserhöhung und die Gesundheitsförderung erschließen.

5.4.2 Ermüdungsvorbeugung durch Kurzpausensysteme

5.4.2.1 Vorklärungen
Pausen rationalisieren nicht die Ausführungsweise einzelner Verrichtungen, modifizieren jedoch den Tagesgesamtablauf. Kurzpausen werden im Zusammenhang der Ermüdungsvorbeugung – nicht der Erholung – dargestellt, um hervorzuheben, daß ihre Wirkung wesentlich mit ihrem vorbeugenden Charakter zusammenhängt. Kurzpausensysteme sollen der Ermüdungsentstehung vorbeugen. Das ist nur beim Gewährleisten mehrerer Bedingungen möglich, die ein abgewogenes Pausensystem erforderlich machen.

Im folgenden ist an Tätigkeiten mit leistungsbestimmendem psychischen Anteil gedacht. Für körperliche Schwerarbeit gelten andere Bedingungen (vgl. dazu z.B. Schmidtke, 1993). Desweiteren ist von arbeitsbedingten Erholungspausen die Rede, nicht also von Pausen, die hauptsächlich für die Einnahme von Mahlzeiten dienen, und auch nicht von Zeiten für „natürliche Bedürfnisse".

Nicht jede Arbeitsunterbrechung ist eine arbeitsbedingte Erholungspause für den arbeitenden Menschen als bewußtes, erlebendes Wesen – nicht als Muskel-

maschine. Zu anderen Zwecken als zur Erholung eingelegte Arbeitsunterbrechungen können unbestreitbar für einzelne beanspruchte Gliedmaßen, z.B. Finger oder Muskelpartien, eine verminderte Leistungsfähigkeit wieder herstellen. Damit aber eine Arbeitsunterbrechung für den Menschen insgesamt zur Erholungspause wird, müssen einige Bedingungen erfüllt sein:
- Die Pause muß zum Zwecke der Erholung eingelegt sein und diesem Zweck bewußt dienen.
- Die Pause muß entspannt, ohne Sorge vor Mißbilligung und/oder die Sorge über die Erfüllung eines Arbeitspensums verbracht werden. Ist dies nicht der Fall, so werden erforderliche Pausen in einer durch Scheinbeschäftigungen verdeckten Form eingelegt. Verdeckte Pausen haben aber höchstwahrscheinlich einen geringeren Erholungswert als Pausen, die offensichtlich der Erholung dienen.
- Der Arbeitende muß seine Haltung verändern und seinen Arbeitsplatz verlassen können.
- Die Unterbrechung muß eine Mindestdauer haben. Für kognitive Anforderungen ist die untere Grenze hinreichend begründet bisher nur für wenige, relativ gleichartig wiederkehrende Routinetätigkeiten bestimmt. Als Faustwert ist eine Mindestdauer von 3-5 Minuten je Arbeitsstunde zu vermuten.

Die hier zu behandelnden Kurzpausen gehören in der in der Arbeitswissenschaft herkömmlichen Einteilung von Pausen nach der Dauer in eine Mittelkategorie. Unterschieden werden nämlich Kürzestpausen (von einigen Sekunden bis drei Minuten), Kurzpausen (von 3-5 bis maximal 10 Minuten) und die längeren Pausen für Mahlzeiten. Kürzestpausen treten insbesondere bei zeitgebundener Fertigung als für die Abstimmung und das Abfangen kurzer Verzögerungen unerläßliche Zeitpuffer auf. Neben dieser organisatorischen Funktion tragen sie zur Verzögerung der Ermüdung hauptsächlich bei den unmittelbar beteiligten Körperteilen bei.

5.4.2.2 Bedingungen wirksamer Kurzpausensysteme

Kurzpausensysteme sind nützlich bei gleichmäßigem, stockungslos organisiertem Arbeitsfluß mit häufig gleichartig wiederkehrenden Verrichtungen. Im Maße hoher Stockungshäufigkeit bzw. organisatorisch bedingter Verlustzeiten, vielfältigem Wechsel bzw. hoher Komplexität von Aufträgen ist der Nutzen von Kurzpausensystemen mindestens zunehmend schwerer erkennbar. Das Anliegen von Kurzpausensystemen ist es, durch regelmäßige, häufige, vorbeugende Erholungspausen das Entstehen von Ermüdung zu verhüten oder wenigstens zu verzögern und zugleich motivationale Impulse zu setzen. Insbesondere die letzte Wirkung ist psychischer Art. Insofern sind Pausenregelungen auch Gegenstand der Psychologie.

Um effektivitätssteigernd zu wirken, müssen Kurzpausensysteme mehrere Bedingungen erfüllen:

1. In Analogie zu bewährten Regelungen für körperliche Arbeit gilt bei einfachen, gleichartig und häufig wiederkehrenden geistigen Tätigkeiten:

> Mehrere kurze Pausen haben einen größeren Erholungswert als wenige längere Pausen der gleichen Gesamtdauer.

Diese Regel ergab sich bereits aus den auf Anregungen Kraepelins zurückgehenden Untersuchungen von Graf (1922) und wurde später auch für geistige Arbeit bestätigt (z.B. von Schmidtke, 1965).

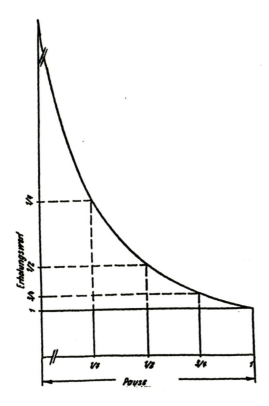

Abb. 5.5: Der Erholungswert der einzelnen Pausenteile – schematisiert – (nach Lehmann, 1962)

Bei gleichförmig wiederkehrenden Grundrechenoperationen steigt danach der Pausenzeitbedarf exponentiell mit der Dauer und der Leistungshöhe, die multiplikativ verknüpft sind. Bei komplexeren geistigen Tätigkeiten fehlen vergleichbar abgesicherte Ergebnisse; auch ist unbekannt, ob nicht Arbeitswechsel im Sinne einer aktiven Erholung noch wirksamer wäre.

Bei gleichförmig wiederkehrenden feinmotorischen Geschicklichkeitsarbeiten gilt die dargestellte Pausengrundregel gleichfalls.

Die von Lehmann (1962) vorgenommene Schematisierung in Abb. 5.5 verdeutlicht den exponentiellen Zusammenhang zwischen Pausendauer und deren Erholungswert.

Graf (1927) ließ einstellige Zahlen über mehrere Stunden addieren und variierte Dauer und Lage der Pausen. Abb. 5.6 vergleicht das Addieren ohne Pause mit seltenen längeren sowie mit häufigen kurzen Pausen bei der gleichen Pausengesamtdauer. Man erkennt die größte Mehrleistung gegenüber dem pausenlosen Arbeiten bei häufigeren, kurzen Pausen.

Als Faustregel für in der Praxis auftretende, häufig gleichförmig wiederkehrende, einfache geistige und Geschicklichkeitstätigkeiten kann bei 7 bis 8 Stunden Arbeitszeit gelten, daß stündliches Pausieren von wenigstens 5 Minuten einen zweckmäßigen Ausgangssuchbereich für ein zusätzliches Kurzpausensystem darstellt.

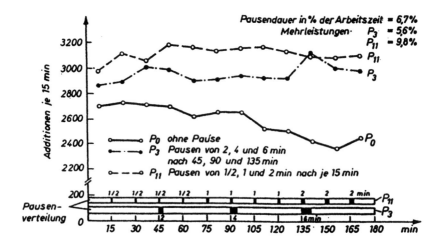

Abb. 5.6: Wirkung unterschiedlicher Kurzpausensysteme bei geistiger Arbeit: Addieren einstelliger Zahlen (Graf 1927; zit. nach Handbuch der Psychologie, 9. Bd., 1970).

Wir sehen dabei von Bedingungen mit extrem kurzen Stückzeiten oder mit kürzerer täglicher Arbeitszeit ab. Wegen des Vorhandenseins der Frühstücks-

und der Mittagspause bedeutet das bei 8-stündiger Arbeit fünf zusätzliche Kurzpausen mit insgesamt rund 30 Minuten Dauer.

Bei vereinzelten Tätigkeiten mit gegebenen oder vermuteten besonderen Erschwernissen können *längere* Kurzpausen ratsam erscheinen. Beispielsweise werden in einigen Ländern für kontinuierliches mehrstündiges Arbeiten an Datenverarbeitungssystemen 5 bis 10 Minuten Pause stündlich bzw. 15 bis 20 Minuten nach zwei Arbeitsstunden empfohlen.

Neben dem Erholungseffekt im engsten Sinne haben die Kurzpausen auch eine soziale Funktion. Sie ermöglichen die Kommunikation mit befreundeten Kollegen auch an entfernten Arbeitsplätzen und in Pausenräumen. Hier besteht eine Konfliktquelle: Wenn die Kommunikation während der Arbeit erschwert oder gar unterbunden ist, werden stündliche Kurzpausen von etwa 5 Minuten als weniger akzeptabel erlebt als seltenere aber längere Pausen.

2. Die Wirkungen solcher Kurzpausen sind gebunden an eine *systematische Durchführung*. Die Pausen müssen stets auf die Minute genau und täglich zur gleichen Zeit eingehalten werden.

Als Ursache für diese Bedingung ist zu vermuten, daß bedingte Verbindungen auf Zeitabstände erlernt werden. Für diese Vermutung spricht, daß die Wirkungen von Kurzpausen sich erst allmählich, im Verlaufe mehrerer Wochen bis zu drei Monaten ausbilden. Der Erholungseffekt wäre dann nicht kurzerhand durch die kurzen Pausen selbst, die eine allmähliche Umstellung auf Erholung kaum zulassen, bedingt. Das Mitwirken eines erlernten Rhythmus', der eine Umstellung auf Erholung bereits zu Pausenbeginn ermöglichen kann, ist möglich.

3. Die Pausenlage muß die *vorbeugende Wirkung* ermöglichen. Die kurzen Pausen dürfen nicht erst bei ausgeprägter Ermüdung gegen Ende von Arbeitsperioden, sondern am Beginn ansonsten abfallender Leistungsabschnitte eingelegt werden. Die oben erwähnte Findefaustregel vom stündlichen Pausieren berücksichtigt diese vorbeugende zeitliche Einordnung.

Die relative Unergiebigkeit zufällig (z.B. technologiebedingt) eingelegter Pausen ist mitverursacht durch ein zu spätes Pausieren.

4. Der Pauseninhalt muß auf die Arbeitsanforderungen abgestimmt sein. *Der Leistungsanstieg nach einer Pause ist um so größer, je mehr die Pausentätigkeit eine Kompensation der Arbeitsanforderungen ermöglicht.* Trotz der Kürze der Pausen sollte diese Forderung beachtet werden. Maschinen müssen abgeschaltet, Arbeitsplätze verlassen, die Körperhaltung verändert werden können. Bei Arbeit im Stehen muß bequemes Sitzen, bei sitzender Arbeit grobmotorische Bewegung möglich sein. Pausengymnastik als eine Form aktiver Erholung, die gegenüber passiver bei leichter körperlicher Arbeit und geistiger Arbeit Vorzüge aufweist, unterstützt diese kompensatorische Funktion von Pausen.

5. Kurzpausensysteme müssen, um die benannten Forderungen zu erfüllen, *regelmäßig durchgeführt* werden, bedürfen deshalb gleichzeitig der *einsichtigüberzeugten* Mitarbeit der Betroffenen. Die Einführung eines Kurzpausensystems bedarf daher gründlicher Vorbereitung zusammen mit den Arbeitnehmern und durch sie selbst. Nach gründlicher Information über die Wirkungsgrundlagen von Kurzpausensystemen muß die Einführung mit den Gestaltungseinzelheiten auf einem Beschluß der jeweiligen Arbeitsgruppen fußen. Auf der Grundlage dieses selbst gefaßten Beschlusses sollte die Durchführung bindend, nicht aber in das Belieben einzelner gestellt sein. Gruppen sollten geschlossen und ausnahmslos pausieren. In der einführenden Erläuterung müssen die Gründe für die Erfordernisse überzeugend einsichtig gemacht werden. Dabei ist insbesondere auf die Bedingungen für das Erlernen bedingter Verbindungen auf Zeitabstände, also erlernter Biorhythmen, einzugehen und daraus auch die allmähliche Wirkungszunahme von Kurzpausensystemen zu begründen.

5.4.2.3 Ursachen der Wirkungen von Kurzpausensystemen

Zweckmäßig ausgelegte Kurzzeitpausensysteme können die Leistung steigern und gleichzeitig die Belastung verringern. Einen ersten Hinweis auf Ursachen gibt bereits die *Veränderung des Leistungsverlaufs* durch Kurzpausen. Bei fortlaufender zeitlich freier Arbeit werden Leistungsrückgänge vermindert.

Was sind die Ursachen dafür?

Zum Verständnis muß zunächst ein wesentlicher arbeitspsychologischer Sachverhalt in Erinnerung gebracht werden: Bei hochgeübten, körperlich leichten bis mittelschweren Arbeiten gehen Leistungsschwankungen im Schichtverlauf kaum zurück auf unterschiedliche Arbeitsgeschwindigkeiten, sondern auf unterschiedliche Pausenzeitanteile (Schmidtke, 1965).

Kurzpausensysteme erhöhen zunächst den Anteil der reinen Arbeitszeit an der Schicht gegenüber selbstbestimmtem Pausieren. Dieser Befund ist nur scheinbar paradox. Selbst eingelegte Pausen sind in der Regel nämlich sowohl unzweckmäßig verteilt, sie erfolgen zu spät, sind also nicht vorbeugend, als auch seltener und länger als günstig. Daher ist ihr Erholungswert geringer als der kürzerer, optimal organisierter Pausen eines Kurzpausensystems, und es muß dementsprechend ohne ein solches System länger offen oder verdeckt pausiert werden, um den gleichen Erholungseffekt zu erreichen.

Der Anteil der reinen Arbeitszeit an der Schicht ist höher, weil zeitlich zweckmäßig verteilte und bemessene sowie inhaltlich kompensatorisch ausgelegte Kurzpausen einen höheren Erholungseffekt besitzen als weniger zweckmäßig selbstorganisierte Pausen.

Die Erhöhung des Anteils der Arbeitszeit geht nicht nur auf eine mögliche Verringerung der offensichtlichen Pausenzeit bei organisiertem Pausieren zurück, sondern auch auf eine Verkürzung von nicht unmittelbar zum Fertigungsfortschritt beitragenden Hilfszeiten. Diese Zeitanteile können verdeckte Erholungszeiten enthalten, die beim Gewähren günstigerer Erholungsbedingungen überflüssig wären.

Weiter tragen zur leistungssteigernden Wirkung von Kurzpausensystemen *motivationale* Wirkungen bei. Sie werden erkennbar an den Vorauswirkungen von Pausen. Hierbei wirken zwei aspekthaft trennbare motivationale Vorgänge zusammen:

a) Die gesetzmäßige Abhängigkeit der Anstrengung von der voraussichtlichen Länge der ununterbrochenen Arbeitsperiode. Je länger diese Perioden sind, desto niedriger ist die Anstrengung im Sinne eines Haushaltens mit den Kräften (Gesetz von der dauerabhängigen Anstrengung).

b) Die anregende Wirkung vorhersehbarer Arbeitsunterbrechungen als Abwechslung, insbesondere bei einförmig gleichbleibenden Tätigkeiten (Gliederungsantrieb im engeren Sinne, Blumenfeld, 1932).

5.4.3 Erholung von vorwiegend psychisch bedingter Ermüdung

Die Erholung von ausgeprägter psychischer Ermüdung hat einige Besonderheiten im Vergleich zur Erholung von körperlicher Ermüdung, weil Beeinträchtigungen des Erholungsvorgangs auftreten können. Starke psychische Ermüdung kann Nachwirkungen haben, die als unruhig-gespannte Abgeschlagenheit erlebt werden.

Eine Ermüdungsbekämpfung mit *Anregungsmitteln* führt auf die Dauer zu Erschöpfungs- und Depressionszuständen und verstärkt damit die Symptomatik. Damit erreichte kurzzeitige Leistungs- und Befindlichkeitsverbesserungen dürfen nicht mit Erholung verwechselt werden. Mit Anregungsmitteln (Genußmittel wie Kaffee oder Arzneimittel z.B. Amphetamine) werden nicht die Grundlagen der Ermüdung beseitigt, sondern es wird nur der Eintritt des Müdigkeitsgefühls verzögert.

In Fällen eines unangemessenen Müdigkeitsgefühls aufgrund von neurotischen Fehlentwicklungen oder von Stimmungskrisen kann ein mäßiger Gebrauch anregender Genußmittel oder – unter ärztlicher Kontrolle – anregender Arzneimittel (eventuell auch mit einer euphorisierenden Komponente) angezeigt sein.

Bei gesunden Erwachsenen können vorübergehend mit geeigneten Anregungsmitteln hochgradige Leistungssteigerungen hinsichtlich Menge und Güte erreicht werden. Überdosierungen führen allerdings zu Leistungsstörungen.

In Abschnitt 5.1 ist als ein wesentliches Bestimmungsmerkmal psychischer Ermüdung deren zeitaufwendige Rückbildung genannt worden. Die Rückbildungsgeschwindigkeit ist wesentlich vom Erhalt bzw. der Wiederherstellung der *Erholungsfähigkeit* abhängig. Diese kann durch geeignete Trainingsmaßnahmen und die Psychohygiene der Lebensführung wesentlich gesteigert werden. Kurzpausensystemen kommt hierbei als arbeitsgestalterischer Grundlage eine wichtige Rolle zu.

Derartige *Systeme psychologischer Relaxation während der Arbeitszeit*, die prophylaktisch die Kumulation psychischer Ermüdung, aber auch von Unruhe- und Spannungszuständen vermeiden, sind wiederholt vorgeschlagen worden.

Im folgenden wird ein Programm mitgeteilt, das für stark ermüdende Tätigkeiten bei der Herstellung und Kontrolle mikroelektronischer Bauelemente entwickelt worden ist und sich inzwischen auch als Ermüdungsprophylaxeprogramm für Führungskräfte bewährt hat (Leonowa, 1994).

Das Verfahren besteht aus einer Kombination der progressiven Muskelrelaxation nach Jacobson, dem mentalen Training und einem Selbstinstruktionstraining. Vorzüge des Verfahrens sind seine leichte Aneignung durch einen breiten Personenkreis, seine kurze Dauer (20 Minuten) sowie die Einfachheit der technischen Ausrüstung. Die Wirksamkeit des Programms ist allerdings abhängig von seiner regelmäßigen täglichen Ausführung. Die Autorin berichtet von einer dreimonatigen Trainingsphase unter Anleitung von Psychologen bzw. Physiotherapeuten. Blutdrucknormalisierungen, insbesondere bei Hypotonikern, Beschwerdensenkungen und Steigerungen der Wahrnehmungssensibilität (FVF) sowie der sensumotorischen Reaktivität (Tapping) werden berichtet. Ein derartiges Programm läßt sich in Kurzpausensysteme einbeziehen. Seine Lage sollte zum vorher festgestellten Zeitpunkt stärkster Ermüdung gewählt werden. Günstigster Zeitpunkt wird die Mitte der zweiten Schichthälfte sein.

Der Hauptweg der Erholung von psychischer Ermüdung ist in Dauer und Qualität *ausreichender Schlaf*. Das psychologische Kernproblem ist dabei, daß man nicht bewußt Schlaf, sondern nur die erforderlichen Voraussetzungen dafür schaffen kann. Dazu gehört in erster Linie Entspannung, Gelöstheit von erregenden Ereignissen des Tages, Übergangsbeschäftigungen und körperliche Trainingsprogramme, die konditionell angemessen eingesetzt werden. Passive Formen der Entspannung, als deren häufigste die Kombination von Fernseh- und Alkoholkonsum anzutreffen ist, haben keinen Erholungswert. Der Zusammenhang von reduzierten Arbeitsinhalten und erhöhtem Fernsehkonsum, insbesondere anregungsarmen Unterhaltungssendungen, ist nachweisbar.

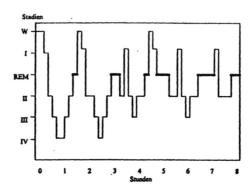

Abb. 5.7: Aktivitätsstadien und REM-Schlaf-Phasen während des Schlafes

Die Qualität des Schlafes zeigt in sensibler Weise das Bestehen und das Ausmaß von Ermüdungs- und auch Streßzuständen an. Es gibt charakteristische Unterscheidungsmerkmale, die körperliche und geistige Ermüdung aus den Schlafmustern zu unterscheiden erlauben.

Ein typischer *Schlafzyklus* eines gesunden jungen Erwachsenen weist eine stabil reproduzierbare Grundstruktur auf (Abb. 5.7).

Mit Hilfe psychophysiologischer Parameter des Elektroenzephalogramms, des Elektro-oculogramms und des Elektromyogramms (EEG, EOG und EMG) lassen sich fünf Schlafstadien voneinander differenzieren (De Koninck, 1987).

Vor dem Einschlafen besteht ein entspannter, relaxierter Wachzustand, in dem das EEG Alpha-Aktivität aufweist und die Muskelspannung sinkt (W). Der Schlafbeginn (I) ist durch gemischte EEG-Frequenzen, sich langsam bewegende Augen und ein weiteres Absinken der EMG-Aktivität gekennzeichnet. Schnell tritt das Stadium II ein, charakterisiert durch das Auftreten von Schlafspindeln (schnelle, synchronisierte Wellen) und sehr langsame Frequenzen (Delta) im EEG.

Die Muskeln sind entspannt, die Augen hören auf, sich zu bewegen. Die sich anschließenden Stadien III und IV sind schließlich durch sehr langsame EEG-Frequenzen (Delta-Schlaf) gekennzeichnet. Nach etwa 90 Minuten kehrt der Zyklus zum Stadium II zurück. Plötzlich treten in dieser Phase sehr starke Augenbewegungen auf (REM-Schlaf: Rapid Eye Movement), der allgemeine Muskeltonus des Körpers (EMG) fällt auf ein sehr niedriges Niveau, und das EEG entspricht dem des Stadiums I. Man bezeichnet diese REM-Phasen auch als paradoxen Schlaf. Das erste Auftreten der REM-Phasen dauert normalerweise nur wenige Minuten. Dann kehrt der Schläfer zu den Stadien II-IV zurück und erreicht nach 90 Minuten wieder eine REM-Phase. Für den normalen Schlaf sind 5 derartige 90-Minuten-Zyklen von REM und Non-REM-Stadien pro Nacht typisch. Die Dauer der REM-Phasen nimmt morgens bis zu 30-40 Minuten zu.

Die Stadien II und IV treten gegen Schlafende nicht mehr auf. Der REM-Schlaf und der tiefe Delta-Schlaf sind bei Jugendlichen ausgeprägt und können im Alter ganz aufhören.

Versuchspersonen, die unter Experimentalschlafbedingungen während der REM-Phasen geweckt wurden, berichten in 80 % der Fälle von Träumen, während diese nur bei 7 % der Fälle in Non-REM-Phasen berichtet werden.

Es ist die Hypothese aufgestellt worden, daß die REM-Phasen der psychischen Erholung und der Verarbeitung von Lerninhalten dienen, der tiefe Delta-Schlaf der Stadien III und IV dagegen der körperlichen Erholung.

Unter normalen Bedingungen sind diese Schlafmuster stabil. Schlafentzug und körperliche Ermüdung lassen den Anteil des Delta-Schlafs zu Lasten des REM-Schlafs anwachsen. Nach intensiver Informationsverarbeitungstätigkeit ist ein Anwachsen der REM-Phasen festzustellen.

> Für die Nacht nach intensiver psychischer Belastung sind eine *Zunahme der Schlaflatenz, die Abnahme der Schlafdauer* und die *Minderung der REM-Phasen* bei Verschlechterung der Schlafqualität (häufiges Aufwachen, Alpträume) kennzeichnend. Chronische Ermüdung führt zu anhaltenden Schlafstörungen (Ein- und Durchschlafstörungen, frühes Aufwachen), insbesondere bei ungenügenden Konfliktbewältigungsstrategien.

Die *Freisetzungs- und Rückbildungsverzögerungen* arbeitsbedingter *hormoneller Aktivierung* sind eine wesentliche *Ursache verminderter Schlafqualität*. Das ist am Beispiel der Adrenalinfreisetzung wiederholt nachgewiesen worden.

Andauernde Überstundenarbeit führt weniger zu einer Adrenalinsteigerung während der Arbeit als vielmehr in den späten Abendstunden. Das Maximum des abendlichen Adrenalinspiegels im Blut wurde zudem vier Wochen nach dem Maximum der Überstunden gefunden (Frankenhaeuser, 1981).

Ähnliche Belastungsnachwirkungen lassen sich für unterschiedliche Schichtlagen nachweisen. Die Analyse der Adrenalinfreisetzung erlaubt kumulative Effekte von Belastungen zu erfassen und gestattet in Verbindung mit Schlafqualitätserfassungen eine Diagnostik der Erholungsfähigkeit.

Fragebogen zur allgemeinen Schlafqualität (Mulder-Hajonides & Hoofdaker, 1984)

Die folgenden Aussagen beziehen sich auf die durchschnittliche Qualität des Schlafes.
Eine Reihe von Fragen überlagern sich in Ihrer Aussage. Aber alle zusammen erlauben eine Einschätzung Ihrer Schlafqualität.
Bitte lassen Sie keine Frage aus.
Kreuzen Sie „Ja" an, wenn die Aussage auf Sie zutrifft.
Kreuzen Sie „Nein" an, wenn die Aussage nicht auf Sie zutrifft.

Nr.	Aussage	Ja	Nein
1	Ich mache nachts oft kein Auge zu.	x	
2	Ich stehe nachts oft aus dem Bett auf.	x	
3	Ich wälze mich nachts meistens sehr im Bett herum.	x	
4	Ich wache nachts oft mehrere Male auf.	x	
5	Ich finde, daß ich meistens sehr schlecht schlafe.	x	
6	Ich habe oft das Gefühl, nur ein paar Stunden geschlafen zu haben.	x	
7	Ich schlafe nicht länger als 5 Stunden.	x	
8	Ich finde, daß ich nachts meistens gut schlafe.		x
9	Ich schlafe meistens gut ein.		x
10	Meinem Gefühl nach habe ich meistens zu wenig Schlaf.	x	
11	Ich liege oft länger als eine halbe Stunde wach im Bett, bevor ich einschlafe.	x	
12	Wenn ich nachts aufwache kann ich schwer wieder einschlafen.	x	
13	Ich fühle mich morgens nach dem Aufstehen oft müde.	x	
14	Meistens fühle ich mich morgens nach dem Aufstehen gut ausgeruht.		x

Symptomantworten: Kreuze addieren
Vergleichswerte: ungestörter Schlaf < 3 Kreuze
gestörter Schlaf > 7 Kreuze

Zur Messung der Schlafqualität sind unterschiedliche Fragebögen entwickelt worden. In eigenen Untersuchungen hat sich eine niederländische eindimensionale (Mokken)-Skala bewährt, die in einfacher Form typische Symptome gestörter Schlafqualität in der zurückliegenden Nacht und als Kumulation über das letzte halbe Jahr erfaßt (siehe Kasten vorherige Seite).

In 24-Stunden-Monitoring-Untersuchungen ließ sich bei gesunden Studenten zeigen, daß ein zu sichernder Zusammenhang zwischen gestörter Schlafqualität und morgendlicher Aktivitätsminderung, ermittelt über den Kalium-Elektrolyt-Gehalt im Speichel, besteht (Rau & Richter, 1995).

Die Langzeitwirkungen arbeitsbedingter Hyperaktivierungen und die Unfähigkeit zur Selbstregulation derartiger Dauererregungszustände sind wesentliche Ursachen von Schlafstörungen.

Unterschiedlich effektive Wege, nach ermüdender Arbeit erholsamen Schlaf zu finden, lassen sich unterscheiden:
- Der andauernde Versuch, durch *Beruhigungs- und Schlafmittel* Schlaf zu finden, ist verfehlt. Sie können jedoch bei anhaltenden Schlafstörungen nach ärztlicher Anweisung zur anfänglichen Unterstützung vorübergehend eingesetzt werden. Besonders Barbiturate verändern nachhaltig das normale Schlafmuster, insbesondere unterdrücken sie die erholungswirksamen REM-Phasen. Auf die Dauer werden damit Mechanismen der Adaptation an Belastungen zerstört.
- Ebensowenig vermag *Alkohol* vor dem Einschlafen einen stabilen Schlaf herzustellen, sondern reduziert ebenfalls den REM-Schlaf.
- Demgegenüber vermögen Entspannungstechniken (progressive Muskelrelaxation, Autogenes Training, Yoga) nachhaltig ein erhöhtes Aktivationsniveau, Verspannungs- und Angstzustände zu senken. Das trifft in besonderem Maße für Meditationsverfahren zu, die die Ausbildung einer motorischen Relaxation und einer trophotropen vegetativen Einstellung bei Aufrechterhaltung eines kortikalen Wachzustandes erlauben.
- Die Ausbildung von Schlafgewohnheiten trägt unterstützend zur Wiederherstellung eines stabilen Schlaf-Wach-Rhythmus' bei. Schindler & Hohenberger (1982) geben hierzu folgende Empfehlungen:
  „– Gehen Sie nur ins Bett, wenn Sie müde sind.
  – Benutzen Sie das Bett nur zum Schlafen, d.h. nicht zum Lesen, Essen, Trinken, Rauchen, Fernsehen u.ä. Die einzige Ausnahme von dieser Regel sind sexuelle Aktivitäten.
  – Wenn Sie nach zehn Minuten noch nicht eingeschlafen sind, stehen Sie auf und gehen Sie in ein anderes Zimmer. Gehen Sie erst dann wieder ins Bett zurück, wenn Sie müde sind.
  – Wenn Sie noch immer nicht einschlafen können, wiederholen Sie den vorhergehenden Schritt.

- Stehen Sie jeden Morgen zur gleichen Zeit auf.
- Schlafen Sie nicht tagsüber." (S. 567 ff.)

Eine ausführliche Darstellung der Möglichkeiten zur Stimuluskontrolle bei Schlafstörungen gibt Bootzin (1996).

Neben dem Schlaf ist *aktives Erholen* nach psychischer Beanspruchung wesentlich. Auch hierfür existiert eine Vielzahl von empfohlenen Konditionierungsprogrammen. Diese Programme sollten individuell wählbar sein je nach Persönlichkeit, Temperament und Körpertyp. 50-60 % der maximalen körperlichen Leistung sollten für 20-30 Minuten erbracht werden. Auch hierbei ist Regelmaß entscheidend. Diese Übungen sollten wenigstens 2-3 mal in der Woche angewendet werden.

Nachgewiesene positive *Effekte betrieblicher Fitneßprogramme* bestehen in folgendem:
- Abnahme arbeitsbedingter Spannungs- und Ermüdungszustände,
- Reduktion unspezifischer Beschwerden,
- Krankenstandssenkung,
- Verbesserung der sozialen Kontakte in den Arbeitsgruppen.

Dabei sind neben körperlichen Ausgleichsbetätigungen auch geistige Tätigkeiten ausgleichender Art erforderlich. Sie sollen sowohl Anregungen bieten als auch das Lösen von Tagesaufgaben durch die Bindung der Bewußtseinskapazität an andere Inhalte unterstützen.

Daraus ergeben sich auch Schlußfolgerungen für die Gestaltung des Urlaubs. Da mitunter das Lösen von den Berufsaufgaben nur allmählich gelingt, sind ungeteilte längere Urlaubsabschnitte kurzen vorzuziehen. Wenigstens am Urlaubsanfang sollte eine auch gedanklich beschäftigende Tätigkeit dem plötzlichen Nichtstun vorgezogen werden.

Im Falle von *Übermüdung und Überanstrengung* sind, abgesehen von den arbeitsgestalterischen Veränderungen, zusätzliche Festlegungen für ein Erholungsregime unerläßlich (zur Unterscheidung von Übermüdung und Überanstrengung vgl. Hacker & Richter, 1984):

Der Übermüdete ist in der Regel zunächst zur Erholung unfähig. Anstelle eines abrupten Übergangs von der Hochbeanspruchung zum Nichtstun sollte die eventuell bestehende Übererregung zunächst abgebaut werden durch tätige Entspannung in einer Ausgleichsbetätigung bei Unterstützung durch das Autogene Training.

Bei Überanstrengten ist es wenig sinnvoll, ohne Beratung oder Behandlung lediglich einen Urlaub antreten zu lassen. Außer der Klärung, ob ein Tätigkeitswechsel oder eine Qualifizierung zum Aufbau der fehlenden Leistungsvoraussetzungen erforderlich sind, muß zunächst eine einstellungsmäßige Verkrampfung gelöst werden. Das Autogene Training sowie gymnastische Entspannungsübungen können die psychologische Beratung mit dem Ziel der fähigkeitsangemessenen Neuordnung der Leistungsmotivierung unterstützen.

Eine umfassende Darstellung des Erholungsprozesses und seiner Gestaltung in unterschiedlichen Lebensbereichen gibt Allmer (1996).

Übungsaufgaben Kapitel 5

1. Was sind die Leitmerkmale zur Differenzierung unterschiedlicher Grade von psychischer Ermüdung?

2. Welche Gedächtnisleistungen können durch psychische Ermüdung beeinträchtigt werden?

3. Nennen Sie Bedingungen für die effektive Gestaltung von Kurzpausensystemen!

6. Monotoniezustand

6.1 Zur Einordnung: Monotoniezustände als qualitative (einseitige) bzw. quantitative Unterforderungswirkungen

Die technologische Entwicklung durchläuft eine Phase mit hochmechanisierten und teilautomatisierten Prozessen. Dabei treten Veränderungen der Arbeitsanforderungen auf, die neben vorteilhaften Entwicklungen auch zur Zunahme einförmiger Arbeitsanforderungen in der Produktion und im Verwaltungsbereich, dort insbesondere bei unzureichend gestalteter rechnergestützter geistiger Arbeit, führen können.

Die *Unterforderung* kann quantitativer oder qualitativer Art sein. Im ersten Falle treten zu selten überhaupt Tätigkeitsanforderungen auf, im zweiten sind sie zwar ausreichend häufig, aber einförmig gleichbleibend und ohne ausreichende Erfordernisse zur geistigen Befassung mit der Tätigkeit. Es liegen zyklisch und hierarchisch *unvollständige Tätigkeiten* vor.

6.2 Phänomenologie und Bestimmungsmöglichkeiten von Monotoniezuständen

Eine Phänomenologie des Monotoniezustandes muß neben dem spezifischen Erleben auch physiologische Auswirkungen sowie Leistungs- und Verhaltensänderungen berücksichtigen.

Bereits in den ersten Untersuchungen Münsterbergs (1912) wird über spezifisches Erleben berichtet. Seither haben zahlreiche Untersuchungen – in den wesentlichen Aussagen übereinstimmend – folgende Erlebensformen bei Monotoniezuständen beschrieben:
- Die Situation wird als eintönig, langweilig und abstumpfend erlebt.
- Die Zeit wird lang.
- Es stellt sich eine gleichgültig-apathische Haltung ein.
- Die Aufmerksamkeit läßt nach.
- Die zunehmende Müdigkeit einschließlich einer körperlichen Schlaffheit geht in ein „Dösen" über. Der Kampf mit der Schläfrigkeit verläuft dabei wellenförmig. In Minutenintervallen unterliegt der Betroffene nur Sekunden währenden Dämmerzuständen, aus denen er dann aufschreckt.

– In sehr weit fortgeschrittenen Monotoniezuständen können in den Dämmerphasen traumähnliche Bilder auftreten; Amnesien für solche kurzen Zeitabstände sind nachgewiesen.

Diese *absinkende Wachheit* wird in intervallskalierter, quantifizierter Weise in der M-Skala des BMS-Verfahrens von Plath & Richter (1984) erfaßt. Sie ist nicht mit Ermüdung identisch.

Diesem Erleben sind gleichsinnige *objektive Befunde* zugeordnet: In *physiologischer Hinsicht* sind veränderte Kreislaufaktivität sowie zentralnervöse und neuroendokrine Veränderungen nachgewiesen. Nicht eine generelle Aktivitätssenkung, sondern der Verlust eines stabilen Aktivitätszustandes ist kennzeichnend. Bei *langzeitig ausgeübter* einförmig-unterfordernder Arbeit wurden Durchblutungsstörungen, Bluthochdruck, Abnahme des Minutenvolumens sowie erhöhte Adrenalin- und Noradrenalinausscheidungen nachgewiesen. Die psychosomatischen Beschwerden sind erhöht.

Das spricht für eine „Überforderung durch Unterforderung" mit der Folge von Ermüdung bis hin zu Gesundheitsrisiken.

Nur bei *kurzzeitigen* Untersuchungen über wenige Stunden oder höchstens Tage im Labor sprechen die Befunde für eine trophotrope vegetative Ruheschaltung mit der Herabsetzung von Herzfrequenz, Blutdruck, Sauerstoffverbrauch und Adrenalinspiegel sowie erhöhter Arhythmie der Herzfrequenz.

Darüber hinaus liegen Hinweise auf Veränderungen in der EEG-Aktivität vor, die objektive Belege für die erlebten Zustände des Dösens und Dämmerns darstellen. Langsame Wellenformen werden häufiger. Vereinzelt können Spindeln auftreten. Es liegt ein Desaktivierungsbild im Elektroenzephalogramm vor.

Seit langem besonders intensiv untersucht sind Veränderungen in den *Leistungen* sowie im *Verhalten*. Das Hauptinteresse galt dabei der Frage, inwieweit sich der Monotoniezustand an typischen Verlaufskurven erkennen läßt. Ursprünglich wurde eine angeblich typische Monotoniearbeitskurve angegeben, die durch einen U-förmigen Trend gekennzeichnet war, also durch einen Leistungsrückgang in der Schichtmitte und einen Wiederanstieg der Leistung gegen Schichtende. Neuere Untersuchungen konnten jedoch klären, daß derartige U-förmige Leistungsverläufe zwar eine häufige, keineswegs aber notwendige Auswirkung von Monotoniezuständen sind.

Schwankungen in der Arbeitskurve werden durch Monotoniezustände gesteigert. Ebenso ist deutlich, daß die durchschnittliche Leistung im Monotoniezustand geringer und die Fehlerhäufigkeit größer ist als in monotoniefreien Situationen. Durchgängig ist auch eine Verlängerung der Reaktionszeiten sowohl auf Signale aus der jeweiligen Tätigkeit wie auch auf Zusatzreize festzustellen.

An Verhaltenskriterien finden sich im Monotoniezustand am häufigsten gesteigerter Lidschluß, Verlangsamung der Großmotorik und ein Erschlaffen der gesamten Körperhaltung.

> Neben diesen kurzzeitigen Auswirkungen sind *Langzeitfolgen* mit Gültigkeit für Menschengruppen, also nicht in jedem individuellen Falle, bekannt. Sie konzentrieren sich auf folgende Gebiete:
> - *Verlernen* nicht oder zu selten genutzter Qualifikationsbestandteile; damit Verschlechterung insbesondere geistiger Leistungen im Sinne eines vermeidbaren vorzeitigen altersabhängigen Abbaus.
> - Unterdurchschnittliche *Zufriedenheit* mit der Arbeitsaufgabe mit der Gefahr einer Demotivierung.
> - Unterdurchschnittliche Ausprägung aktiver und insbesondere kreativer *Freizeitaktivitäten*.
> - Überdurchschnittliche *Befindensbeeinträchtigungen (psychische und körperliche* Beschwerden) u.a. auch im Zusammenhang mit einförmigen Arbeitshaltungen (Nacken-, Schulter-, Arm-, Kopf- bzw. Augenschmerzen). Desweiteren ist die Wahrscheinlichkeit des Auftretens depressiver und ängstlicher Verstimmungen erhöht (Caplan et al., 1982; Richter, 1985).

Es ist auch hier noch nicht ausreichend gelungen, zwischen den tatsächlichen, direkten Tätigkeitsauswirkungen und Selektionseffekten zu trennen. Es ist also nicht auszuschließen, daß bestimmte Menschen bevorzugt in monotonieerzeugenden Anforderungssituationen verbleiben und daß deren Eigenschaften bzw. Befindensbesonderheiten fälschlich gedeutet werden als Ergebnis langzeitiger Monotoniezustände.

Betrachtet man diese einzelnen Veränderungen in ihrem Zusammenhang, so ergeben sich zwei *methodische Konsequenzen*:
1. Die einzelnen Veränderungen innerhalb des Leistungsbereichs (also bei Menge, Fehlern, Reaktionszeiten sowie deren Schwankungen) erfolgen untereinander gleichsinnig. Gleiches gilt für die Veränderungen im physiologischen Auswirkungsbereich und für die Veränderungen des Erlebens.
2. Darüber hinaus ist besonders wesentlich, daß die Veränderungen von Erleben, Leistung und psychophysiologischen Daten auch miteinander hinreichend übereinstimmen.

Zusammenfassend ist in Tab. 6.1 der Versuch unternommen worden, auftretende Monotoniezustände unter Feldbedingungen hinsichtlich ihrer *arbeitsgestalterischen Konsequenzen* zu differenzieren (nach Plath & Richter, 1984, S. 41).

Tab. 6.1: Stufung von Monotoniezuständen in einem polysymptomatischen Ansatz

Bewertungsstufen	Monotonie (Werte der M-Skala)	Aktivitätssenkung physiologischer Indikatoren	erlebte Anspannung	Vergrößerung von Schwankungen der mittleren Leistung
keine Monotonie	≥ 50,0	- (+)	In Abhängigkeit von der Zeitlage wechselnde Symptomatik.	-
geringe Monotonie	49,9 - 48,0	(+)		+
starke Monotonie	< 48,0	+		+

Fehlerzunahme	Erleben von Müdigkeit	Verringerung der mittleren Leistung	soziale Beziehungen
-	-	-	personen- und situationsabhängig wechselnde Symptomatik
- (+)	+	-	
+	+	+	

+ ... Merkmal tritt auf
(+) ... Merkmal kann auftreten
- (+) ... Merkmal tritt zumeist nicht auf, kann aber auftreten
- ... Merkmal tritt nicht auf

6.3 Entstehungsbedingungen von Monotoniezuständen

Vielfach werden Monotoniezustände als eine besondere Folge von einförmigen Montagearbeiten bzw. Fließbandarbeit betrachtet. Das ist eine unzutreffende Vereinfachung. Vielmehr entstehen Monotoniezustände stets dann, wenn folgende Kern- oder Doppelbedingung vorliegt:

> Die Aufgabenerfüllung erlaubt einerseits kein vollständiges Lösen von der Tätigkeit, gewährt andererseits aber zugleich keine ausreichenden Möglichkeiten zur sachbezogenen gedanklichen Auseinandersetzung mit der Tätigkeit selbst.

Aus dieser Doppelbedingung ergibt sich – wie Bartenwerfer (1960) anschaulich formulierte – eine *Zuwendung mit eingeengtem Beachtungsumfang*. Diese Doppelvoraussetzung ist die notwendige Kernbedingung. Ohne sie entsteht kein

Monotoniezustand. Wenn nämlich das gedankliche Lösen von der Tätigkeit möglich ist und gelingt, so wird die Einförmigkeit durch Anregungen von außen – etwa durch Unterhaltung, Lektüre oder das Durchdenken von Problemen – durchbrochen. Steckt andererseits die Tätigkeit selbst voller abwechslungsreicher, vielleicht sogar packender Denkaufgaben, so ist ein Monotonieerleben gleichfalls unmöglich. Nur wenn beides zugleich wirkt und immer dann, wenn dies der Fall ist – also wenn der Mensch von der Tätigkeit nicht ausgefüllt ist, sich aber wegen der erforderlichen Konzentration auch nicht von ihr abwenden kann – entsteht mit der Zuwendung mit eingeengtem Beachtungsumfang das Monotonieerleben. Je enger der Beachtungsumfang und je stärker damit auch der Wiederholungscharakter der Arbeit ist, um so schneller tritt der Monotoniezustand ein (Ulich, 1960).

Graf (1970) bezeichnete diese Bedingung auch als Überforderung durch Unterforderung. Folgende Tätigkeitsmerkmale tragen zur Erfüllung dieser kritischen Kernbedingung besonders bei:
- geringe *„Anforderungsvielfalt"*, also u.a.
  – kurze Zyklusdauer (oder selteneres Auftreten zu beantwortender Signale bei Überwachungstätigkeiten),
  – wenige unterschiedliche Arbeitsgangstufen (bei Bürotätigkeiten als „Entmischung" der Arbeit bezeichnet),
  – seltener Wechsel von anforderungsverschiedenen Arbeitsgegenständen, Arbeitsmitteln oder Verfahren,
  – geringe Abwechslung körperlicher Arbeit;
- geringe oder fehlende *Freiheitsgrade* für eigenständige Zielstellungen und damit im Zusammenhang
- geringe oder fehlende *Entscheidungserfordernisse* mit unterschiedlichen Vorgehensfolgen (Abb. 6.1),
- geringe *intellektuelle* Anforderungen,
- hohe psychische *Automatisierbarkeit*.

Neben der Kernbedingung gibt es zahlreiche weitere situative Bedingungen, die – ohne notwendig zu sein – das Entstehen eines Monotoniezustandes *zusätzlich fördern* können:
- Reizarmut der Gesamtsituation, z.B. durch Dunkelheit oder soziale Isolierung,
- eintönig-rhythmische Dauerreize mittlerer Intensität, z.B. gleichförmige Fahrgeräusche in einem Wagen,
- fehlende Möglichkeit zu körperlicher Bewegung zusammen mit Wärme im Arbeitsraum.

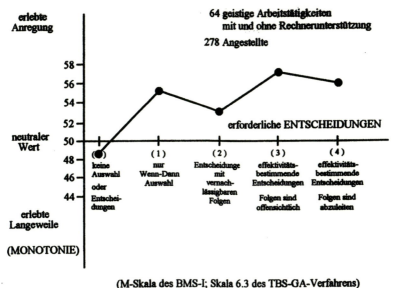

(M-Skala des BMS-I; Skala 6.3 des TBS-GA-Verfahrens)

Abb. 6.1: Verringerung des Monotonieerlebens durch Erhöhung von Entscheidungserfordernissen

Diese Skizze der Entstehungsbedingungen legt zwei *weiterführende Schlußfolgerungen* nahe:
1. Das Monotonieerleben ist keine allgemeine, zwangsläufige Folge jeder unterteilten, gleichförmigen Arbeit. Es ist vielmehr abhängig von einem spezifischen *Verhältnis objektiver Bedingungen*, insbesondere der Merkmale der Tätigkeit, und *psychischer Voraussetzungen* des Menschen, insbesondere der Qualifikation. So ist beispielsweise die sachbezogene gedankliche Auseinandersetzung mit einer Tätigkeit nicht nur durch das Vorhandensein der Möglichkeit dazu bestimmt, sondern auch durch Art und Ausmaß des Nutzens dieser Möglichkeiten durch den arbeitenden Menschen. Hinter diesen speziellen Leistungsvoraussetzungen tritt die Bedeutung allgemeiner, formaler Persönlichkeitseigenschaften für das Monotonieerleben zurück. Mit Ausnahme der Extraversion bzw. Introversion sind keine unbestrittenen Beziehungen zwischen Monotonieanfälligkeit und formalen Persönlichkeitseigenschaften bekannt.
2. Die Monotonieentstehung ist nicht auf die Teilefertigung oder die Produktion überhaupt sowie Büroarbeiten beschränkt. Mit dem Zunehmen von Überwachungstätigkeiten bei eigengesetzlich ablaufenden bzw. geregelten Produktionsprozessen gewinnt das Daueraufmerksamkeits- oder Vigilanzproblem an Bedeutung.

Die charakteristischen Veränderungen in Leistung, Verhalten und Erleben bei Daueraufmerksamkeitsleistungen müssen auch unter dem Aspekt eines entstehenden Monotoniezustandes verstanden werden. Die Kernbedingung ist erfüllt: Es liegen einförmig-gleichbleibende Aufgaben vor, die weder ein völliges gedankliches Lösen von der Tätigkeit erlauben, noch ausreichende Anregungen zur gedanklichen Auseinandersetzung bieten. Diese sind um so spärlicher, je seltener die zu entdeckenden und zu beantwortenden Signale sind. Daher ist es verständlich, daß die Überwachungsleistungen im allgemeinen um so schlechter sind und um so rascher absinken, je seltener zu beantwortende Signale auftreten.

6.4 Erklärungsansätze für die Entstehung von Monotoniezuständen

Warum kommt es unter den beschriebenen Bedingungen zur Herabsetzung der psychischen Aktivität? Die Erklärung ist in einer gesetzmäßigen Verknüpfung zwischen dem Beachtungsumfang und der psychischen Aktivität zu suchen (Bartenwerfer, 1960).

> Ein *eingeengter Beachtungsumfang führt gesetzmäßig zum Absinken der psychischen Aktivität*, bzw. umgekehrt, ein weiter und damit auch wechselnder Beachtungsumfang ist die unerläßliche Grundlage wacher Bewußtheit.

Eine Erklärung kann mit Bezug auf die neurophysiologische Aktivierungsforschung versucht werden. In mehreren Hirngebieten, insbesondere in der Formatio reticularis und im limbischen System, wurde das nervöse Substrat der Wachheitszustände nachgewiesen. Demnach ist das Kontinuum zwischen Schlaf und höchster Aktivität eine Funktion des Ausmaßes der Stimulierung des Kortex durch das auf- und absteigende retikuläre Aktivierungssystem und der damit verbundenen weiteren funktionellen Hirnsysteme. Es ist durch die neurophysiologische Forschung nahegelegt, daß Wachheit an ausreichende Reizeinflüsse gebunden ist; ausreichender Beachtungsumfang ist eine Voraussetzung der Wachheit (Birbaumer & Schmidt, 1996).
Die Erscheinungen in monotonieerzeugenden Situationen können mithin aufgefaßt werden als das Ergebnis mangelnder Aktivierung aufgrund von Reizmangel. *Das gemeinsame grundlegende Kennzeichen der vielfältigen monotoniebedingenden Situationen ist, daß es Situationen sind mit einer durch*

die Aufgabenerfüllung erzwungenen Herabsetzung eines breiten und vielfältigen Umweltkontakts.

6.5 Systematik von Verhütungsmaßnahmen einer vereinseitigenden und quantitativen Unterforderung

Auf der Grundlage der dargelegten Sachverhalte ist ein ursachenbezogenes System von Verhütungsmaßnahmen von Monotoniezuständen konzipierbar. Die eigentliche Wirkungsweise der erprobten Mittel gegen Monotoniezustände liegt auf der Hand: Unterhaltung, Tätigkeitswechsel, Unterrichtung über den Sinn bestimmter Tätigkeitsabschnitte, Vergrößerung des Arbeitsbereiches, Singen oder Musikhören laufen sämtlich auf ein Ausweiten des Beachtungsumfanges und mithin erhöhte Aktivierung hinaus. Dementsprechend ist auch eine zusätzliche muskuläre Betätigung auf dem Wege über die Rückmeldungen aus dem gammamotorischen System eine Aktivierungshilfe. *Damit kann verallgemeinernd und vereinfachend formuliert werden: Der Monotoniebekämpfung dienen alle Maßnahmen, die eine Ausweitung des Beachtungsumfanges bewirken.*

Der vorhandene Erkenntnisstand ermöglicht, für industrielle und Verwaltungstätigkeiten ein *System von Verhütungs- und Bekämpfungsmaßnahmen* von Monotoniezuständen geordnet nach der Wirkungssicherheit anzugeben.

Die wirkungsvollsten Maßnahmen bestehen in einer Tätigkeitsprojektierung, die zyklisch und hierarchisch vollständige Arbeitstätigkeiten schafft. Das sind Tätigkeiten, die sich nicht auf das Ausführen vorgegebener Prozeduren beschränken, sondern das Vorbereiten, Organisieren (d.h. Abstimmen mit anderen) und Kontrollieren einschließen und dadurch Anforderungen auf verschiedenen, einander abwechselnden Ebenen der psychischen Tätigkeitsregulation unter Einschluß auch von nicht algorithmischen intellektuellen und gelegentlich von schöpferischen Vorgängen im Sinne der qualifizierten Mischarbeit stellen. Derartige Tätigkeiten sind also vollständig nicht nur hinsichtlich der Teiltätigkeiten einer unzerstückelten, sozial bedeutsamen Gesamtaufgabe, sondern auch vollständig in regulatorischer Hinsicht, also mit Bezug auf
- Freiheitsgrade für Vorgehensweisen,
- tätigkeitsleitende Informationen einschließlich der über die Organisation und
- Rückmeldungen über eigene Resultate (weiterführend bei Hacker et.al., 1995).

Wir beginnen mit den wirksamsten Maßnahmen und enden mit den am wenigsten wirksamen:

1. Veränderung der *Funktionsverteilung zwischen Mensch und Maschine bzw. Rechner* im Sinne der Automatisierung gleichförmig wiederkehrender Verrichtungen. Durch diese besondere Strategie der Automatisierung bleibt der Mensch nicht Lückenbüßer für Aufgaben, welche die Maschine noch nicht übernommen hat.
2. Veränderung der *Aufgabenteilung zwischen verschiedenen Menschen* (der kollektiven Arbeitsorganisation):
2.1 Kombination vorbereitender, organisierender und kontrollierender Tätigkeiten mit unmittelbar produzierenden im Sinne der *Aufgabenbereicherung*. Dieser Weg verbessert nicht nur die Produktivität, sondern schafft günstigere Möglichkeiten für das Anwenden und Entwickeln von Fähigkeiten und Einstellungen.
2.2 Kombination verschiedener ausführender Tätigkeiten miteinander. Dieser Weg ist zur Verringerung der Monotonie geeignet und ermöglicht Produktivitätssteigerungen, ohne jedoch zur Persönlichkeitsentwicklung beizutragen.
2.2.1 Kombination verschiedener ausführender Tätigkeiten an einem Arbeitsplatz *(Aufgabenerweiterung)*.
2.2.2 Kombination verschiedener auszuführender Tätigkeiten durch Wechsel der Arbeitsplätze *(Arbeitswechsel)*. In diesem Falle ist der Wechsel zwischen verschiedenen Tätigkeiten zugleich mit einem Gliederungseffekt kombiniert. Arbeitswissenschaftlich ist die Wahl eines angemessenen Wechselregimes ausschlaggebend.

3. *Organisatorische Hilfsmaßnahmen* ohne Veränderung der Aufgabenverteilung. Diese Maßnahmen werden als Hilfsmaßnahmen wegen ihres geringeren Wertes infolge fehlender Persönlichkeitsförderlichkeit der Veränderungen bezeichnet. Die Tätigkeit bleibt zyklisch und hierarchisch unvollständig. Ihre Vorteile liegen in verringerter Monotonie und dadurch verbesserter Produktivität.
3.1 Gliederung einer Gesamtmenge zu bearbeitender Gegenstände in stimulierende Teilmengen (Blumenfeld, 1932):
3.1.1 *Zeitliche* Gliederung: Kurzpausensystem eventuell mit Ausgleichbetätigungen in den Pausen. Leistungssteigerungen zwischen 5 und 10 % Mehrleistung sind bekannt.
3.1.2 *Mengenmäßige* Gliederung: Vorgabe der zu produzierenden Gegenstände in überschaubaren Teilen statt in endlos-unüberschaubaren Mengen. Der gleiche Effekt kann durch Selbstkontrollmöglichkeiten erzielt werden. Es entsteht dabei durch die erleichterte Rückmeldung über die produzierte Menge eine verbesserte Möglichkeit zur Selbstkontrolle und damit wiederum zur zeitbezogenen Vornahme.

3.2 Als *Sonderfall* organisatorischer Hilfsmaßnahmen muß die *Arbeitsverdichtung* angesehen werden. Sie kann am Fließband als Temposteigerung oder bei Überwachungstätigkeiten als Steigerung der Häufigkeit oder des Informationsgehalts der zu beantwortenden Signale realisiert werden. Im letzteren Falle ist es ausschlaggebend, daß keine vom Arbeitenden als sinnlos erkannten „Spielreize", sondern tatsächlich mit der Tätigkeitsregulation im Zusammenhang stehende zusätzliche Informationen angeboten werden.

Während diese technischen und organisatorischen Maßnahmen an der Arbeitstätigkeit ansetzen, schaffen die folgenden Ausbildungsmaßnahmen Veränderungen beim arbeitenden Menschen:

4. Spezielle *Ausbildungsmaßnahmen* sowie Beteiligung aller Beschäftigten an der *Organisation* der Arbeitsprozesse im Zusammenhang mit der Monotoniebekämpfung.
4.1 *Einordnung* der Tätigkeiten in einen Sinnzusammenhang. Bei dieser Maßnahme geht es um das Befähigen zum Ausnutzen eines vorhandenen Spielraums zur gedanklichen Auseinandersetzung. Das ist möglich mit Hilfe der Erläuterung des Zwecks der Fertigung, der Funktion der herzustellenden Teile, des Wirkungseintritts bestimmter Fehler sowie deren Folgen. Gleichzeitig mit Veränderungen in der Motivation können dadurch neue, erweiterte Möglichkeiten zur gedanklichen Auseinandersetzung mit der Tätigkeit und damit zur Erhöhung des Beachtungsumfangs entstehen.
Die Mitverantwortung jedes Beschäftigten für die Gesamtproduktion seines Betriebes ist eine wesentliche Grundlage zur Ausnutzung dieser Möglichkeiten zur Monotoniebekämpfung.
Umfangreiche Partizipationsmöglichkeiten ergeben sich u.a. bei
- der Selbstorganisation der Arbeitsabwicklung einschließlich der in kleinen Gruppen,
- der Übergabe von Arbeitsanalyse- und Arbeitsgestaltungsaufgaben sowie Aufträgen zur Erzeugnisgestaltung in die Mitverantwortung der Arbeitsgruppen, was zugleich die absatzförderliche kundenwunschbezogene „maßgeschneidert"-flexible Produktion erleichtert,
- der Integration der Bearbeitung von Arbeits- und Erzeugnisgestaltungsaufgaben in Qualitätszirkel neben den Grundarbeitsaufgaben.
4.2 Maximales *Entlasten der Aufmerksamkeit* durch weitestgehendes Ausarbeiten von Fertigkeiten. Mit dieser Maßnahme soll eine völlige oder hinreichende Lösung von der gedanklichen Befassungsnotwendigkeit mit der Tätigkeit ermöglicht werden, um aktivierende Nebentätigkeiten, welche die Monotonie brechen können, zu ermöglichen. Nach Möglich-

keit sollen diese aktivierenden Nebentätigkeiten Beziehung zur eigenen Arbeitstätigkeit oder zur Tätigkeit der gesamten Arbeitsgruppe im Sinne des vorangehenden Punktes besitzen. Nur wenn dies nicht der Fall ist, sind nicht auf die Arbeitstätigkeit bezogene Unterhaltungen und musikalische Ablenkungs- und Aktivierungsbemühungen sinnvoll.

5. Zusatzmaßnahmen im Sinne der *Arbeitsumgebungsgestaltung*. Derartige Zusatzmaßnahmen sind das Schaffen von Ablenkungen im Arbeitsraum – etwa mittels Aquarien –, arbeitshygienische, nämlich klimaverbessernde Maßnahmen oder sozialpsychologische Maßnahmen im Sinne einer Gruppenzusammensetzung, die nicht-arbeitsbezogene Unterhaltungen erleichtern.

Es könnte Erstaunen hervorrufen, daß nicht einmal in dem zuletzt genannten Zusatzweg die Eignungsauslese als eine Möglichkeit der Monotoniebekämpfung benannt wird. Die Ursache liegt in ihrer Fragwürdigkeit. Denn selbst wenn hinreichend verläßliche Ausleseverfahren für weniger monotoniegefährdete Menschen existierten, wie das einige Untersuchungen für Extravertierte behaupten, so bleibt das Wesentlichste dennoch unbeachtet. Wiener (1958) formulierte: „Es ist eine Herabsetzung des Menschen, ihn an eine Ruderbank zu ketten und als Kraftquelle zu gebrauchen, aber es ist eine fast ebensogroße Herabsetzung, ihm eine sich immer wiederholende Aufgabe in einer Fabrik zuzuweisen, die weniger als ein Millionstel der Fähigkeiten seines Gehirns in Anspruch nimmt."

Übungsaufgaben Kapitel 6

1. Erläutern Sie die Entstehungsbedingungen von Monotonie und die zugrunde liegenden physiologischen Basisprozesse!

2. Welche arbeitsorganisatorischen Möglichkeiten zur Monotonievermeidung kennen Sie?

7. Streß

7.1 Tätigkeitsregulation und Streß

Die bisherigen Betrachtungen negativer Beanspruchungsfolgen beschränkten sich, insbesondere bei der Behandlung der psychischen Ermüdung, auf Zustände, bei denen negative Emotionen entweder wegen der Kürze der Belastung oder des Vorliegens von Freiheitsgraden zu deren Bewältigung eine untergeordnete Rolle in der Tätigkeitsregulation spielen. Eine Sonderstellung nehmen hierbei jedoch die wesentlich durch negative Emotionen gekennzeichnete psychische Sättigung sowie der Streßzustand ein (vgl. Kapitel 4).

Nachhaltige negative emotionale Zustände sind charakteristisch für Situationen, in denen die Verwirklichung von persönlich bedeutsamen Vornahmen (Zielen) oder die Befriedigung persönlich bedeutsamer Bedürfnisse in Frage gestellt ist. Dieser Sachverhalt hat in der Streßforschung der letzten 30 Jahre zu vielfältigen Theorienbildungen geführt, die gegenwärtig ein Bild verwirrender begrifflicher und konzeptioneller Unschärfen ergeben (vgl. Kapitel 2).

In der Streßentstehung nehmen zwei Sachverhalte eine Schlüsselrolle ein: Die *Bewertung* und ihre *emotionalen Aspekte*:

Menschen entwickeln Beziehungen zu den von ihnen auszuführenden Aufgaben; sie *bewerten* diese. Dabei erhalten die Aufgaben einen persönlichen Sinn. Dieser persönliche Sinn der Aufgabe ergibt sich aus den Motiven der Tätigkeit, insbesondere aus den Beziehungen zu den sinngebenden Motiven (Leontjew, 1979). Diese subjektive Bedeutung der Aufgabenrealisierung hat einerseits einen kognitiven, zum anderen aber auch stets einen emotionalen Aspekt, worauf besonders Wygotski hingewiesen hat: „Selbst wenn die Motive nicht bewußt werden ... finden sie dennoch ihre psychische Widerspiegelung ... in der Form der emotionalen Färbung der Handlungen." (Leontjew, 1979, S. 192).

Emotionen stellen das entscheidende Bindeglied zwischen den Motiven der Tätigkeit und den variablen Realisierungswegen durch Handlungen dar.

„Die Rolle der positiven und negativen 'Sanktionierung' realisiert sich über Emotionen, die auf Effekte im Hinblick auf das jeweilige Motiv bezogen sind." (Leontjew, 1979, S. 189).

Streßzustände in Arbeitstätigkeiten werden durch beunruhigende antizipative, tätigkeitsbegleitende und resultative Bewertungen ausgelöst. Charakteristische Anknüpfungspunkte solcher Bewertungen sind:
- fehlbeanspruchende Arbeitsaufträge und Umweltbedingungen, denen nicht begegnet werden kann, über die keine „Kontrollmöglichkeiten" bestehen,

- nicht beeinflußbare Unterbrechungen in der Aufgabenbewältigung. Solche Störungen können resultieren aus Umgebungsbedingungen (z.B. Lärm), aber auch aus aufgabeninternen Faktoren wie z.B. unvorhersehbaren Rechnerstörungen oder Antwortlatenzen an Bildschirm-Arbeitsplätzen.
- unrealistische Interpretationen des Bedrohlichkeitsgrades von Belastungen, wodurch wiederum die Bildung adäquater Teilzielhierarchien und Strategien erschwert wird,
- negative Bewertungen der Tätigkeitsergebnisse,
- fehlende oder verzögerte Rückmeldungen, welche die Verhaltensökonomie stören.

Entscheidend ist, daß die bewertungsbedingten beunruhigenden Emotionen unmittelbar neurophysiologisch mit aktivationalen Veränderungen der Tätigkeitsregulation und daraus resultierenden Rückwirkungen auf Ziel- und Strategieänderungen bzw. Motivwechsel verbunden sind.

Das Infragestellen von als persönlich bedeutsam bewerteten Handlungszielen löst negative Emotionen aus. Dieser Vorgang ist in der Regel bereits antizipativ wirksam. Der daraus entstehende Zustand einer emotionalen Belastung führt zunächst zu vorübergehenden Selbstwertlabilisierungen, die mit unlustbetonten Emotionen und damit zugleich mit sympathikotoner Hyperaktivierung verbunden sind.

Existieren Freiheitsgrade für Zieländerungen mit Anforderungsreduktionen, bleiben die so ausgelösten Veränderungen in der Tätigkeitsstruktur von kurzer Dauer und die emotionale Belastung zumutbar. Sind jedoch die Möglichkeiten einer Zieländerung, einer Anspruchsniveausenkung oder einer Änderung der Ausführungsstrategie (Mechanismen, die in Kap. 3.1 als charakteristische ermüdungsbedingte Ökonomisierungsbestrebungen beschrieben wurden) objektiv nicht gegeben oder werden subjektiv als nicht realisierbar bzw. als ineffektiv erlebt, erhält die Tätigkeit eine anhaltende negative emotionale Bewertung, die mit sympathikotonen Dauererregungszuständen einhergeht und in chronifizierter Form Krankheitswert erhalten kann. Den Emotionen kommt damit, gebunden an kognitive Bewertungen, eine entscheidende regulative Funktion für die Tätigkeitsrealisierung zu. Allerdings wird nicht jede Zielvereitelung emotional negativ erlebt: Nur bei „ich-nahen", hoch bewerteten Zielen ist diese emotionale Beteiligung ausgeprägt.

> Entsprechend dieser Einordnung in die Tätigkeitskonzeption wird Streß verstanden als Reaktion auf als unannehmbar oder bedrohlich erlebte, konflikthafte Fehlbeanspruchungen, erwachsend aus starken Über- oder Unterforderungen der Leistungsvoraussetzungen bzw. dem Infragestellen wesentlicher Ziele einschließlich sozialer Rollen. Streßreaktionen sind kennzeichnend für Situationen, in denen es den Betroffenen weder gelingt, den belastenden Umständen auszuweichen, noch durch eigenes Handeln eine Situationsveränderung zu erreichen. Die so entstehenden emotionalen Belastungen sind gekennzeichnet durch unlustbetonte Erregungszustände und Ängste, die mit neuroendokrinen und neurovegetativen Aktivitätserhöhungen verbunden sind.

Entsprechend dieser Definition erwächst Streß aus einer gestörten Zielverwirklichung und der Gefährdung der Befriedigung bedeutsamer Bedürfnisse sowie aus extremen Diskrepanzen zwischen kognitiven und sozialen Anforderungen und den erforderlichen individuellen Leistungsvoraussetzungen.

Auch Leistungsvoraussetzungen, die den gestellten Aufgaben in extremer Weise nicht entsprechen, können somit eine Quelle emotionaler Belastungen sein, indem sie bei der Aufgabenlösung zusätzliche Probleme entstehen lassen. Nicht minder trifft das auch für den Fall zu, daß vorhandene Leistungsvoraussetzungen nicht genügend genutzt werden. Streßauslösend wirken Unterforderungen, vor allem bei Personen mit ausgeprägtem Bedürfnis, Anforderungssituationen zu beherrschen („Situationskontrolle"), wie das Frankenhaeuser (1981) an den neuroendokrinen Reaktionen von Typ-A- im Unterschied zu Typ-B-Personen zeigen konnte.

Verstärkt treten Streßreaktionen auf bei der Unmöglichkeit der Nutzung von Leistungsvoraussetzungen mit dem zusätzlichen Erleben des fortschreitenden Verlernens erworbener kognitiver und sozialer Fähigkeiten und Fertigkeiten. Extreme Beispiele für derartige Situationen bietet die Arbeitslosigkeit.

Seit der im Jahre 1933 veröffentlichten klassischen soziographischen Untersuchung von Jahoda, Lazarsfeld & Zeisel (1975) wurden vielfach die durch Arbeitslosigkeit ausgelösten psychischen Störungen bei Arbeitern und Angestellten beschrieben. Neben langzeitig wirksamen neuroendokrinen Störungen treten in besonderem Maße Depressionen auf (vgl. Frese & Mohr, 1978). In Abb. 7.1 ist ein Ergebnis einer Längsschnittstudie dargestellt. Im Verlaufe von zwei Jahren kommt es bei erstmals Arbeitslosen und bei Arbeitern, die in der Zwischenzeit erneut arbeitslos wurden, zu einer signifikanten Erhöhung von Depressivitätssymptomen gegenüber solchen Befragten, die Arbeit hatten bzw. in der Zwischenzeit berentet wurden (Frese, 1979).

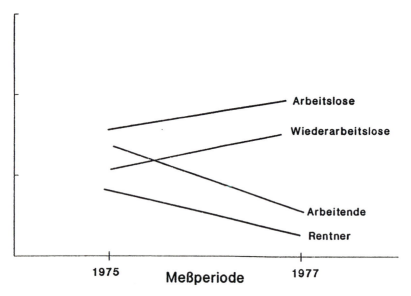

Abb. 7.1: Zunahme der Depressivität bei Arbeitslosen (Längsschnittstudie an 51 Personen; Frese, 1979)

7.2 Streßsymptomatik

Als Leitmerkmal der Abgrenzung von Streß ist der Zustand *angstbedingter erregter Gespanntheit* anzusehen. Damit ist eine klare Abtrennung von anderen negativen Beanspruchungsfolgen möglich (vgl. Kapitel 4). Dabei ist jedoch zu berücksichtigen, daß es Personen mit einer spezifischen Verhaltensausprägung (Typ-A) gibt, die sich gerade durch das Unterdrücken derartiger Emotionen bei gleichzeitiger Hyperaktivierung auszeichnen und damit zur Selbstüberforderung neigen. Im Verhaltensbereich sind Streßzustände gekennzeichnet durch Desorganisationstendenzen in der Informationsverarbeitung und der gesamten Tätigkeitsregulation sowie affektiven Entgleisungen.

Kurz-Charakteristik Streß

- personenbezogen: Einschätzung des Individuums entscheidend; Erleben eines Ungleichgewichts (Imbalance) von Anforderungen und eigenem Können oder Wollen

- kognitiv-emotional: Bewertung durch Subjekt, nicht einfach physiologische Reaktion (Infragestellung wesentlicher persönlicher Ziele und Werte)

- negativ: Bewertung der Situation als negativ

- Intensität: nicht nur extreme Belastungen und Konflikte; auch kurzzeitige Spannungszustände (daily hassels)

- Bedingung: *keine* Möglichkeit
    a) belastender Situation auszuweichen
    b) durch Handeln Situation zu ändern

- Differentialdiagnostik: abzugrenzen von Ermüdung, Sättigung, Monotonie, Burnout

Charakteristische indirekte Folgen von Streßzuständen sind erhöhter Medikamenten-, insbesondere Tranquilizerverbrauch, verstärktes Rauchen, übermäßiges Essen und Alkoholmißbrauch.

Besonderen Indikationswert für durch Streß ausgelöste emotionale Anspannungen haben Veränderungen in der Sprachgrundfrequenz und syntaktisch-lexikalische Sprachverarmungen.

Im physiologischen Bereich existieren wahrscheinlich *keine streß*spezifischen Aktivitätsveränderungen. Annahmen, daß Adrenalin, Noradrenalin und Cortisol „Streßhormone" seien, die unterschiedliche emotionale Zustände charakterisieren, sind ebenso wie die Deutung der Theta-Aktivität im EEG als Streßsymptom umstritten. Vielmehr ist von einer generalisierten, anhaltenden Hyperaktivierung und deren verzögerter Rückbildung unter Entlastungsbedingungen auszugehen.

Eine ausschlaggebende Rolle für anhaltende Streßzustände spielen der Hypophysenvorderlappen, welcher vermehrt adrenokorticotropes Hormon (ACTH) ausscheidet und die Nebennierenrinde.

ACTH bewirkt vermehrtes Ausschütten von Glucokorticoiden (Kortikoson, Kortikosteron, Hydrokortison) aus der Nebennierenrinde. Diese erregen das aufsteigende Aktivierungssystem des Hirnstammes und mobilisieren zahlreiche Energiequellen, hemmen aber u.a. die Ausschüttung des Wachstumshormons aus den Hypophysenvorderlappen. Auch die Infektabwehr kann beeinträchtigt werden. Die ACTH-Ausschüttung wird ihrerseits vom Hypothalamus kontrolliert. Noradrenalin hemmt, cholinerge Neuronen fördern die ACTH-Produktion. Für Gestaltungsanliegen ist bedeutsam, daß die Vorhersehbarkeit sowie Beeinflußbarkeit von streßauslösenden Situationen die ACTH-Produktion zu verringern vermögen. Eine Förderung der Entstehung von Erkrankungen ist wahrscheinlich. Verbreitete sogenannte psychosomatische Erkrankungen (z.B. Hypertonie, Ulcus pepticus) werden als streßbedingte Anpassungskrankheiten aufgefaßt (Selye, 1953). Mögliche Wirkungsmechanismen konnten im Tierexperiment z.T. bereits gesichert werden. So ist die streßbedingte Entstehung von Magengeschwüren um so wahrscheinlicher, je unerwarteter und je weniger beeinflußbar die auslösenden Bedingungen sind.

Diesem „Selye-Mechanismus" der Streßentstehung hat insbesondere Siegrist (1988, 1996) den sogenannten „Cannon-Mechanismus" einer aktiven Auseinandersetzung gegenübergestellt, der insbesondere über eine Aktivierung des sympathico-adrenomedullären Systems zu einer Erhöhung der Katecholamin-Ausscheidung und erhöhten kardiovaskulären Aktivierung führt (Abb. 7.2).

Regulationskrankheiten treten besonders dann auf, wenn beide Mechanismen aufgrund der Belastungssituation gemeinsam aktiviert werden (z.B. erlebter Kontrollverlust unter extremem Zeitdruck). Siegrist (1988) hat hierfür den Begriff „aktiver Disstreß" eingeführt.

Zwischen Angst aufgrund erlebter Gefahr und den entstehenden funktionellen Störungen kann sich eine positive Rückkopplung ausbilden, die zur Aufrechterhaltung der organismischen Ausnahmezustände im Extremfall ohne weiteren objektiven äußeren Anlaß führen kann. Hier ist neben Arbeitsgestaltungsmaßnahmen eine Psychotherapie hilfreich.

In der Verhaltenstherapie hat sich zur Beschreibung dieses selbstverstärkenden Mechanismus der Begriff „Angstkreis" eingebürgert (z.B. Wittchen et al., 1995), (Abb. 7.3). Bedenklich wäre allerdings eine ausschließlich therapeutische Einflußnahme ohne arbeitsgestalterische Maßnahmen wegen der Gefahr fehlanforderungsverstärkender Verhaltensmodifikationen und -anpassungen (Nachreiner, 1994). Auf Defizite in entsprechenden betrieblichen Streßmanagementprogrammen haben unlängst auf der Basis statistischer Metaanalysen Bamberg & Busch (1996) hingewiesen.

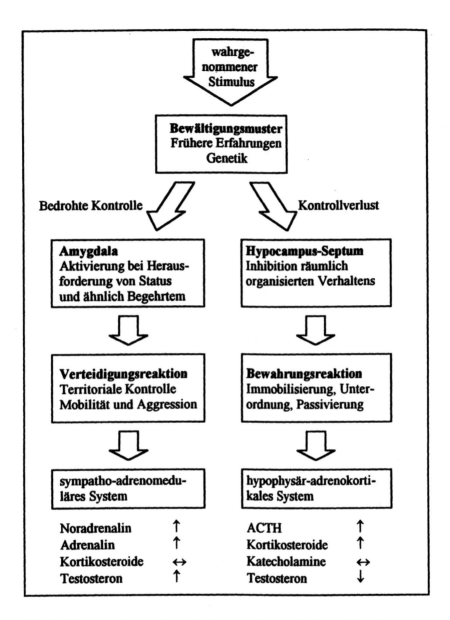

Abb. 7.2: Schematische Darstellung des Zusammenhangs zwischen sozialen Stressoren, Kontrollchancen und Aktivierung von Streßachsen im Organismus (nach Henry & Stephens; in Siegrist, 1988)

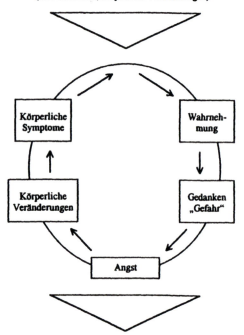

Abb. 7.3: Mechanismus der Entstehung von Angstsymptomen

Die Dauererregung kann im harmlosesten Falle ausgelöst werden durch fortgesetzt eintretende Orientierung oder in ausgeprägteren Fällen durch Abwehrreaktionen, die nicht abgewöhnt (habituiert) werden und daher andauernd neu zu hemmen sind. Das Leitmerkmal arbeitsbezogen ängstlicher Erregung ist in seinem Auftreten unabhängig von dem Grad und der Kompliziertheit psychischer Tätigkeitsanforderungen, ist also auch bei einfachen Anforderungen und unabhängig von psychischer Ermüdung oder vom Monotoniezustand möglich.

Insbesondere die Verhaltenstherapie hat in den letzten Jahren wirkungsvolle therapeutische Methoden zur Behandlung von Angstzuständen entwickelt (im Überblick: Margraf & Meusling, 1994, Margraf, 1996). Der im folgenden Kasten abgedruckte Screening-Fragebogen zur Diagnostik behandlungsbedürftiger Angst beruht auf der Summation von Beschwerden, die mit hoher Wahrscheinlichkeit mit Angstzuständen korreliert sind (Margraf, 1994).

	Überhaupt nicht	Wenig	Mittel	Stark
		Es störte mich nicht sehr.	Es war sehr unangenehm, aber ich konnte es aushalten.	Ich konnte es kaum aushalten.
	(0)	(1)	(2)	(3)
Weiche Knie oder Beine				
Schwindlig oder benommen				
Wacklig und schwankend				
Zittrig				
Furchtsam				
Schwächegefühl				
Hier bitte nicht ausfüllen!	0	+ Σ	+ Σ	+ Σ ....
				= Σ Gesamt ....

Rechtzeitig zu diagnostizieren und durch arbeitsgestalterische und qualifikatorische, in Einzelfällen auch psychotherapeutische Maßnahmen zu beseitigen sind nicht nur diese seltenen, eindeutigen Streßzustände, sondern auch häufigere Übergangszustände. Dabei ist in erster Linie an Übergänge zwischen arbeitsbedingter psychonervaler, quantitativer Überforderung mit der Folge normaler oder klinischer Ermüdungsformen und Streß aus anhaltender Besorgnis um die Bewältigung von Aufgaben zu denken. Für quantitative Überforderungen ist das Erleben von Zeitdruck typisch. Bei derartigen Fehlanforderungen sind ausschlaggebend die subjektiv erlebten (nicht in erster Linie die objektiven) Überforderungen und die Möglichkeiten der Betroffenen, die Überforderungen vorauszusehen und sich daher auf ihre Bewältigung mit Hilfe kollegialer Unterstützung oder mit Hilfe der Weiterentwicklung eigener Leistungsvoraussetzungen einzustellen. Habituelle Tendenzen zu Überforderungserleben und habituelle Bewältigungsmöglichkeiten stehen im Zusammenhang mit Persönlichkeitseigenschaften, welche die Streßanfälligkeit bzw. Streßwiderstandsfähigkeit mitbestimmen. Dabei ist in erster Linie an spezifische Leistungsvoraussetzungen zur Anforderungsbewältigung und in zweiter Linie erst an Neurotizismus, Ängstlichkeit oder das Typ-A-Syndrom zu denken.

7.3 Streßauslösende Bewältigungsstile von Anforderungen

Persönlichkeits- und Verhaltensdispositionen werden in der Literatur sowohl als *Vulnerabilitätsfaktoren* für Krankheiten wie auch als *Ressourcen* für die Aufrechterhaltung der Gesundheit behandelt. Unter dem letzteren Gesichtspunkt sind bereits in Kapitel 2 der Kohärenzsinn nach Antonovsky (1987) und das Konzept der seelischen Gesundheit (Becker, 1995) behandelt worden.

Unter den die Vulnerabilität erhöhenden Verhaltensstilen ist besonders intensiv das sogenannte Typ-A-Verhalten untersucht worden. Kritische Überblicke über den neueren Forschungsstand sind bei Schwenkmezger (1994) und Richter, Rudolf & Schmidt (1996) zu finden.

Die kalifornischen Kardiologen Meyer Friedman und Ray Rosenman systematisierten in den 50er Jahren Beobachtungen an ihren Patienten, die ein Bild gehetzten und getriebenen Verhaltens erkennen ließen, die immer wie „auf dem Sprung" wirkten, durch Dominanz und Unruhe auffielen. Dieses Verhaltensbild fanden sie als typisch ausgeprägt bei Herzpatienten. Sie gaben diesem Verhaltensmuster von ausgeprägtem Leistungsstreben, Konkurrenzverhalten, Ungeduld, hohem Muskeltonus und Geschwindigkeitsorientiertheit den Namen Typ-A.

Personen, die diese Merkmale nicht aufwiesen, wurden als Typ-B bezeichnet. Bald wurde diese Typologie im Zuge der Entwicklung eines diagnostischen Strukturierten Interviews durch Mischtypen A1 und B1 weiter unterteilt. Diese Phänomenologie erwies sich sehr schnell als außerordentlich populär und löste eine in diesem Umfang noch nicht dagewesene verhaltensmedizinische und gesundheitspsychologische Forschung aus, die sich sehr schnell einen gesicherten Platz in den einschlägigen Lehrbüchern eroberte. Schien doch damit erstmals der eindeutige Nachweis der Existenz eigenständiger psychosozialer Risikofaktoren bei der Entstehung kardiovaskulärer Erkrankungen erbracht.

Längsschnittstudien wiesen für Männer und Frauen nach 8 Jahren für Personen mit ausgeprägtem Typ-A-Verhalten ein doppelt so hohes Risiko der Erkrankung des Herz-Kreislaufsystems auf wie bei Typ-B-Personen. Es war vor allem Myrtek (1985), der durch sorgfältige Reanalyse der mitgeteilten Statistiken der amerikanischen Längsschnittstudien und durch eigene psychophysiologische Untersuchungen an Sportstudenten begründete Argumente des Zweifels an der Allgemeingültigkeit der angenommenen Pathogenität des Typ-A-Verhaltens zusammentrug.

Die in Meta-Analysen vorgenommene Prüfung der zwei diagnostischen Hauptinstrumente des Typ-A-Verhaltens ergab, daß das Strukturierte Interview und der „Jenkins Activity Survey" (Jenkins, Zyzanski & Rosenman, 1979) nur schwach miteinander korrelieren (.34). Zudem war in seinen Untersuchungen die wiederholt beschriebene Hyperaktivität der Typ-A-Probanden nicht nachzuweisen. Zu Recht weisen hier jedoch Becker & Minsel (1986) darauf hin, daß dies bei jungen Männern auch noch nicht zu erwarten sei, daß valide Aussagen zur psychophysiologischen Aktivierung erst bei

Probanden der Hauptrisikogruppe zwischen dem 40. und 60. Lebensjahr zu erwarten seien.

Die Kritik Myrteks hat deutlich werden lassen, wie groß die Gefahr einseitiger Postulate eines pathogenen Verhaltenssyndroms sein kann, wenn nicht gleichzeitig eine sorgfältige Analyse von Erhebungsbedingungen und Erhebungsinstrumenten erfolgt. Die beklagten Mängel in der Reliabilität und Validität der diagnostischen Instrumente sind nicht zuletzt rückführbar auf die Unschärfe des Syndromkomplexes. In einer psychologischen Analyse der Typ-A-Komponenten konnte Price (1982) aus der Vielzahl von Merkmalen die am häufigsten genannten kennzeichnen. In einer Rangfolge: Wettbewerbsstreben, Zeitdruck-Erleben, Aggressivität, Erfolgsstreben, Leistungsorientiertheit, Termindruck, berufliches Karrierestreben, Geschwindigkeitsorientiertheit, Ungeduld. Sie versuchte die atheoretische Sammlung von qualitativen Phänomenen der Epidemiologie in ein Modell des sozialen Lernens einzubinden. Enge Beziehungen dieser Sozialisationsbedingungen des Typ-A-Verhaltens zur kulturgeschichtlichen Begründung kapitalistischen Mehrwertstrebens aus den religiösen Werten und säkularisiertem Leistungsstreben der „protestantischen" (gemeint ist wohl eher calvinistischen!) Ethik nach Max Weber (1905) sind wiederholt hergestellt worden.

Im Mittelpunkt der Phänomenologie steht eine Persönlichkeit mit labilem Selbstwerterleben, die, eingebettet in einen kulturellen Rahmen von Leistungsorientiertheit und eine Erziehung mit hohen Leistungsstandards und Bedeutsamkeit beruflichen Erfolgs, in einem permanenten Selbstzwang um die Erfüllung überhöhter Ziele steht, die mit perfektionistischer Genauigkeit erfüllt werden müssen. Hohe Leistungsmotivation, beruflicher Ehrgeiz, ständige „Kontrollambitionen" (Siegrist, 1996) sind kennzeichnend. Dieser Zwang zum beruflichen Erfolg, der notgedrungen zu hartem und schnellem Arbeiten führt und ständigen Wettbewerb mit Kollegen und Konkurrenzdruck auslöst, ruft das Verhalten fortwährender Ruhelosigkeit, Angespanntheit und Zeitnot hervor. Die Entwicklung von Aggressivität und Feindseligkeit in beruflichen Konkurrenzsituationen und der Verlust sozialer Kontakte im Privatbereich verstärken die ruhelose Getriebenheit und erhöhen die soziale Isolation. Die Erlebensverarbeitung ständigen beruflichen Ungenügens, von Rücksetzung und Versagen und der wachsenden sozialen Einsamkeit verstärken wiederum die Selbstwertlabilität und lösen wie in einem circulus vitiosus verstärkte Bemühungen zu noch größerem Einsatz und Engagement aus.

Überhöhte Ziele, Perfektionismus, hoher Ehrgeiz bei ständiger Labilität des Selbstwertes verstärken sich in der Erziehung in Abhängigkeit von entsprechenden Erziehungsstilen der Eltern (Matthews, 1988) bzw. werden durch berufliche Anforderungsbesonderheiten bekräftigt. Beides macht sicherlich die Instabilität des Musters bei Jugendlichen verständlich, so daß dieses Verhaltensmuster erst stabil bei älteren Probanden nachgewiesen werden kann.

Die mit diesem Verhaltenstyp verbundene Gesundheitsgefährdung ist in Grenzen zu halten, wenn es durch arbeitsgestalterische und therapeutische Maßnahmen gelingt, spezifische auslösende Bedingungen zu verringern. Die

Hyperaktivierung tritt beispielsweise nicht auf, wenn in Wettbewerbssituationen Leistungsrückmeldungen ohne Abwertungen erfolgen (Glass, Krakoff & Contrada,1980) und wenn dem ausgeprägten Bedürfnis der Typ-A-Personen nach Beeinflußbarkeit ihrer Arbeits- und Lebensumstände durch Freiheitsgradangebote in der Tätigkeit entsprochen wird (Richter, Rudolf & Schmidt, 1996). In Abb. 7.4 sind wesentliche Komponenten zusammengestellt, deren Zusammenwirken die Wahrscheinlichkeit des ineffektiven und gesundheitsgefährdenden Verhaltens von Typ-A-Personen ausmachen.

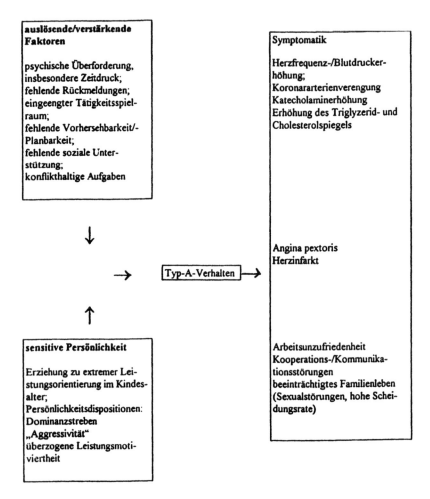

Abb. 7.4: Typ-A-Verhalten als Ergebnis des Zusammenwirkens von Tätigkeits- und Personenvariablen

Friczewski (1988) hat deutlich gemacht, daß es weniger um die Identifikation isolierter Risikofaktoren geht, sondern daß die Diagnostik „pathogener Konstellationen" von Belastungen gefragt ist. Richter et al. (1996) konnten eine signifikant positive Korrelation zwischen dem Faktor „exzessive Planungsambitionen" des FABA-Fragebogens und erlebten Tätigkeitsspielräumen nachweisen. Dieser Möglichkeit zu Selbstüberforderung bei erweiterten Freiheitsgraden entspricht der von Wotschack (1985) beschriebene Mechanismus der „kontrollierten Autonomie", der das aus dem Widerspruch zwischen Zielbindung und Freiheit in der Wegewahl entstehende Selbstüberforderungsrisiko beschreibt, welches bei Infarktpatienten stärker ausgeprägt ist. Siegrist (1996) hat diese Wechselwirkung zwischen Verhaltensausrichtung und Anforderungssituation, die es bei der Diagnostik von arbeitsbedingten Gesundheitsrisiken in der Bewältigung von Anforderungen zu erfassen gilt, treffend beschrieben. Alle diese Befunde legen den Schluß nahe, daß herz-kreislaufgefährdendes Verhalten als individueller Bewältigungsstil aufzufassen ist, der erst bei Vorliegen äußerer Bedingungen, die individuelle Kontrollbedürfnisse stimulieren oder bedrohen, aktualisiert wird. Solche Bedingungen sind am ehesten im Berufsleben zu finden. Es drängt sich daher die Schlußfolgerung auf, koronargefährdendes Verhalten in Wechselwirkung mit berufsbiographischen Gegebenheiten zu analysieren.

Das Modell der *Gratifikationskrisen* versucht eben diese Wechselbeziehung zwischen Belastungen und Engagement einerseits und dem als frustrierend erlebten Gratifikationsentzug durch die Nichtbelohnung dieses Einsatzes andererseits zu beschreiben (Siegrist, 1996). Die mitgeteilten Längsschnittbefunde bei deutschen Industriearbeitern bestätigen eindrucksvoll die Gültigkeit dieses Gratifikationsmodells als zusätzlichen psychosozialen Prädiktor der Herz-Kreislauf-Mortalität.

In der Typ-A-Forschung wiederholt beschrieben, aber nicht zum Kern des Syndroms gezählt, sind Ermüdungs- und Erschöpfungszustände. Therapeuten berichten von den Schwierigkeiten und Widerständen des Bewußtmachens und Senkens eines dauerhaft erhöhten Aktivitätsniveaus bei Herz-Kreislauf-Patienten. Fehlendes Erleben von psychischen und physischen Erschöpfungszuständen nach fortgesetzter körperlicher Arbeit wird berichtet. Das Erleben von ermüdungs- und arbeitsbedingten Streßzuständen wird unterdrückt.

Seit längerem sind Rückbildungsstörungen psychophysiologischer Aktivierungszustände und Symptome *vitaler Erschöpfung* bekannt (Apples, 1991). Chronische Schlafstörungen werden als Frühanzeichen erhöhten Risikos schwerer kardiovaskulärer Erkrankungen angesehen.

Die arbeitspsychologische Beanspruchungsforschung hat deutlich gemacht, daß wahrscheinlich für die Diagnostik von Regulationsstörungen über die Analyse der Beanspruchungsbewältigung hinaus die Diagnostik der Erholungs- und Entspannungsprozesse besonders wesentlich ist. Leitner (1993) berichtet von Ergebnissen einer Längsschnittstudie, die verringerte gesundheitsförderliche Lernaktivitäten in der Freizeit bei fehlbeanspruchenden Tätigkeiten nachweisen konnte. Derartige Befunde sind auch aus umfangreichen Längsschnittstudien von Karasek & Theorell (1990) mitgeteilt worden. Untersuchungen zum 24-h-Monitoring bei weiblichen und männlichen Managern haben vor allem für die Noradrenalin-Ausscheidung zeigen können, daß es in den Phasen der Entspannung bei den weiblichen Führungskräften zu einer weiteren signifikanten Erhöhung der Aktivierung kommt, die für eine eingeschränkte Erholungsfähigkeit spricht (Frankenhaeuser et al., 1989).

Bei gesunden Studenten mit exzessiven Planungsambitionen ließen sich unmittelbar vor dem Einschlafen signifikante Erhöhungen des diastolischen Blutdrucks, wie auch der Kalium-Ionen-Konzentration im Speichel als Indikator erhöhter sympathikotoner Aktivierung nachweisen. Bei Studenten, die über eine schlechte Schlafqualität berichteten, war in der Messung unmittelbar nach dem Aufstehen eine Kalium-Ionen-Verminderung nachzuweisen (Rau & Richter, 1995, siehe Abb. 7.5)

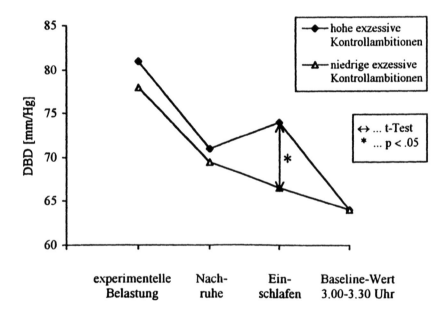

Abb. 7.5: Zusammenhang von exzessiven Planungsambitionen und diastolischem Blutdruck in verschiedenen Ruhe- und Belastungssituationen (Rau & Richter, 1995)

Die dargestellte Symptomatik läßt sich als eine spezifische Risikokonstellation der Handlungsregulation darstellen. Die bekannten Einzelsymptome ineffektiver Handlungsregulation, wie sie aus der Trainings- und Ermüdungsforschung bekannt sind, finden eine syndromartige Ausprägung im oben beschriebenen Risikoprofil auf unterschiedlichen Ebenen der Handlungsregulation. Die mit diesem Verhaltenstyp verbundenen Gesundheitsgefährdungen sind in Grenzen zu halten, wenn es durch arbeitsgestalterische, qualifikatorische und unterstützende therapeutische Maßnahmen gelingt, spezifische auslösende Bedingungen zu verringern. Das betrifft insbesondere die mit dem erhöhten Anspruchsniveau, der Geschwindigkeits- bzw. Quantitätsorientierung der Zielsetzungen und gestörten Rückmeldungsverarbeitung verbundene Tendenz zu anhaltend erhöhter Aktivierung. In Tab. 7.1 (aus Richter, Rudolf & Schmidt, 1996) ist eine Zusammenstellung therapeutischer und gestalterischer Präventionsmöglichkeiten versucht worden. Diese machen deutlich, daß es sich bei der Vermeidung der stabilen Entwicklung dieses Verhaltensmusters um ein gemeinsames Anliegen von Arbeitspsychologen, Klinischen Psychologen und Rehabilitationspsychologen handeln muß.

7.4 Arbeitsbedingte Streßquellen und Wege der Streßvermeidung

Für praktische Konsequenzen ist wesentlich, daß keineswegs jede Überforderung und noch weniger anhaltende Unterforderung zu Streß im umschriebenen Sinne führt. Es gibt also von anhaltenden Bedrohungs- und Angsterleben freie Über- und Unterforderungszustände, die zu Monotonie-, Ermüdungs- bzw. Übermüdungszuständen führen können. Das schließt ein, daß nicht jedes Infragestellen oder Vereiteln von Bedürfnisbefriedigungen (z.B. des Bedürfnisses nach abwechslungsreicher, schöpferisch nutzbaren Spielraum belassender oder sozial befriedigender Arbeit) zu Streß führt. Eine alternative Reaktion der Betroffenen ist beispielsweise das Abbauen derartiger Bedürfnisse. Insofern sind im Sinne der hier vertretenen Eingrenzung auch nicht alle Bedingungen erhöhter psychischer Beanspruchung kurzerhand Streßerzeuger oder Stressoren. Jedoch gilt: Die interindividuelle Variabilität der Art der Beanspruchungsfolgen ist bei *extremen* Ausprägungen von Belastungen eingeschränkt, und zusätzlich fehlende Freiheitsgrade für Verhaltensänderungen können Streßreaktionen auslösen.

Streß als Dauerzustand ist in jedem Ausprägungsgrad unzumutbar. Die Hauptursache für die Unzumutbarkeit von Streß ist die Schädigungs-, d.h. Erkrankungsmöglichkeit bei längerer Einwirkung. Befinden und Leistung sind darüber hinaus gleichfalls beeinträchtigt. Störungen im Sozialverhalten und in der Persönlichkeitsentwicklung sind wahrscheinlich. Daß es sich hierbei um eine Symptomatik mit Krankheitswert handelt, wird unter anderem auch daraus

Tab. 7.1: Arbeitsgestaltungs- und Therapieansätze gegen die Pathogenitätsentwicklung von Typ-A-Verhalten

Tätigkeitsaspekte	Ausprägung bei Typ-A-Verhalten	Veränderung von Arbeitsbedingungen	Personenbezogene Therapie

Zielbildung und Planung	- unscharfe Zielformulierung mit Dominanz selbstüberfordernder quantitativer Aspekte
	- inadäquate Zeitplanung, damit Zeitdruckerzeugung
	- hohes Anspruchsniveau und extremes Bedürfnis nach Kontrolle aller Arbeits-/Lebensumstände
		- Sicherung durchschaubarer und beeinflußbarer Arbeitssituationen
		- langfristige Arbeitsplanung
		- individuelle Leistungsplanung
		- selbständige Tätigkeitsvorhaben/Zeitdruck
		- Entwickeln von Prioritätenlisten
		- Reduzierung von Außensteuerung
		- Vermeidung von Über-/Unterforderung
		- Sicherung vollständiger Tätigkeiten
			- Training realistischer Tätigkeitsorganisation:
			  - qualitative Zielformulierung
			  - Werthierarchie neu ordnen und Aufhebung selbstauferlegten Zeitdrucks
			  - Entwickeln von Prioritätenlisten
			  - Training der Tätigkeitsorganisation/-planung
			- Gedankenstop-Training (Reduzierung leistungsorientierter Ängste)

Tätigkeitsausführung	- geschwindigkeitsorientiert - Neigung zu selbstüberfordernden Parallelhandlungen - hyperaktives und impulsives Vorgehen	- Organisation zur Sicherung sequentieller Arbeit (u.a. Teilschritte, Selbstkontrolle) - Erstellung qualitativer Bewertungskriterien - Flexibilität und Individualität in Arbeitsorganisationen ermöglichen	- Maßnahmen zur Senkung der Hyperaktivität (Entspannungstechniken) - Minderung der Dominanz sequentieller gegenüber paralleler Aufgabenbewältigung (Zeitmanagement-Training)
Rückmeldungsverarbeitung	- verzögerte/fehlende Verarbeitung der Rückmeldung über Befinden während der Arbeit; damit Restitutionsineffizienz	- schnelle qualitativ orientierte Leistungsrückmeldungen	- Nutzung von Biofeedbacktechniken zum Erlernen der Selbstidentifizierung von Ermüdungssymptomen

Kooperationsbereitschaft	- eingeschränkte Kooperationsfähigkeit aufgrund erhöhten Dominanzstrebens und sogenannter Aggressivität	- selbstorganisierende Teambildung	- Erlernen optimaler Formen der Bewältigung sozialer Konflikte
			  - kognitive Selbststrukturierung
			  - Training konfliktlösender Aussprachen
			- Sensibilisierung für Probleme anderer Menschen

ersichtlich, daß akute Streßreaktionen und Anpassungsstörungen in die Internationale Klassifikation der Krankheiten (1995) ICD-10 unter den Diagnosenummern Z 56.6 und Z 73.3 aufgenommen sind.

Der Verlust an Beeinflussungs- und Antizipationsmöglichkeiten hat sich als eine der entscheidenden Quellen von Streßreaktionen erwiesen. Daher muß der Gestaltung vollständiger Aufgabenstrukturen, die Vorbereitungs- und Kontrollfunktionen in die Aufgabenbewältigung integriert enthalten, ein Hauptaugenmerk auch unter dem Gesichtspunkt der Streßvermeidung beigemessen werden. Zwei Untersuchungsbeispiele sollen die positive Wirksamkeit der Realisierung des „Prinzips des aktiven Operateurs" (Savalova, Lomov, Ponomarenko, 1986) veranschaulichen.

Bei Überwachungstätigkeiten in der chemischen Industrie ließ sich ein Zusammenhang zwischen dem Streßerleben und der Häufigkeit von aus Arbeitsstudien ermittelten Prüftätigkeiten der Leitstandsmaschinisten nachweisen. Je mehr Kontrolloperationen in der Arbeitstätigkeit enthalten waren, desto geringer waren die am Schichtende auftretenden emotionalen Belastungen (Abb. 7.6)

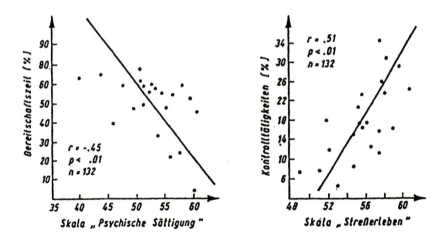

Abb. 7.6: Zusammenhang zwischen Streßerleben (ermittelt mit dem BMS II) und dem Anteil aktiver Prozeßkontrollen durch Leitstandsmaschinisten an Arbeitsplätzen in der chemischen Industrie (Beachte: über 50 erhöhte Skalenwerte im BMS-Verfahren bilden positive Befindlichkeit ab)

Die zyklisch-sequentielle Vollständigkeit ist eine der entscheidenden Gestaltungsdimensionen von Arbeitsaufgaben.

Vollständige Tätigkeitsstrukturen tragen wesentlich zur Minderung von Streßerleben bei. Das trifft vor allem für ältere Arbeitnehmer zu, die in höherem

Lebensalter unter restriktiven Arbeitsbedingungen am stärksten Streßsymptome aufweisen.

Streß-Skala (St)/ Form B

Items (Aussagen)	Skalenwerte (T)
In bestimmten Arbeitssituationen kommt es vor, daß ich Angst habe.	32
Ich fühle mich im Moment angegriffen und zermürbt.	35
Ich werde im Augenblick bei der geringsten Störung unruhig.	38
Ich fühle mich im Augenblick bei meiner Arbeit unsicher.	44
Ich bin zur Zeit leicht nervös.	47
Ich habe mich daran gewöhnt, daß an meinem Arbeitsplatz ständig etwas passieren könnte.	51
Ich versuche momentan einzugreifen, bevor es zu größeren Störungen kommt.	56
Ich reagiere auf Störungen gegenwärtig gefaßt.	59
Ich mache mir augenblicklich bei meiner Arbeit keine Mühe, Entscheidungen zu treffen.	64
Die zu treffenden Maßnahmen kann ich in Störsituationen ohne Schwierigkeiten durchführen.	67

Zusammenfassend lassen sich folgende Wege einer Streßvermeidung kennzeichnen:

1. Reduzierung belastender Tätigkeitsanforderungen und Umweltfaktoren
   - Sicherung von Freiheitsgraden in der Aufgabenrealisierung; die Einführung von Freiheitsgraden für individuelle Zielstellungen führt zu Herzfrequenz- und Blutdrucksenkungen sowie zur Minderung von Depressionen und psychosomatischen Beschwerden (Karasek & Theorell, 1990; Caplan et al., 1982).
   - arbeitsgestalterisches Schaffen von Möglichkeiten für realistische Zielsetzungen und flexible Handlungspläne;
   - Schaffung von Systemen sozialer Rückhaltes und Training sozialer Kompetenzen;
   - Vermittlung beanspruchungsoptimaler Arbeitsweisen zur aktiven Auseinandersetzung mit Aufgaben einschließlich rationeller Strategien der Arbeitszeitorganisation durch kognitive Trainingsprogramme (Rühle, 1988; Hacker & Skell, 1993);
   - organisationale Entwicklung flacher, dezentraler Strukturen, die vollständige Aufgabenstrukturen ermöglichen.

2. Veränderungen der kognitiven und emotionalen Bewertung von Anforderungssituationen
   - Änderung der subjektiven Bedeutung (Zielvalenz) von Handlungsergebnissen (Schönpflug, 1987);
   - Änderung unrealistischer Tätigkeitsmotive und Kausalattribuierungen;
   - Erwerb von Methoden der Erregungs- und Angstkontrolle, z.B. Situationsumbewertungen (Meichenbaum, 1991) und Selbstentspannungstrainings.

Die im Arbeitskreis von Epstein (Fenz & Jones, 1972) erfolgten Untersuchungen über das Aktivierungsverhalten von Sport-Fallschirmspringern verdeutlichen die Möglichkeiten einer Angstsenkung durch den Aufbau situationsadäquater Wahrnehmungen, Erwartungen sowie angemessenen Könnens.

Erfahrene, gute Springer verfügen über effektive Kontrollmechanismen von Angstzuständen, die dazu führen, daß der Gipfel der erregungsbedingten Aktivitätserhöhung vor dem Sprung bereits zum Zeitpunkt des Starts des Flugzeugs erreicht ist und von da an eine kontinuierliche Aktivitätssenkung bis zum Absprung eintritt. Damit ist offensichtlich der Einsatz optimaler Aktionsprogramme gesichert, die die Überlegenheit dieser Springer ausmachen. Im Gegensatz dazu ist bei unerfahrenen und schlechten Springern eine kontinuierliche Aktivitätssteigerung bis zum Absprung nachweisbar (Abb. 7.7).

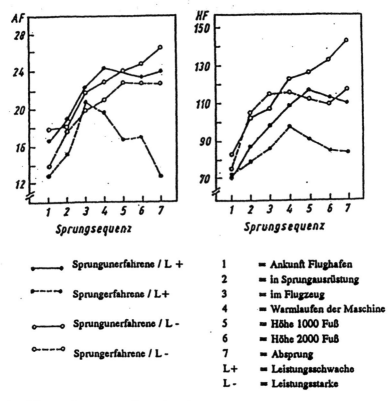

Abb. 7.7: Atemfrequenz- (AF) und Herzfrequenzwerte (HF) für eine Sprungsequenz von erfahrenen und unerfahrenen Fallschirmspringern (nach Fenz & Jones; in Nitsch, 1981)

3. Bewußtmachen und Korrektur individueller Wertehierarchien, die einseitige und ausschließlich konkurrenzorientierte Leistungsbezüge in den Vordergrund stellen.
4. Unterstützung durch medikamentöse Maßnahmen. Erfolgreich werden in der Therapie von Angst- und Erregungszuständen Pharmaka eingesetzt, die, wie die am limbischen System ansetzenden Tranquilizer, zentral aktivitätsdämpfend wirken, oder wie die Beta-Rezeptoren-Blocker überwiegend kardiale, sympathikussedierende Wirkung auslösen und darüber hinaus ebenfalls zentral wirksam werden.

Jedoch können derartige, ausschließlich symptomorientierte Maßnahmen bestenfalls als eine vorübergehende, unterstützende Maßnahme einer Streßminderung gelten.

> Der Hauptweg der Vermeidung von Streß im besonderen und psychischer Fehlbeanspruchung überhaupt ist in arbeitsgestalterischen Maßnahmen der Reduzierung von Stressoren, der Optimierung der körperlichen und geistigen Anforderungen, der Entwicklung der könnens- und einstellungsmäßigen Leistungsvoraussetzungen und dabei auch der Beeinflussung der kognitiv-emotionalen Bewertungsprozesse zu sehen.

Arbeitsgestaltung muß dabei projektierendes, nicht erst nachträglich korrigierendes Gestalten der Tätigkeitsanforderungen und der Ausführungsbedingungen beinhalten. Dabei handelt es sich nicht um eine eigene Klasse von Gestaltungsmaßnahmen, sondern um die gleichen, die sowohl der effektivitätssteigernden wie auch beanspruchungsoptimalen, persönlichkeits- und gesundheitsförderlichen Gestaltung von Arbeitstätigkeiten dienen und somit zugleich auch einen Beitrag zur primären Gesundheitsprävention leisten.

Übungsaufgaben Kapitel 7

1. Wodurch unterscheidet sich der tätigkeitspsychologische Streßbegriff von der „Eustreß/Disstreß"-Konzeption?

2. Wodurch kann Typ-A-Verhalten abgebaut werden?

3. Welche Mechanismen liegen der Streßentstehung bei eingeengten Tätigkeitsspielräumen und fehlender sozialer Unterstützung zugrunde?

8. Burnout – Spezifische Beanspruchungsfolgen dialogischer Arbeit

8.1 Begriff des Burnout

Mit Burnout oder Ausbrennen wird ein Zustand physischer und psychischer, kognitiver und emotionaler Erschöpfung in Tätigkeiten der Humandienstleistungen bezeichnet. Dabei handelt es sich vorzugsweise um Tätigkeiten, die ein langzeitiges Engagieren für andere Menschen in emotional belastenden Situationen erfordern. Die Forschung zum Burnout ist neueren Ursprungs und wird einem Anstoß durch Freudenberger (1974) zugeschrieben. Allerdings lassen sich bereits früher psychologische Untersuchungen über das Ausbrennen in insbesondere kreativen Tätigkeiten finden.

Es gibt keine allgemeingültige Definition von Burnout. Die größte Gemeinsamkeit besteht darin, daß ein Verlust an Energie mit Symptomen von Erschöpfung vorliegt, die verbunden sind mit einem verringerten Engagement der Arbeitenden (Enzmann & Kleiber, 1989). Die verschiedenen Definitionen von Burnout lassen sich in drei Gruppen ordnen, je nachdem ob die Person des Arbeitenden, die Organisations- und Arbeitsbedingungen oder die sozial-gesellschaftlichen Verhältnisse im Mittelpunkt der Analyse stehen. Da in der Regel alle drei Bereiche gemeinsam wirksam sind, ist eine strenge Trennung nicht durchzuhalten. Hier wird der Schwerpunkt auf die Organisations- und Arbeitsbedingungen gelegt, ohne die Mitwirkung der beiden anderen Sachverhaltsgruppen zu übersehen.

Am bekanntesten ist die Definition von Christina Maslach (1976). Sie definiert Burnout als ein Syndrom *emotionaler Erschöpfung, Depersonalisation* und *reduzierter Leistungsfähigkeit*, das insbesondere bei Personen auftreten könne, die mit Menschen arbeiten. Die Depersonalisation bezeichnet dabei eine gefühlsarme, abgestumpfte Reaktion auf die Empfänger der Humandienstleistungen. Das Entscheidende für das Entstehen von Burnout wird dabei im engen und anhaltenden *Kontakt mit Klienten* gesehen, woraus ein chronisches Niveau emotionaler Belastungen entstehe, die nicht ausreichend erfolgreich bewältigt werden können, was sich in der emotionalen Erschöpfung und in der Depersonalisation – im Extremfall in Form eines Zynismus gegenüber den zu betreuenden Menschen – manifestiert (Maslach & Jackson, 1978).

Das Burnout-Phänomen hat Gemeinsamkeiten mit dem Streß, ohne sich allerdings in dieser Gemeinsamkeit zu erschöpfen. Die Gemeinsamkeit mit einem wesentlichen Sachverhalt, der auch bei Streß auftritt, liegt in der Erschöpfung oder Übermüdung, während die Bereiche der Depersonalisation, der emotionalen persönlichen Betroffenheit und der persönlichen Erfüllung mehr oder weniger eigenständige Merkmalsbereiche gegenüber dem Streß darstellen (Büssing & Perrar, 1992). Neben der Gemeinsamkeit zwischen Burnout und Streß bestehen also auch deutliche Unterschiede insofern, als mit dem Grad der persönlichen Erfüllung und der Depersonalisation nicht nur unmittelbare Folgen von Arbeitsbeanspruchungen benannt sind, sondern auch Beziehungen zwischen den Motiven und Wertbereichen der Arbeitenden und ihrer Arbeitstätigkeit (Enzmann, 1994).

Bisher gibt es noch keine endgültige Übereinstimmung darüber, ob das Phänomen des Burnout ein relativ eindimensionaler Sachverhalt ist, der seinen Kern in der emotionalen und physischen Erschöpfung hat, oder ob er ein mehrdimensionaler Sachverhalt ist, der neben dieser Erschöpfung auch Depersonalisation und persönliche Erfüllung einschließt. Es gibt Hinweise darauf, daß die Zusammenhänge zwischen der Arbeitstätigkeit und dem Burnout hauptsächlich die Komponente der Erschöpfung betreffen. Dabei gibt es keine klare Abgrenzung zwischen emotionaler Erschöpfung und stark emotional getönter Übermüdung. Allerdings mehren sich Hinweise darauf, daß auch das Phänomen der Depersonalisation sowie der persönlichen Erfüllung nicht absolut beziehungslos zu der Arbeitstätigkeit sind, sondern ebenfalls aus organisationalen und arbeitsseitigen Bedingungen mitverursacht sein können.

Wenn man versucht, Besonderheiten des Burnout gegenüber den verwandten Konzepten der psychischen Ermüdung, des Monotonieerlebens, der psychischen Sättigung und des Stresses im engeren Sinne herauszuarbeiten, dann sind hauptsächlich folgende Sachverhalte hervorzuheben:
- Burnout beschreibt langzeitigere Beeinträchtigungen des Befindens und der Leistung im Unterschied zu der kurzfristigen Ermüdung und Monotonie. Burnout hat in dieser Hinsicht enge Verwandschaft mit der chronischen Ermüdungsform, die man als Erschöpfung bezeichnet (Enzmann, 1994).
- Burnout ist gekennzeichnet durch eine Kombination körperlicher, kognitiver und emotionaler Beeinträchtigungen im Unterschied zur psychischen Ermüdung, die deutlich von körperlicher Ermüdung abgrenzbar ist sowie im Unterschied zu den deutlichen Unterschieden zwischen psychischer Ermüdung und psychischer Sättigung.
- In der Kombination körperlicher, kognitiver und emotionaler Beeinträchtigungen spielt beim Burnout der emotionale Anteil zwar eine führende Rolle, ist aber andererseits nicht so dominant wie im Falle der psychischen Sättigung oder des Stresses im engeren Sinne einer arbeitsbedingten Ängstigung.

- Burnout ist im Unterschied zu den tätigkeitsunspezifischen Zuständen der Ermüdung, Monotonie, Sättigung und des Stresses berufsgruppentypisch. Burnout wird nämlich von der Mehrzahl der Autoren auf Berufe im Bereich der Humandienstleistungen, im engere Sinne auf Helferberufe, bezogen.

Burnout kann nach derzeitigem Verständnis also am ehesten umschrieben werden als ein Übergangszustand zwischen der sogenannten klinischen bzw. chronischen Ermüdungsform der Erschöpfung und dem Streß, wobei dieser Übergang hauptsächlich aus antriebsregulatorischen Aspekten herrührt.

8.2 Symptomatologie des Burnout

Faktorenanalytisch wurden besonders von Maslach und ihren Mitarbeitern (1976) sowie von Enzmann & Kleiber (1989), Büssing & Perrar (1992) sowie Burisch (1993) drei Hauptbereiche gesichert. Diese drei Hauptsymptombereiche betreffen:

a) vorwiegend emotionale Erschöpfung

Die Arbeitenden fühlen sich in ihrer Zusammenarbeit mit anderen Menschen gefühlsmäßig überfordert. Sie haben den Eindruck, ausgelaugt zu werden. Von ihnen wird – nach dem Erleben der Betroffenen – mehr herzliche Zuwendung verlangt, als sie aufzubringen in der Lage sind. Das habe seine Hauptursache darin, daß die Klienten nicht in gleichem Maße emotionale Zuwendung zurückgeben, wie sie diese von den Helfern beanspruchen.
Die Ausdrucksformen dieser emotionalen Erschöpfung sind vielfältig:
– Die Arbeitenden erleben sich als nicht geborgen im sozialen Kontakt mit anderen Menschen, als schwach und hilflos, als hoffnungsarm.
– Sie haben den Eindruck, bekümmert, unglücklich, ihrer Arbeitstätigkeit überdrüssig zu sein und
– sie können zunehmend Angst gegenüber ihrer Arbeit erleben, die sie nicht mehr entsprechend ihrer eigenen Ansprüche auszuführen sich in der Lage fühlen.

b) Reduzierte persönliche Leistungsfähigkeit

Die Arbeitenden haben das Gefühl einer abnehmenden Kompetenz für ihre eigene Arbeit und des immer weniger erfolgreichen Gelingens der Arbeitsaufgaben. Es entwickelt sich ein zunehmend negatives Selbstbild dadurch, daß die Arbeitenden sich körperlich, geistig und gefühlsmäßig erschöpft fühlen, daß sie

an Tatkraft und Idealismus verlieren, weil sie zu müde und ausgebrannt sind, und daß sie sich abgearbeitet und allmählich niedergeschlagen erleben.
Sie vermissen das oftmals bei ihnen früher vorliegende tatkräftige und optimistische Verhalten und das Erleben von glücklich gelingenden Arbeitsaufgaben.

c) *Unwilliges Verhalten gegenüber den Empfängern der Dienstleistungen („Depersonalisation")*

Die Arbeitenden und ihre Vorgesetzten und Kollegen berichten, daß sie immer weniger zur Aufnahme einer herzlichen Beziehung zu den Betreuten in der Lage seien, daß es zu einer Etikettierung der Betreuten („der Blinddarm in Zimmer 12"), zu einer Schuldzuweisung für die Schwierigkeiten oder Leiden der Klienten zu diesen Klienten selbst, zu einem zynischen Verhalten gegenüber zu Betreuenden und im Extremfall sogar zu Aggressionen gegenüber Wehrlosen kommen könne.

Mit diesen drei Hauptsymptombereichen sind psychosomatische Beschwerden unspezifischer Art sowie Schwierigkeiten im Zusammenleben in der Familie oder mit Partnern verknüpft. Desweiteren gibt es enge Zusammenhänge zum Entstehen von Niedergeschlagenheit und Angst.

Zu der Symptomatologie im weiteren Sinne gehört aus tätigkeitspsychologischer Sicht auch das Bewältigungs- oder Copingverhalten. Bei diesem Bewältigungsverhalten ist für Burnout charakteristisch, daß ein direkt problembezogenes Bewältigungsverhalten im Sinne der Veränderung der belastenden Situation und der Änderung des Verhaltens in der belastenden Situation Burnout verringert. Insofern hat das Phänomen der Depersonalisation einen positiven Wert, als es ein Abwehren emotionaler Betroffenheit durch das Ausgliedern des Betreuten aus dem Bereich der emotional verarbeiteten Sachverhalte bedeutet. Das sogenannte indirekte palliative Coping, das in der Veränderung der emotionalen Verarbeitung oder einer einfachen Verdrängung besteht, ist hingegen mit einer weiteren Zunahme von Burnout verknüpft, soweit die bisherigen Ergebnisse das erkennen lassen.

8.3 Entstehung und Ursachen von Burnout

Burnout entsteht aus einer Wechselwirkung der besonderen Arbeitsanforderungen bei dialogischer oder Humandienstleistungsarbeit mit der persönlichen Situation des Arbeitenden sowie mit seinen Persönlichkeitsmerkmalen und mit der gesamtgesellschaftlichen Situation.

Auf der Seite der *Arbeitsanforderungen* ist eine Kombination von Unter- und Überforderungen charakteristisch. Die Überlastung entsteht durch Besonderheiten des Umgangs mit Klienten. Der Arbeitsgegenstand Mensch bedingt, daß Vielfältiges zu beachten, daß ein hohes Ausmaß an Konzentration mit relativ geringen Möglichkeiten der psychischen Automatisierung gegeben ist und daß vielfältige Möglichkeiten der emotionalen Beanspruchung entstehen können. Gleichzeitig ist die Tätigkeit aber auch einförmig insofern, als sie zwar an wechselnden Menschen ausgeübt wird, aber dabei gleichartige Arbeitstätigkeiten mit zum Teil geringer Anregung häufig wiederkehren. Darüber hinaus ist der Tätigkeitsspielraum oftmals gering. Die Tätigkeiten sind zeitlich wenig vorhersehbar. Es gibt begrenzte Möglichkeiten zu selbständigem Zielverfolgen und Entscheiden, und die Tätigkeit ist inhaltlich oftmals wenig selbst beeinflußbar. Nicht selten tritt aufgrund von Rationalisierungen im Dienstleistungsbereich Zeitdruck hinzu, der insbesondere im Pflegebereich eine schwerwiegende Konsequenz hat. Sie besteht darin, daß aufgrund von Zeitdruck die Möglichkeiten menschlicher Zuwendung geringer werden, als es dem eigenen Anspruch der Arbeitenden entspricht. Schließlich ist bei den Arbeitsanforderungen an ein Zeitregime mit Schicht-, Nacht- und Wochenendarbeit zu denken, aus dem sich tiefgehende Eingriffe in die Freizeit der Arbeitenden ergeben, die ihrerseits schwerwiegende Folgen für die Entwicklung stabiler Partnerschaftsbeziehungen und den Aufbau einer Familie haben können.

Die Arbeitsanforderungen können also eine Vielzahl von Fehlbeanspruchungsrisiken enthalten. Diese arbeitsbedingte Fehlbeanspruchung ist allerdings zu einem gewichtigen Anteil ein Ergebnis defizitärer Arbeitsorganisation (Cox, Kuk & Leiter, 1993) und nicht ein unausweichliches Merkmal von Humandienstleistungen.

Neben den Besonderheiten in den Arbeitsanforderungen sind Besonderheiten in der *Berufssituation* im Bereich von Humandienstleistungen zu berücksichtigen. Zahlreiche Berufe in diesem Bereich – besonders betrifft das Berufe im Pflegebereich und im Handelssektor – sind objektiv unattraktiv wegen ihrer schlechten Bezahlung, wegen der weitgehenden Eingriffe in die Freizeit der Arbeitenden und wegen fehlender Möglichkeiten für eine Laufbahnentwicklung über die Lebensarbeitszeit.

Hinsichtlich der *persönlichen Lebenssituation* ist daran zu denken, daß die soziale Einbindung der Arbeitenden in eine eigene Familie oder stabile Partnerschaft ein wesentlicher Puffer gegenüber Arbeitsbelastungen sein kann. Für das Burnoutphänomen wird daher oftmals erwartet, daß Verheiratete und Eltern von Kindern eine günstigere Bewältigungsmöglichkeit als Ledige hätten. Auch Führungskräfte können eine solche soziale Pufferrolle übernehmen. Die bisher vorliegenden Untersuchungsergebnisse sind allerdings hinsichtlich der Puffereffekte für das Entstehen von Burnout wenig eindeutig.

Das gleiche gilt für die Rolle der Lebenssituation als eines Systems stabiler Bezüge des Arbeitenden zu freudvollen Wertbereichen wie Kunst, Kultur oder Natur. Hypothetisch wirken stabile Bezüge zu solchen Wertbereichen gleichfalls als ein Puffer gegen Burnout. Je höher die diesbezügliche individuelle Lebensqualität sei, desto niedriger sei auch die Gefahr der Burnoutentstehung.

Die Moderatorfunktion dieser beiden Einflußbereiche, also soziale Bindung und Bezüge zu Wertbereichen, ist zwar hochwahrscheinlich, aber nicht unumstritten.

Ebenfalls wenig eindeutig sind die Beziehungen zwischen *Persönlichkeitsmerkmalen* und der Burnoutgefährdung. Burnout entsteht mit größerer Wahrscheinlichkeit bei einer sogenannten finalen Berufsorientierung als bei einer instrumentellen. Eine finale Berufsorientierung bezeichnet eine Beziehung zum Beruf um seiner Aufgaben und Inhalte wegen, beispielsweise um des Helfenkönnens bei Leidenden willen; eine instrumentelle Berufsorientierung bezeichnet eine Beziehung zu einem Beruf oder einer Arbeitstätigkeit lediglich unter dem Aspekt, damit in rationeller Form Geld verdienen zu können. In der Literatur wird erläutert, daß im Falle einer instrumentellen Berufsorientierung die Wahrscheinlichkeit des Erlebens eines bedrückenden Widerspruchs zwischen den Anforderungen und den Erfüllungsmöglichkeiten mit konflikthaftem Ausgang niedriger ist. Wenig eindeutig sind die Ergebnisse zum Zusammenhang von Burnout und Geschlechtsrollen. Gelegentlich wird behauptet, daß bei Frauen die Depersonalisationsgefahr niedriger sei als bei Männern in vergleichbaren Familien- und Arbeitssituationen, weil eine pflegende Zuwendung zu anderen Menschen der Frauenrolle eher entspräche als der Männerrolle. Ebenso unklar sind Beziehungen zwischen traditionellen testpsychologischen Persönlichkeitsmerkmalen wie Intelligenz, Neurotizismus oder Rigidität und der Burnoutentstehung.

Am ehesten scheint die ihrerseits in Persönlichkeitsmerkmalen verwurzelte Berufsorientierung ein geeigneter Prädiktor für die Wahrscheinlichkeit des Entstehens von Burnout zu sein.

In *sozial-gesellschaftlicher* Hinsicht kann über komplizierte Vermittlungswege die Einordnung von Humandienstleistungen in umfassende gesellschaftliche Vorstellungen wirksam sein. Das wird am ehesten deutlich an der Veränderung des Selbstverständnisses von Pflegeberufen von einer karitativen Zuwendung zu den Leidenden hin zu der Einstellung eines marktorientierten Gesundheitsunternehmers.

Überblickt man die diskutierten Einflußmöglichkeiten, also die Arbeitsanforderungen, die Berufssituation, die persönliche Lebenssituation, die Persönlichkeitsmerkmale und die sozial-gesellschaftliche Einordnung, dann zeigt sich, daß die entscheidende Schnittstelle das Entstehen defizitärer Tätigkeitsstrukturen sein dürfte. Das *Defizit in den Tätigkeitsstrukturen* kann darin gesehen werden, daß in typischen Humandienstleistungen, insbesondere in Pflegeberufen, ein innerer Widerspruch existiert. Dieser besteht darin, daß einerseits gerade final motivierte Arbeitskräfte die Notwendigkeit einer herzlichen menschlichen Zuwendung bei der Arbeitstätigkeit selbst als ein wesentliches Merkmal ihrer Arbeitsanforderungen erleben, andererseits ihre Auslastung durch instrumentelle Aktivitäten wie Reinigen, Waschen und Verwaltungstätigkeiten, die für die eigentliche menschliche Zwendung wenig Zeit belassen, so groß ist, daß sie den eigenen Anspruch an ihre Arbeitstätigkeit nicht ausreichend erfüllen können. Das Aufgabenfeld ist in dieser Hinsicht also insofern defizitär, als es keine ausreichenden positiven Bewältigungschancen für einen erlebten beruflichen Grundwiderspruch einräumt.

In einigen Bereichen von Humandienstleistungen kann ein weiteres Defizit der Tätigkeitsstruktur hinzutreten. Dieses Defizit besteht darin, daß der Arbeitende, insbesondere bei einer finalen Berufsmotivation, mehr menschliche Zuwendung gibt, als er von seiner Klientel zurückerhält. Es gibt ein ungenügendes soziales und emotionales Feedback. Damit entsteht ein zuwendungsmäßiges Ungleichgewicht. Ausbrennen könnte bildhaft beschrieben werden als ein Auslaufen der emotionalen Zuwendungsmöglichkeit dadurch, daß in der Tätigkeit kein neuerliches Auffüllen durch zurückgegebene soziale Zuwendung möglich wird. Humandienstleistungen sind aus dieser Sichtweise unvollständige Tätigkeiten hinsichtlich des Fehlens sozial befriedigender Rückmeldungen gerade in einem auf sozialer Zuwendung fußenden Beruf.

Modell der Belastungsentstehung in Humandienstleistungen

Beanspruchungen und Belastungen in Humandienstleistungen entstehen an den zwei Schnittstellen Helfer(Arbeitender)-Klient sowie Arbeitender-Organisation und sind vielfältiger (multidimensionaler) Art. In der Bilanz von Geben und Empfangen können Ungleichgewichte des Austausches (Exchange/Equity-Theorie) an diesen zwei Schnittstellen entstehen (van Dierendonck & Schaufeli, 1994) (folgender Kasten):

a) Dem Geben von Hilfe und Fürsorge beispielsweise an den Patienten kann ein zu geringer oder fehlender Rückfluß an Dank oder Zuwendung gegenüberstehen (sog. Kernwiderspruch von Helfer-Berufen). Als Folge kann langfristig ein (körperliches und psychisches, auch emotionales) Erschöpfen auftreten, das mit einer Abwendung (Gleichgültigkeit) oder extremerweise Aversion gegen Patienten („Depersonalisation" als einstellungsmäßiges Ablösen von der Aufgabe) verbunden zu sein pflegt.

b) Dem aufopfernden Arbeiten für eine Organisation gemäß deren Forderungen und „Philosophie" (corporate identity) kann eine als unzureichend erlebte Unterstützung, Bezahlung, Laufbahnchance und angebotene Selbständigkeit (Tätigkeitsspielräume, Einflußmöglichkeiten) gegenüberstehen. Als Folge entsteht ein Rückzug aus dem Engagement für die Organisation, der sich u.a. in nachlassender Identifikation bis hin zu steigender Fluktuationswahrscheinlichkeit äußert.

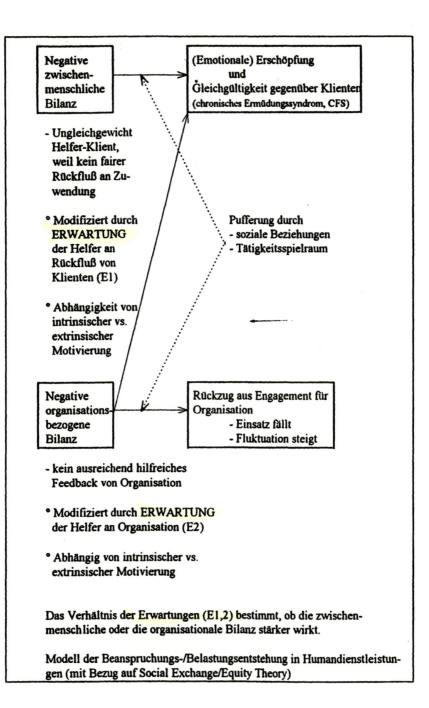

Modell der Beanspruchungs-/Belastungsentstehung in Humandienstleistungen (mit Bezug auf Social Exchange/Equity Theory)

Beide Wirkungslinien sind in diesem Modell abhängig vom Ausmaß der Erwartungen an den Rückfluß. Ob die interpersonale oder die organisationale Bilanz stärker wirken, hängt von diesen Erwartungen ab. Geringere Erwartungen an Patientenzuwendungen (z.B. bei geistig Schwerstbehinderten) verlagern den Erwartungsschwerpunkt zur Organisation.

Ungleichgewichte in beiden Bilanzen wirken nicht automatisch, sondern vermittelt und idealerweise gepuffert durch die sozialen Beziehungen, insbesondere Hilfen von Kollegen, vom Team und von Vorgesetzten (im weiteren von Familie bzw. Partnern) und durch inhaltliche und zeitliche Spielräume für eigenes Zielstellen und Entscheiden; dazu gehören u.a. auch zeitliche Dispositionsspielräume (und also Beziehungen zu Zeitdruck und damit wiederum zur Besetzung und zur materiell-räumlichen Ausstattung, welche die Wirksamkeit der Besetzung mitbedingt).

Des weiteren ist das Wirksamwerden beider Bilanzen und deren subjektiver Anteil von der Grundrichtung der Arbeitseinstellung mitbedingt (die selbst in diesem Wechselwirkungsprozeß sich entwickelt): Insbesondere interpersonale Ungleichgewichte wirken bei arbeitsinhaltlicher, auf das Patientenwohl zentrierter Arbeitseinstellung stärker als bei rein finanziell-extrinsischer. Die (emotionale) Erschöpfung und die Abwendung von Patienten sind die führenden Auswirkungen bei den Helfern. Beide bilden ein Syndrom aus mehreren Gründen:
1) Sie lassen sich Phasen der Belastungsentwicklung zuordnen: Erleben eines wachsenden Unvermögens u.a. mit Müdigkeit und Motivationsverringerung, Rückzug, Gleichgültigkeit gegenüber den Aufgaben („Depersonalisation"), (emotionale) Erschöpfung.
2) Ferner ist eine gegenläufige und schützende (Coping-)Wirkung des Rückzugs oder der „Gleichgültigkeit" in der Qualität gelingenden Abschirmens gegenüber einem erschöpfenden Mit-Leiden wahrscheinlich.

Die Phasenkonzeption verdeutlicht, daß kurzzeitige Beeinträchtigungen, insbesondere Ermüdung und psychische Sättigung als Voranzeichen mittel- und langfristiger Beeinträchtigungen (Erschöpfung als chronische Ermüdung), „Burnout" als Variante chronifizierter angstbetonter (Streß-Zustände) erfaßt werden müssen.

Die Coping-Möglichkeit verdeutlicht, daß Abwehr- oder Schutzverhaltensweisen mindestens so wesentliche Belastungsindikatoren sind wie Befinden und Beschwerden.

In dem skizzierten Modell sind schließlich Wechselwirkungen wirksam. Beispielsweise bestätigen differenzierte Langzeituntersuchungen (Enzmann, 1994; Enzmann & Kleiber, 1989), daß nicht lediglich apathische oder „undankbare" Patienten zur „Depersonalisation" der Helfer führen, sondern auch unfreundlicher oder gar inhumaner Umgang der Pfleger zu „Undankbarkeit" bzw.

geringer Zuwendung der Patienten gegenüber Pflegern. Anstelle einlinig kausaler liegen Wechselwirkungszusammenhänge vor. Am ehesten können gerichtete kausale Wirkungsanteile für die Organisationsmerkmale „Arbeit unter Zeitdruck" (d.h. personelle Unterbesetzung) sowie auch „Tätigkeitsspielräume für eigenständiges Entscheiden" (auch für das Helfen und Helfenlassen durch Kollegen, d.h. Gruppenarbeitsorganisation) gesichert werden. Der sicherste Prädiktor von Erschöpfung und Gleichgültigkeit ist Zeitdruck (Enzmann, 1994). Daher sind diese Organisationsmerkmale in der Reihenfolge ihrer Nennung die ausschlaggebenden Ansatzpunkte arbeitsgestalterischer Intervention. Dafür müssen sie in einem Analyseinstrument zunächst erfaßt werden.

In dem als Burnout bezeichneten Symptomkomplex wurden bisher neben der erörterten chronischen Ermüdung (Erschöpfung) und Gleichgültigkeit auch stabile Persönlichkeitsmerkmale, nämlich Befähigungen, miterfaßt, die zur Belastungsentstehung nach derzeitigem Wissen nicht in eindeutiger Weise beitragen und die keine Interventions(Gestaltungs)-Wege bieten; sie sollten aus einer arbeitsbezogenen Belastungsanalyse für Gestaltungszwecke daher ausgegliedert werden (Enzmann, 1994).

8.4 Ermittlung von Burnout

Die bisher übliche Diagnostik von Burnout fußt auf dem Einsatz von Fragebögen. Der bekannteste Fragebogen, der inzwischen in verbesserten Auflagen vorliegt, stammt von **Maslach & Jackson** (1978, 1986). Dieser Fragebogen ist als sogenanntes **Maslach-Burnout-Inventory** bekannt. Büssing & Perrar (Büssing & Perrar, 1992) haben eine deutsche Fassung dieses Maslach-Burnout-Inventory vorgelegt, das **MBI-D**. Ein weiterer deutschsprachiger Fragebogen stammt von Burisch (1993).

In jüngster Zeit wird versucht, die fragebogengestützte Erfassung von Burnout durch arbeitsanalytische Untersuchungen zu ergänzen. In der Arbeitsgruppe von Büssing wird dazu ein Analyseinstrument entwickelt, das die spezifischen Beanspruchungen und Belastungen von Pflegepersonal in Krankenhäusern zu erfassen gestattet (Büssing & Glaser, 1993). In eigenen Untersuchungen konnten wir zeigen (Hacker, Reinhold et al., 1997), daß mit Arbeitsanalysen mit einer ausreichenden Wahrscheinlichkeit Arbeitssituationen identifiziert werden können, die mit einer erhöhten Wahrscheinlichkeit der Entstehung von Burnout einhergehen können.

8.5 Verhütung und Vorbeugung von Burnout

Wir hatten gesehen, daß Burnout nicht auf einen einzelnen Ursachenkomplex, sondern auf eine Wechselwirkung aus Arbeitsanforderungen, Besonderheiten der Berufssituation, Auswirkungen auf die Lebenssituation, Persönlichkeitsmerkmalen und sozial-gesellschaftlichen Verhältnissen zurückgeht. Wenngleich darin die aus der Organisations- und Arbeitsgestaltung herrührenden Arbeitsanforderungen eine Schlüsselrolle spielen, so ist doch ein konzertiertes System von Maßnahmen erforderlich, wenn diesem vielseitig bedingten Phänomen prinzipiell begegnet werden soll. Welche Aspekte sind bei der Bekämpfung und Vorbeugung gemeinsam, also nicht wahlweise zu berücksichtigen?

a) Organisationsmerkmale

Mit Organisationsmerkmalen sind Merkmale des Unternehmens, also des Betriebes oder Krankenhauses gemeint, welche Anforderungen an die Arbeitenden direkt und indirekt erzeugen. Im Bereich der Humandienstleistungen handelt es sich dabei insbesondere

- um eine optimale unternehmens-organisatorische Abstimmung der Leistungsbereiche (z.B. ärztlicher, pflegerischer etc. Dienst; Cox, Kuk & Leiter, 1993),
- um eine ausreichende, tendentiell sogar leicht gepuffert Besetzung mit Personal. Nur bei ausreichender und für besondere Situationen gepufferter Besetzung ist nämlich auch ein ausreichendes Zeitbudget für jene mitmenschliche Zuwendung gesichert, die gerade für hochmotivierte Arbeitende ein wesentliches Motiv zum Ausüben dieser Arbeit und beim Fehlen eine entscheidende Quelle für das Erleben von Beanspruchung sind.
- Arbeitszeit- bzw. Schichtregelungen, die für Partnerbeziehungen, familiäre Aktivitäten sowie Freizeitneigungen ausreichend Raum belassen. Da in Humandienstleistungen Schicht-, Nacht- und Wochenendarbeit charakteristisch ist und gleichzeitig die Pufferfunktion von Freizeitneigungen und partnerschaftlichen sowie Familienbeziehungen außerordentlich hoch ist, liegt hier eine entscheidende Vorbeugungsmöglichkeit. Entgegen oftmals verbreiteten Auffassungen sollte gerade im Bereich der Humandienstleistung die Arbeit für Verheiratete besonders ermöglicht – aber nicht der Arbeitszuschnitt auf Ledige ausgelegt werden.
- Die Kombination von Über- und Unterforderung in charakteristischen Humandienstleistungen kann durch das Eröffnen von Laufbahnentwicklungen abgebaut werden. Solche Laufbahnen sollten nach einer längeren Arbeitstätigkeit das Wechseln in Spezialisierungen oder in Karrierepfade mit Aufstiegsmöglichkeiten systematisch eröffnen, um auf diese Weise in der Tätig-

keit selbst nicht ausreichend vorhandene Anregungsmöglichkeiten durch berufsbiographische Entwicklungsmöglichkeiten zu kompensieren.

Diese Beispiele für betriebs- oder unternehmensorganisatorische Gestaltungsmöglichkeiten haben zahlreiche Konsequenzen. Beispielsweise bedeuten sie, daß Einrichtungen in Regionen mit ausreichenden Angeboten für das Realisieren einer hohen kompensativen Lebensqualität angesiedelt sein sollten.

b) Arbeitsorganisatorische Bekämpfungs- und Vorbeugungsmöglichkeiten

Arbeitsorganisatorisch ist insbesondere an das Sichern von Anforderungsvielfalt zu denken. Bekanntlich hat Anforderungsvielfalt mehrere Vorteile gegenüber Anforderungseinförmigkeit. Sie besteht unter anderem im Verhüten von einseitigen Fehlbeanspruchungen, im Motivieren durch Wechsel der Tätigkeitsarten oder im Aufbau von intrinsischen Motivierungspotentialen durch das Integrieren anregungsreicher Tätigkeitsbestandteile. Eng verbunden mit dem Angebot von Anforderungsvielfalt ist das Einräumen von zeitlichen und inhaltlichen Tätigkeitsspielräumen mit der Chance eigenen Zielsetzens und Entscheidens. Ferner ist die Möglichkeit von Gruppenarbeit als eine arbeitsorganisatorische Vorbeugungsmöglichkeit zu erwägen. Dabei ist keineswegs nur an Gruppenarbeit bezüglich der Ausführung der Hauptarbeitstätigkeiten zu denken, sondern sie kann auch als in die bezahlte Arbeitstätigkeit eingebettete zusätzliche Gruppenaktivität im Sinne von Qualitäts- oder Gesundheitszirkeln gefördert werden.

c) Qualifikatorische Vorbeugungs- und Bekämpfungsmöglichkeiten

Durch eine geeignete Aus- und Weiterbildung kann dem Entstehen von Burnout in ausschlaggebender Weise vorgebeugt werden. An erster Stelle ist an das Vermitteln geeigneter Auseinandersetzungs(Coping)-Strategien zu denken. Ferner sind die bereits erwähnten laufbahnbezogenen Weiterbildungsangebote als ein Bestandteil systematischer Personalarbeit hier einzuordnen. Schließlich ist an eine systematische arbeitstätigkeitsbezogene Weiterbildung zu denken, da Burnout als eine Kombination physischer, kognitiver und emotionaler Erschöpfung wenigstens ansatzweise auch durch das Beherrschen effektiver Arbeitstechniken zurückgedrängt werden kann.

d) Bekämpfung und Vorbeugung durch das Entwickeln eines Systems der Betreuung der Betreuer (Supervisions - oder Dispensairesystem)

Insbesondere im Pflegebereich ist das Angebot eines arbeitsbezogenen Betreuungssystems für die Betreuer von ausschlaggebender Bedeutung. Bestandteile

eines solchen Betreuungsangebots, das wenigstens teilweise Bestandteil der bezahlten Arbeitszeit sein sollte, sind insbesondere
- regelmäßige Gruppendiskussionen zu Problemen der Arbeit, beispielsweise der zu betreuenden Patienten,
- wahlobligatorische Angebote von trainierenden Gruppenaktivitäten, beispielsweise als autogenes Training, als Yoga oder als gymnastisches Ausgleichstraining,
- In einigen Berufsgruppen im Bereich der Humandienstleistungen ist an das Angebot einer regelmäßigen ärztlichen Betreuung und an eine begleitende Physiotherapie zu denken. Die Notwendigkeit hierzu ergibt sich aus zahlreichen körperlichen Beschwerden, die beispielsweise für Pflegeberufe noch dominanter als das Burnoutphänomen selbst sind.

Übungsaufgabe Kapitel 8

Was sind die Besonderheiten, die Burnout von den anderen Formen negativer Beanspruchungsfolgen unterscheiden?

9 Methoden der Anforderungs- und Beanspruchungsanalyse unter Feldbedingungen

Ausführlich ist in Kapitel 3 begründet worden, daß die Polysymptomatik der Beanspruchungsfolgen Meßansätze erfordert, die eine Diagnostik von Tätigkeitsmerkmalen, Merkmalen der erlebten Beanspruchung sowie psychophysiologischer Aktivierungsparameter einschließen. Erst dann ist eine valide Differentialdiagnostik von Beanspruchungsfolgen möglich.

Im folgenden werden ausgewählte Parameter bzw. Verfahren mitgeteilt, die in der Praxis der Arbeitspsychologie bzw. Arbeitswissenschaft Anwendung finden und die nicht nur in laborexperimentellen Situationen einsetzbar sind.

9.1 Beanspruchungsrelevante Aufgabenmerkmale und Arbeitsanforderungen

Für die Bewertungsebenen der „Beeinträchtigungsfreiheit" und „Gesundheits- und Persönlichkeitsförderlichkeit" (vgl. Kapitel 1) sind in den letzten Jahren eine Vielzahl praxiseinsetzbarer Methoden entwickelt worden. Eine ausführliche vergleichende Darstellung dieser Verfahren findet sich bei Hacker (1995) und Dunkel (1996) in den Tabellen 16.1 und 16.2. Hier soll daher eine Konzentration auf Aufgaben- bzw. Tätigkeitsmerkmale erfolgen, die sich als valide Prädiktoren psychosozialer Risikofaktoren erwiesen haben und die heute mit standardisierten Verfahren leicht zu diagnostizieren sind.

Wiederholt ist auf die modular aufgebaute Verfahrensgruppe „Tätigkeitsbewertungssystem" (TBS) verwiesen worden (Hacker et al., 1995; Pohlandt et al., 1996). Die Anwendungsperspektive dieser Verfahren ist nicht nur auf Gestaltungsaspekte gerichtet, die langfristig Gesundheits- und Persönlichkeitsförderlichkeit sichern, sondern auch auf solche, die kurzfristig spezifische arbeitsbedingte Beanspruchungsfolgen auslösen. Eine rechnergestützte Version (REBA 4.0) erlaubt darüber hinaus eine Vorhersage negativer Beanspruchungsfolgen auf der Grundlage eines Regressionsmodells. Nachfolgende Tab.9.1 enthält die für die Modellbildung wesentlichen Gewichtsfaktoren, die zur Vorhersage von Ermüdung, Monotonie, Sättigung und Streß relevant sind. Ihnen kommt daher eine besondere Bedeutung für die Vermeidung dieser Beanspruchungsfolgen zu.

Tab. 9.1: Zusammenhang zwischen ausgewählten objektiven Tätigkeitsmerkmalen und kurzfristigen Fehlbeanspruchungsfolgen; standardisierte Beta-Gewichte der multiplen linearen Regressionen (n = 133; p < .05*; p < .01**)

Tätigkeitsmerkmale	Fehlbeanspruchungsfolgen			
	Psychische Ermüdung	Monotonie	Psychische Sättigung	Streß
Sequentielle Vollständigkeit		0.18**	0.16	
Wiederholungsgrad		0.34**		
Widerspruchsfreiheit	0.35**		0.28	0.24**
Rückmeldungen	0.14			
Körperliche Abwechslung	0.32**		0.29	
Verantwortungsinhalte				0.17
Gruppenverantwortung		0.17**		
Vorbildungsnutzung		0.43**	0.25	0.16
Multipler Korrel.koeffizient R	0.50	0.72	0.56	0.33
Bestimmtheitsmaß R^2	0.25	0.52	0.31	0.11

Die Höhe der multiplen Korrelationskoeffizienten läßt erkennen, daß insbesondere Folgen psychischer *Unterforderung* anhand dieser wenigen Merkmale zu 30-50 % aus einem linearen Modell vorhergesagt werden können. *Überforderungsfolgen* sind demgegenüber mit wesentlich größerer statistischer Unsicherheit vorhersagbar. Damit ist ein Minimalsatz von objektiven Aufgaben- und Anforderungsmerkmalen identifiziert, der schon frühzeitig in Entwurfsprozessen der Entwicklung von Arbeitssystemen einsetzbar ist. Zudem konnte gezeigt werden, daß diese rechnergestützte Variante des TBS-Verfahrens durch geschulte Ingenieure und Betriebswirtschaftler zuverlässig und valide genutzt werden kann.

Neben einem solchen Satz objektiver Merkmale, die durch Dokumentenanalysen und Beobachtungsinterviews ermittelbar sind, ist es für viele Untersuchungsanliegen sehr hilfreich, die erlebte Arbeitssituation zu erfassen (sogenannte „subjektive" Arbeitsanalyse-Verfahren). Hierfür ist im Rahmen der TBS-Methodik ein spezifischer Modul „TBS-Subjektiv" entwickelt worden, der den Vorteil hat, daß die Selbstbeschreibungsdimensionen identisch mit den objektiven Skalen sind. Darüber hinaus liegen eine Vielzahl von methodischen Ansätzen vor, u.a. Subjektive Arbeitsanalyse (SAA), (Udris & Alioth, 1980); Streßbezogene Arbeitsanalyse (ISTA), (Semmer, 1984); Job Diagnostic Survey (JDS), (Hackman & Oldham, 1975). In jüngster Zeit ist eine praktikable Kurzform zu den relevanten Konstrukten mit den trennschärfsten Items aus derartigen

Fragebögen zusammengestellt worden (KFZA: Prümper, Hartmannsgruber & Frese, 1995). Die nachfolgende Tabelle enthält die damit untersuchbaren beanspruchungsrelevanten Tätigkeitsmerkmale (Tab 9.2).

Tab. 9.2: Kennwerte der Skalen des KFZA (nach Prümper et al., 1995)

Faktoren	Interne Konsistenz	Anzahl der Items
Handlungsspielraum	.70	3
Vielseitigkeit	.73	3
Ganzheitlichkeit	.51	2
Soziale Rückendeckung	.76	3
Zusammenarbeit	.64	3
Qualitative Arbeitsbelastung	.40	2
Quantitative Arbeitsbelastung	.70	2
Arbeitsunterbrechungen	.44	2
Umgebungsbelastungen	.60	2
Information und Mitsprache	.70	2
Betriebliche Leistungen	.61	2

Schallberger (1995) konnte zeigen, daß derartige subjektive Arbeitsbewertungen in durchaus statistisch bedeutsamer Weise durch Persönlichkeitseigenschaften der Urteilenden beeinflußt und damit auch verzerrt werden können. Derartige Zusammenhänge sind bereits seit langem aus der Typ-A-Forschung bekannt. Personen mit einem ausgeprägten Typ-A-Syndrom teilen in viel geringerem Maße als durchschnittliche Probanden Streß- und Erschöpfungszustände mit (Richter et al., 1996).

Das ist auch ein Grund dafür, vor einer ausschließlichen Orientierung in der Streß- und Beanspruchungsforschung auf Fragebogenmethoden zu warnen. Es stehen heute eine Vielzahl von bedingungsanalysierenden (objektiven) Verfahren bereit, die mit einer Erlebensdiagnostik sinnvoll verbunden werden können. Zumal die ersteren auch häufig größere Akzeptanz bei den Gestaltern von Arbeitssystemen finden und ihre Dimensionen zumeist unmittelbar gestaltbare Arbeitsmerkmale umfassen. Ein methodologisches Grundproblem des ausschließlichen Gebrauches von Fragebogenmethoden besteht insbesondere darin, daß eher das logische Umfeld eines Konstruktes erfragt wird als tatsächliche Erlebensunterschiede.

Semmer, Zapf & Greif (1996) kommen nach umfangreichen Reanalysen von Zusammenhängen zwischen Beobachtungs- und Erlebensdaten zu dem Schluß, daß die Kombination derartiger Daten etwa 15-20 % der Varianz erlebter Beanspruchung zu erklären vermögen.

9.2 Erfassung der erlebten Beanspruchung

Seit langem ist die häufig fehlende Kongruenz zwischen Leistungs- und Befindensveränderungen im Verlaufe einer Arbeitsschicht bekannt (Poffenberger, 1928). Mit Recht wird auf den notwendigen, häufig jedoch nicht erbrachten Gültigkeitsnachweis vieler Verfahren der Erlebensskalierung kritisch hingewiesen. Vor allem Schätz-(Rating-)Skalen erfreuen sich aufgrund ihres geringen Herstellungs- und Auswertungsaufwandes und ihrer schnellen Anpaßbarkeit an unterschiedliche Fragestellungen großer Beliebtheit. Der Einsatz erfolgt häufig unkritisch. Das methodische Gewissen wird zu beruhigen versucht durch eine Ausweitung der Erlebensdimensionen, die den Arbeitskräften zur Beurteilung vorgelegt werden. Derartige Fragebögen spiegeln vielleicht nur den Bedeutungsumkreis der Begriffe, nicht aber Eigenschaften oder Zustände der urteilenden Personen wider. Vielfach wird auch die Befürchtung einer geringen Repräsentanz geäußert, da der Aussagegehalt fein gestufter Erlebensqualitäten (z.B. „angespannt", „verspannt") häufig an für die Zielgruppe der in der Industrie Beschäftigten nicht repräsentativen Studentenpopulationen skaliert und standardisiert wird.

Schätzskalen bieten noch mehr als die anspruchsvollen Fragebogen- oder Erfassungsbogenverfahren die Möglichkeit des mehrfachen Einsatzes in Phasen kurzer Tätigkeitsunterbrechungen. Damit ist in Annäherung eine Erfassung des Verlaufes der Erlebensveränderungen im Tätigkeitsvollzug möglich. Nicht zu unterschätzen sind jedoch bei einem derartigen wiederholten Einsatz, vor allem bei verbalen Ratings, Urteilsstereotypien und Tendenzen der sozialen Erwünschtheit, da den Untersuchten in der Regel bewußt sein dürfte, wie man sich nach länger dauernden Tätigkeiten „zu fühlen hat".

Vielfach ist festzustellen, daß die vorliegenden Konstruktionserfahrungen und Korrekturvorschriften für systematische Urteilsfehler nicht berücksichtigt werden. Die praktischen Reliabilitäts- und Validitätsergebnisse machen jedoch wahrscheinlich, daß sich derartige zu erwartende systematische Fehler durch exakte Instruktionen und ausreichende Motivierung der Arbeitskräfte in Grenzen halten lassen.

In Tab. 9.3 sind mehrere Verfahren zusammengestellt, die gegenwärtig im deutschen Sprachraum in der Belastungs-Beanspruchungs-Forschung häufig zur Erfassung von psychischer Anspannung und von Beanspruchungsfolgen eingesetzt werden und die den Anforderungen der Testtheorie und Psychometrie weitgehend entsprechen. Die Verfahrensdarstellung lehnt sich eng an eine Zusammenstellung von Schütte (1986) an und beinhaltet weitere Verfahrensentwicklungen.

Tab. 9.3: Zusammenstellung häufig verwendeter Skalierungsverfahren zur Erfassung der psychischen Anspannung und von Beanspruchungsfolgen ● - Kriterium erfüllt; o - Kriterium nicht erfüllt)

Verfahren	Autoren	Ziel der Messung	Skalentyp	Anzahl der Items	Parallelformen	Reliabilität	Validität	Norm-wert
Stressverarbeitungsbogen (SVF)	Janke, Erdmann & Boucsein, 1978	Stressverarbeitung	5-stufige Ratingskalen	128	o	●	●	o
Eigenzustandsskalen, EZ-Skalen	Nitsch, 1976	Komponenten des Beanspruchungserlebens	6-stufige Ratingskalen	40	o	●	●	●
Eigenschaftswörterliste (EWL)	Janke & Debus, 1978	Befindlichkeitsdiagnostik	Alternativantworten	123	●	●	●	o
Fragebogen zur subjektiven Belastung (SBUS-B)	Weyer, Hodapp & Neuhäuser, 1980	Belastungserleben	Alternativantworten	59	o	●	●	o
Fragebogen zum Belastungserleben	Künstler, 1980	arbeitsbedingte Beanspruchung	6-stufige Ratingskalen	46	o	o	o	o
BMS-Verfahren	Plath & Richter, 1984	Ermüdungs-, Montonie-, und Stressdiagnostik	Alternativantworten auf intervallskalierten Items	40	●	●	●	●
Subjektive Auwandsskala	Zijlstra, 1993; Eilers et al., 1986	mentaler Aufwand	Eindimensionale Skala	1	o	●	●	o
NASA-Load-Index	Pfendler, 1993	mentale Beanspruchung	bipolare 10-stufige Skalen	6	o	●	●	o
Berufs-Stress-Fragebogen	Spielberger & Reheiser,	belastende life events	9-stufige Ratingska	31	o	●	●	o

161

Hier sollen lediglich zwei mehrdimensional konzipierte Verfahren behandelt werden (EZ-Skala, BMS), deren Meßwerte mit den für Intervallskalen zulässigen Statistiken beschrieben und geprüft werden können.

Ausgehend von einem Itempool von 3500 Adjektiven ist von Nitsch in methodisch anspruchsvoller Weise ein Verfahren entwickelt worden, das eine anforderungsspezifische Skalierung beanspruchungsbedingter Erlebensqualitäten (Eigenzustand) erlaubt. Ausführliche Darstellungen der methodischen Entwicklung des Verfahrens, seiner Auswertung sowie der Skalenwerte sind bei Nitsch (1976) zu finden. Auf der Grundlage einer Itemanalyse (Ermittlung des durchschnittlichen Informationsgehalts der Skalen) und dem Ausschluß extrem schiefer Verteilungen blieben 91 Items übrig, die einer hierarchischen Binärstruktur-Faktorenanalyse unterzogen wurden. Schließlich wurden für die Finalskala 40 Items beibehalten, die Faktorenladungen von $a_j > .50$ aufwiesen. Die Interpretation der 14 Faktoren ist der Darstellung in Abb 9.1 zu entnehmen. Auf das zugrundeliegende Beanspruchungs-Motivationskonzept kann in diesem Zusammenhang nicht eingegangen werden. Es sei auf die Darstellung bei Nitsch (1976) verwiesen.

Die Items sind als sechsstufige monopolare Kategorienskalen aufgebaut. Die Rohwerteverteilungen werden durch eine McCall-Flächentransformation zugleich normalisiert und in Intervalldaten überführt. Die so ermittelten z-Werte werden je Faktor summiert und diese Summenwerte in Stanine-Werte transformiert, um zwischen den Faktoren, die unterschiedliche Itemmengen umfassen, eine Vergleichbarkeit herzustellen. Somit erhält jeder Faktor eine neunstufige Intensitätsausprägung, die sich aus der Anzahl und dem Ausmaß der zustimmend signierten Items ergibt. Als Reaktionsgröße wird eine normierte Differenz verwendet, die für die vorliegenden begrenzten Skalen mit konstanten Intervallen die Ausgangswertabhängigkeit beträchtlich verringern soll.

Der anforderungsunspezifische Aufbau der EZ-Skala gestattet keine unmittelbare Ableitung von Maßnahmen der Arbeitsgestaltung. Jedoch liefert das Verfahren als untersetzende Methode zu sondierenden Untersuchungsverfahren wertvolle Informationen über ausführungs- und antriebsregulatorische Erlebensqualitäten.

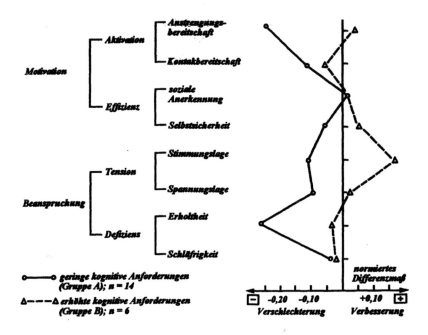

Abb. 9.1: Hierarchischer Skalenaufbau des EZ-Verfahrens (Nitsch) und Beispiel ihres arbeitspsychologischen Einsatzes (Erläuterungen im Text)

Ein Beispiel für einen derartigen Einsatz stellt nachfolgende Untersuchung dar. Für die Rekonstruktion der Schlosserei eines Großbetriebes war im Rahmen eines technologischen Projekts eine arbeitswissenschaftliche Analyse des Ist-Standes erforderlich. Die Tätigkeiten von 36 Beschäftigten wurden mit Hilfe des TBS-Verfahrens in drei ordinale Klassen nach dem Ausmaß der mit den Arbeitsaufträgen verbundenen kognitiven und sozialen Anforderungen gruppiert. Mit wachsender Höhe der Anforderungen ist ein signifikanter Rückgang von Unterforderungstendenzen und eine Erhöhung der allgemeinen Arbeitszufriedenheit sowie Bereitschaft zur Veränderung der betrieblichen Mängel nachweisbar. In Abb. 9.1 sind – aus Gründen der Übersichtlichkeit nur für die Extremgruppen dargestellt – die EZ-Profile der normierten Differenzbeträge zwischen Vor- und Nachmeßwerten enthalten. Negative Differenzen sind im Sinne von Befindensverschlechterungen zu interpretieren. Die große interindividuelle Varianz gestattete bei den kleinen Stichproben mit Ausnahme des Faktors „Motivation" auf der ersten Hierarchieebene keine statistische Sicherung. Dennoch ist deutlich zu erkennen, daß Arbeitskräfte mit unterfordernden Anforderungsprofilen (Gruppe (A)) die stärksten Befindensbeeinträchtigungen aufweisen, während es bei den Arbeitskräften mit kognitiv angereicherten Tätigkeiten (Gruppe (B)) sogar zu tendenziellen Befindensverbesserungen kommt.

Jedoch zeigen viele Untersuchungen, daß durchaus die Standardwerte, die für das Verfahren mitgeteilt werden, ausreichende Grundlage für die Bewertung von Beanspruchungszuständen sein können. Apenburg (1986) hat in einer Re-Analyse des Verfahrens zeigen können, daß die acht Basisfaktoren replizierbar sind (er schlägt eine Verringerung des Itemsatzes auf 36 vor), nicht aber die in Abb. 9.1 dargestellte Binär-Hierarchie von Faktoren höherer Ordnung.

Ein Beispiel soll die Verwendung dieser Daten verdeutlichen. In einer Untersuchung wurde das Beanspruchungserleben von Zahnärztinnen bei unterschiedlicher täglicher Arbeitszeit und in Abhängigkeit von der Berufserfahrung erfaßt (Reitemeier & Richter, 1990).

In Abb. 9.2 sind die Beanspruchungsprofile am Ende eines 12-Stunden-Dienstes einander gegenübergestellt.

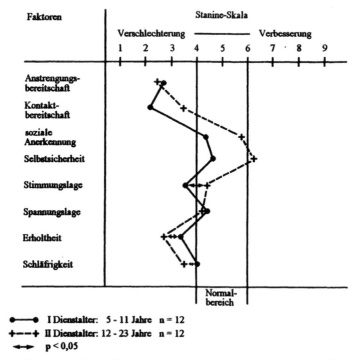

●——● I Dienstalter: 5 - 11 Jahre n = 12
+– – + II Dienstalter: 12 - 23 Jahre n = 12
↔ p < 0,05

Abb. 9.2: Eigenzustand (EZ-Skalen) am Ende von 12-Stunden-Diensten bei Zahnärztinnen in Abhängigkeit vom Dienstalter

Deutlich sind die größere motivationale Stabilität und stabile Sozialkompetenz der erfahreneren Ärztinnen zu erkennen. Jedoch lassen sie gleichzeitig signifikant stärkere ermüdungsbedingte Defizite am Ende eines derartig langen Arbeitstages erkennen.

Insbesondere, wenn häufige Meßwiederholungen erforderlich sind, eignen sich die EZ-Skalen für eine Differentialdiagnostik des Beanspruchungserlebens. Diese Differenzierung der Erlebensqualität dürfte die EZ-Skala zu einer wertvollen Ergänzung anderer Verfahren machen, die in stärkerem Maße eine beanspruchungsfolgenspezifische Intensitätsskalierung des Erlebens anstreben. Hierzu gehört das BMS-Verfahren.

Die Entwicklung des Belastungswirkungen-(B)-Monotonie-(M)-Sättigungs-(S)-Erfassungsbogens folgt der in den vorangegangenen Kapiteln dargestellten Beanspruchungskonzeption. Eine ausführliche Darstellung der Validierungsergebnisse, der Einsatzbedingungen sowie der Items einschließlich Skalenwerte ist bei Plath & Richter (1984) zu finden.

Konzeptionell war es unerläßlich, die Entwicklung eines weiteren Skalierungsverfahrens nicht nur auf die Erfassung beeinträchtigender Beanspruchungsfolgen zu beschränken, sondern ausdrücklich die Erfassung *fördernder Folgen* des Arbeitsprozesses zu ermöglichen. So ist eine methodische Verbindung zwischen den Bewertungsebenen „Beeinträchtigungsfreiheit" und „Persönlichkeitsförderlichkeit" gegeben. Darüber hinaus bietet die ausschließliche Verwendung negativ formulierter Items vor Beginn der Tätigkeit, selbst wenn eine entsprechende Likert-Skala vorgesehen ist, keine Möglichkeit einer adäquaten Selbstbeurteilung des psychophysischen Wohlbefindens, das als ein Kennzeichen eines ungestörten Restitutionsprozesses anzusehen ist.

Diesem Anliegen kommt das methodische Konzept der Methode der sukzessiven Kategorien mit ihrer Trennung zwischen der Skalierung der Intensität von Items (Stimulusskalierung) in der Konstruktionsphase und der aktuellen Befindenseinstufung (Response-Skalierung) in der Validierungsphase entgegen. Die Gültigkeit und arbeitsgestalterische Nutzbarkeit von Befindensdaten kann dadurch erhöht werden, daß anstelle anforderungsindifferenter Items *anforderungsspezifische Formulierungen* verwendet werden. Nicht zu übersehen ist jedoch, daß ein solches Verfahren stets nur für Klassen von Arbeitstätigkeiten gültig sein kann. Die zwei vorliegenden Verfahrensteile sind zum einen für Bedien- und Montagetätigkeiten (BMS-I), zum anderen für Überwachungs- und Steuertätigkeiten entwickelt worden (BMS-II).

Im Rahmen eines mehrdimensionalen Meßkonzeptes der Stabilität/Destabilität von Beanspruchungsverläufen innerhalb einer Arbeitsschicht ist der Skalierung des *aktuellen* Befindens vor der Erfassung habitualisierter Symptome der Vorrang zu geben.

Um interaktionsfreie Wiederholungsmessungen zu ermöglichen, war die Konstruktion von äquivalenten Parallelskalen zur Erfassung erlebter arbeitsbedingter Ermüdung (Belastungswirkungen), Monotonie- und Sättigungszuständen erforderlich; beim BMS-II-Verfahren ist zusätzlich eine Streß-Skala entwickelt worden.

Die Paralleltestreliabilität und Skalenäquivalenz wurde unter laborexperimentellen Bedingungen geprüft und kann als befriedigend angesehen werden (vgl. Tab. 9.4).

Tab. 9.4: Reliabilitäts- und Äquivalenzwerte der Intervallskalen des BMS I -/ BMS II - Fragebogens

Koeffizienten der Paralleltest-Reliabilität (r_{tt}), deren untere Konfindenzgrenzen (CL_{rtt}), Äquivalenzwerte (L_{mvc}) und prüfstatistische Kennwerte (p) für die drei Skalen des BMS I /B (Ermüdungsskala), M (Monotonieskala), S (Sättigungsskala); n = je 30

Skalen	Prüfwerte			
	r_{tt}	CL_{rtt}	L_{mvc}	p
B	.933	.870	.847	n.s.
M	.934	.870	.963	n.s.
S	.851	.810	.954	n.s.

Koeffizienten der Paralleltest-Reliabilität (r_{tt}), deren untere Konfindenzgrenzen (CL_{rtt}), Äquivalenzwerte (L_{mvc}), prüfstatistische Kennwerte (p) und Stichprobengröße (n) für die vier Skalen des BMS II B (Ermüdungsskala), M (Monotonieskala), S (Sättigungsskala), St (Streßskala)

Skalen	Prüfwerte				
	r_{tt}	CL_{rtt}	L_{mvc}	p	n
B	.884	.862	.618	<.10	88
M	.771	.724	.865	n.s.	89
S	.829	.796	.802	n.s.	89
St	.782	.741	.779	n.s.	90

Die kriterienbezogene Verfahrensvalidität ist in einer Vielzahl von Untersuchungen geprüft worden und kann als befriedigend eingeschätzt werden.

Auf der Grundlage dieser Befunde sind schließlich normative Grenzwerte für das Erfordernis von Maßnahmen der Arbeitsgestaltung abgeleitet worden (Plath & Richter, 1984; Tab. 9.5).

Tab. 9.5: Richtwerte und Bewertungsempfehlungen für tätigkeitsspezifische Gruppenmeßwerte (mittlere Nachmeßwerte) für die Skalen B (Ermüdung), M (Monotonie), S (Sättigung) und St (Streß) der Fragebögen BMS I und BMS II

Bewertungsstufen	Skalenwerte (x			
	B	M	S	St
A	≥ 50.0	≥ 50.0	≥ 50.0	≥ 52.0
B	49.9 - 46.0	49.9 - 48.0	49.9 - 48.0	51.0 - 50.0
C	< 46.0	< 48.0	< 48.0	< 50.0

Erläuterungen:
Stufe A: Wohlbefinden, sofern Werte nicht auf kovariierende Faktoren zurückgehen; aus dem beanspruchungsbedingten Befinden sind keine Gestaltungsnotwendigkeiten abzuleiten.
Stufe B: Leichte Beeinträchtigungen des Befindens; wenn einhergehend mit Verschlechterungen der Leistung und Anzeichen physiologischer Destabilisierung vertiefende Untersuchungen (Auftrags- und Tätigkeitsanalyse, psychophysiologischer Aktivierungsverlauf) zur Ableitung von Gestaltungsmaßnahmen erforderlich.
Stufe C: Starke Beeinträchtigung des Befindens; Maßnahmen der Arbeits- und Organisationsgestaltung (einschließlich der Gestaltung sozialer Beziehungen im Kollektiv) unerläßlich.

Bei der Verwendung des BMS-Verfahrens über ein Screeninganliegen hinaus sind unbedingt folgende *Bedingungen und Einschränkungen* zu berücksichtigen:
a) Der *Validitätsbereich* des BMS-I umfaßt Tätigkeiten vom Typ der Montage- und Bedientechnologien, der des BMS-II Überwachungs- und Steuertätigkeiten. Auch bei Bildschirmarbeit im Bürobereich ist im begrenzten Umfang Gültigkeit gegeben.
b) Es handelt sich um ein *Gruppendiagnostikum* (n>6). Individualwerte sind nicht für eine tätigkeitsbezogene Bewertung zu verwenden.
c) Eine Nutzung der Nachmeßwerte für die Beanspruchungsbewertung sollte nur erfolgen, wenn eine positive Befindenseinstufung vor Tätigkeitsbeginn vorliegt. Dabei ist jedoch auch zu berücksichtigen, daß insbesondere emotional vermittelte Zustände wie Streß und Sättigung *antizipativ* wirksam sind. Besonders bei ihnen erhalten daher die Meßwerte am Arbeitsbeginn besondere diagnostische Bedeutung.
d) Schließlich sollte eine Beanspruchungsbewertung nur auf der Basis einer *Kriterienübereinstimmung* mit Leistungsmerkmalen (und nach Möglichkeit mit physiologischen Aktivitätsparametern) erfolgen.

> Überschneidungen in den Symptombereichen erlebter Ermüdung, Monotonie und Sättigung, die sich in erhöhten Interkorrelationen entsprechender Skalen bei allen bekannten Verfahren niederschlagen, sowie eine relativ geringe Kriterienvalidität zu objektiven Daten im Leistungs- und physiologischen Bereich machen es unbedingt erforderlich, entsprechende Skalierungsverfahren als Teil eines mehrdimensionalen Meß- und Bewertungskonzepts zu verwenden.

9.3 Physiologische Aktivierungsparameter zur Ermittlung psychischer Beanspruchung

Eine der wesentlichen Fragestellungen der Beanspruchungsforschung ist die nach der Möglichkeit, Formen *physischer, mentaler (kognitiver) und emotionaler* Beanspruchung mit Hilfe psychophysiologischer Meßmethoden zu differenzieren. Die stetige wechselseitige Durchdringung dieser Aspekte im Prozeß der Anforderungsbewältigung macht deutlich, daß es sich hierbei ohnehin nur um Dominanzverschiebungen unterschiedlicher Beanspruchungsaspekte handeln kann.

Boucsein (1991, 1993) hat im Sinne einer Arbeitshypothese auf der Grundlage von Metaanalysen häufig verwendete biochemische und physiologische Parameter in ihrer bevorzugten Indikatorfunktion diesen Aspekten zugeordnet.

Aus der Tabelle 9.6 wird deutlich, daß es nicht *den* Indikator für mentale oder emotionale Beanspruchung gibt.

Vielmehr kommt es darauf an, stets fragestellungsbezogen eine Kombination von Parametern auszuwählen und diese mit der Analyse von Leistungs- und Verhaltensdaten sowie Befindensvariablen zu kombinieren.

Unter dem Gesichtspunkt des Einsatzes unter Feldbedingungen sind insbesondere Parameter der Herzfrequenz, des Blutdruckes, des Hautleitwertes, der Muskelaktivität sowie hormonelle Parameter (Cortisol, Katecholamine) in diesem Zusammenhang von Bedeutung. Anhand von Beispielen sollen im folgenden einige dieser Parameter kurz verdeutlicht werden. Ausführliche Darstellungen sind zu finden in Birbaumer & Schmidt (1996), Boucsein (1992), Hacker & Richter (1984) und Schandry (1989).

Tab. 9.6: Physiologische Parameter zur Erfassung unterschiedlicher Arten von Beanspruchung, geordnet nach zentralnervösen, kardiovaskulären, elektrodermalen, muskulären, thermoregulatorischen und endokrinen Variablen (+ bedeutet Erhöhung; - bedeutet Erniedrigung der Ausprägung in der betreffenden Variablen) (Boucsein, 1991; 1993).

Abhängige Variable	Belastungskategorien			spezifische Indikatorfunktion
	physisch	mental	emotional	
EEG Betaaktivität		+		Wachheitszustand, Aufmerksamkeit Reizverarbeitung.; + : Vigilanz
Evozierte Potentiale-Amplitude		+		- : Vigilanz
Evozierte Potentiale-Latenz				Erwartung, Reaktionsvorbereitung
langsames Gleichstrompotential				
Herzrate	+	+	+	+ : Anstrengung; - : Adaptation
				+ : Müdigkeit
Herzratenvariabilität		-	-	Konzentration, Streß
0.10 Herzkomponenten-Amplitude		-		
Arbeitspuls	+			
Atemfrequenz	+			
Fingerpulsvolumen		+	+	
Systolischer Blutdruck	+			
Diastolischer Blutdruck	+	+		
Spontanfluktuation			+	
Hautleitwert-Amplitude		+		Erwartung, Reaktionsvorbereitung
Hautleitwert-Erholungszeit		+		Ressourcenbereitstellung
Lidschlagfrequenz	+	+	+	Müdigkeit
Augenbewegungen				Übungsniveau
Pupillenerweiterung		+	+	
Elektromyogramm	+	+	+	Muskelkontraktion
Tremor	+			Müdigkeit
Kerntemperatur	+			Zirkadianer Rhythmus
Fingertemperatur			+	
Adrenalin		+	+	Anstrengung
Noradrenalin	+		+	körperliche Anstrengung
Cortisol		+	+	
Freie Fettsäuren		+	+	
Natrium-Kalium-Quotient	+		-	

Nachfolgend werden Bedingungen genannt, die erfüllt sein müssen, um derartige Aktivitätsparameter zu einer Indikation insbesondere ermüdungsbedingter Aktivitätsänderungen zu verwenden.

Im Bereich mittlerer Aktiviertheit ist in der Regel ein monotoner Zusammenhang zwischen tonischen Aktivierungsmerkmalen und dem Leistungsniveau zu finden. Nach einem Anpassungsprozeß werden Aufwand und Leistung auf ein stabiles, effektives Verhältnis abgestimmt (Konvergenzregel nach Tent, 1968).

Arbeitskräfte mit höherer Aktiviertheit, häufig durch die mittlere Herz- und Atemfrequenz bestimmt, erreichen eine höhere Handlungsgeschwindigkeit und -genauigkeit.

Wie jedoch Untersuchungen bei extremen Aktivitätszuständen zeigen, gelten diese Beziehungen nur in einem mittleren Bereich. Diese als umgekehrt (inverse) U-Funktion bekannte kurvilineare Beziehung zwischen Aktiviertheit und Leistung hat über Leistungsanalysen hinaus nur wenige konsistente psychophysiologische Bestätigungen gefunden.

Easterbrook (1959) hat für eine Klasse von Aufgaben den Versuch unternommen, diese kurvilineare Beziehung durch eine aktivitätsabhängige Variation der in der Informationsverarbeitung berücksichtigten Merkmale zu erklären. Bei niedriger Aktivität überwiegt eine herabgesetzte Merkmalsselektion, die zu einer unkritischen Verarbeitung irrelevanter Merkmale führt. Im mittleren Aktivitätsbereich ermöglicht das optimale Ausfiltern der relevanten Merkmale eine Leistungssteigerung, die bei einer weiteren Aktivitätserhöhung wieder aufgehoben wird. Unter diesen Bedingungen kommt es zu einer verstärkten Rückweisung von Merkmalen, die dazu führt, daß schließlich auch relevante Informationen unberücksichtigt bleiben und die Tätigkeitsstruktur zu zerfallen beginnt. Diese Hypothese steht in guter Übereinstimmung zu empirisch ermittelten Symptomen psychischer Ermüdung.

Durch die zusätzliche Annahme, daß sich die Schwierigkeiten von Aufgaben durch Unterschiede in den zu berücksichtigenden Merkmalsinventaren erklären lassen, folgt, daß die optimale Aktiviertheit bei leichteren Aufgaben höher als bei schweren sein müsse; eine Erwartung, die der Yerkes-Dodson-Regel entspricht.

Aus der Optimalitätsannahme des Aktivitätsniveaus folgt, daß dieses nur *anforderungsspezifisch* bestimmbar ist und damit also die Bewertung psychophysiologischer Parameter eine differenzierte Aufgaben- und Anforderungsanalyse voraussetzt.

Ein Grundproblem der Nutzung physiologischer Parameter in der Beanspruchungsforschung besteht in der Schwierigkeit der Unterscheidung von Parameterzuständen, die eine Situationsanpassung anzeigen und Parameterveränderungen des gleichen Indikators, die als Ausdruck einer beanspruchungsbedingten Aktivitätsveränderung anzusehen sind. Dabei werden im allgemeinen Desaktivierungszustände zentralnervöser Prozesse als Anzeichen psychischer Ermüdung aufgefaßt. Jedoch gehen in der Regel Aktivitätserhöhungen als Ausdruck kompensatorischer Maßnahmen Phasen der Desaktivierung voraus („Phase der labilen Kompensation").

Häufig wird in der Literatur keine Unterscheidung zwischen Merkmalen stabiler Beanspruchungszustände und ermüdungsbedingter Destabilisierung getroffen. Reine Statuskennzeichnungen von Aktivitätszuständen ohne Berücksichtigung des Zeitverlaufs erlauben keine Differenzierung zwischen Ermüdungszustand und organismischer Aufwandsdifferenzierung unterschiedlicher Schwierigkeitsgrade bei der Aufgabenbewältigung. Erhöhte Aufgabenschwierigkeit geht beispielsweise einher mit einer Desynchronisation des EEG, Herzfrequenzerhöhung oder einer erhöhten Katecholaminausscheidung.

Die Verwendbarkeit eines physiologischen Parameters über die Konstatierung eines Aktivitätszustands hinaus als Indikator zentralnervöser Ermüdung ist unerläßlich gebunden an eine Verlaufsanalyse und kann nicht auf einer Statuskennzeichnung beruhen.

Erst die nach einer Phase stabilen Aktivitätsniveaus eintretenden Destabilisierungen physiologischer Parameter können als mögliche Ermüdungserscheinungen interpretiert werden. Eine Reihe der widersprüchlichen Literaturbefunde über die Veränderungsrichtung physiologischer Meßgrößen, die als Ermüdungssymptom interpretiert werden, sind zurückzuführen auf unterschiedliche Zeitpunkte des Meßabgriffes im Beanspruchungsverlauf.

Sicherlich ist es u.a. von den Freiheitsgraden einer Tätigkeit abhängig, ob eine Kompensation beginnender Ermüdung durch eine Aufwandserhöhung oder durch die Modifikation von Handlungszielen möglich ist, bzw. ob ohne eine Phase vorübergehender Aufwandserhöhung dem Stabilitätszustand eine Desaktivierung mit entsprechenden Leistungs- und Verhaltenskorrelaten folgt, d.h., daß sowohl Aktivitätserhöhungen als auch -senkungen, beides Ausdruck von Instabilitätszuständen, als physiologische Ermüdungssymptome interpretierbar sind. Von ausschlaggebender Bedeutung für die Bewertung physiologischer Veränderungen ist ihre Übereinstimmung bzw. Korrelation mit Leistungs- und Befindensbeeinträchtigungen, die mit wachsender Handlungsdestabilisierung zunehmend einheitliche Reaktionen erkennen lassen.

Nicht zuletzt muß betont werden, daß die inhaltliche Gültigkeit physiologischer Parameterveränderungen im Zeitverlauf als Aktivitätsindikatoren nur in Abhängigkeit von der Aufgabenstruktur, besonders ihrer zeitlichen Dynamik und Kompliziertheit/Komplexität zu bestimmen ist. So weist vor allem die Herzfrequenz im Unterschied etwa zur Pupillenreaktion oder dem Hautwiderstand eine Anforderungsspezifik („gerichtete Fraktionierung") auf, die zu unterschiedlichen Reaktionsmustern bei Aufgaben mit Dominanz perzeptiver Informationsaufnahmeleistungen gegenüber solchen mit überwiegend internen Speicher- und Verarbeitungsleistungen führt.

Um *Destabilisierungen* der Aktivitätsregulation, zu denen in späteren Phasen *Desaktivierungen* hinzutreten, als ermüdungsbedingte Phänomene interpretieren zu können, ist die Berücksichtigung einer Reihe von Problemen nötig, die sich für die einzelnen zu behandelnden Indikatoren in unterschiedlichem Maße stellen, jedoch generell zu beachten sind:
- physiologische Parameter unterliegen der organismischen Homöostaseregulation, der die durch psychische Beanspruchung ausgelösten Aktivitätsänderungen „überlagert" sind;
- bei allen Merkmalen ist eine Startaktivierung und ausgeprägte Anpassungs- und Habituationsreaktion festzustellen, die zusätzliche Probleme für die Planung und Auswertung von Beanspruchungsuntersuchungen aufwerfen;
- die Abspaltungsmöglichkeiten emotional bedingter psychischer Reaktionen von solchen, die primär auf kognitive Prozesse rückführbar sind, ist für die einzelnen Parameter in unterschiedlichem Maße möglich;
- sind Leistungsverschlechterungen und Müdigkeitserleben als inhaltlich valide Merkmale anzusehen für das Vorliegen psychischer Ermüdung, so sind psychophysiologische Indikatoren zunächst nicht aus sich selbst heraus valide, sondern bedürfen einer Kriterienvalidierung an anderen Parameterbereichen.

Lidschlußfrequenz (LSF)

Die LSF nimmt eine Sonderstellung unter den hier zu besprechenden Parametern ein, unterliegt sie doch besonders stark der Verhaltenskontrolle. Zudem ist sie unmittelbar verbunden mit der aufgabenabhängigen visuellen Informationsverarbeitung.

Mit geringem technischem Aufwand ist aus dem vertikalen Elektrooculagramm durch Filterung niederfrequenter Signalanteile die Lidschlußfrequenz (LSF) abzutrennen. Bei Schmidtke (1965) sind aus der älteren Literatur uneinheitliche Befunde hinsichtlich der Indikatorfunktion der LSF zur Ermüdungsdiagnostik zusammengestellt. Auch bei diesem Indikator, dessen Interpretation durch die Möglichkeiten der unwillkürlichen und willkürlichen Beeinflussung erschwert ist, entstehen Probleme der Differenzierung zwischen der Abbildung einer stabilen beanspruchungsbedingten Aktivierung und einer eventuellen Ermüdungsindikation.

Aktivationssteigerungen, die mit internen Problemlösevorgängen bzw. erhöhter Emotionalität verbunden sind, gehen mit einer LSF-Zunahme einher. Verstärkte Aufmerksamkeitsbindung an externe visuelle Stimuli gehen mit einer LSF-Verringerung einher (Schandry, 1989; Stern, 1994). In Abhängigkeit von der Phasenstruktur von sensumotorischen Handlungen läßt die LSF eine ausgeprägte Modulation erkennen (Hacker, 1961).

Das nachfolgende Beispiel verdeutlicht diesen Zusammenhang. In Abb. 9.3 sind LSF und Spontanfluktuationen des Hautleitwertes (SCR) bei Überlandfahr-

ten hochgeübter Probanden untersucht worden (Wagner et al. 1997). LSF und SCR sind als Funktion der Kurvigkeit der Streckenabschnitte dargestellt.
Deutlich ist die Gegenläufigkeit der für beide Parameter signifikanten Veränderungen erkennbar. Mit wachsender Kurvigkeit der Strecken sinkt die LSF, während die Spontanfluktuationen des Hautleitwertes ansteigen. Dieses Beispiel verdeutlicht eine entscheidende Bedingung bei der Durchführung psychophysiologischer Untersuchungen:

> Für die Verwendung des Lidschlusses gilt ebenso wie für die Erfassung von Augenbewegungen, daß Häufigkeit, Dauer und Zeitpunkt seines Auftretens in starkem Maße durch die zu lösende Aufgabe bestimmt wird. Deren verlaufsanalytische Kontrolle ist somit unerläßliche Voraussetzung für eine Validität dieser Parameter zur Indikation psychischer Beanspruchung.

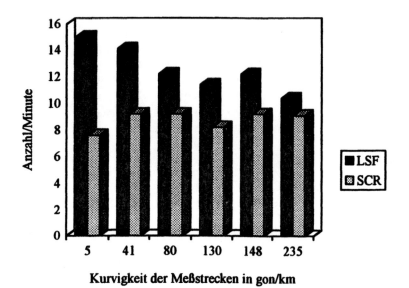

Abb. 9.3: Zusammenhang zwischen Lidschlußfrequenz (LSF), Spontanfluktuationen des Hautleitwertes (SCR) und der Kurvigkeit (gon/km)

Herzschlagfrequenz und Herzschlagvariabilität

Die Herzfrequenz als Indikator der zentralnervösen Aktiviertheit steht schon seit Beginn der Aktivierungsforschung an erster Stelle unter den physiologischen Parametern. Es kann auch weiter damit gerechnet werden, daß die Herzfrequenz in den nächsten Jahren der am häufigsten verwendete Aktivitätsparameter sein wird, gefolgt von der Analyse evozierter Potentiale im EEG.

Häufig ist aufgrund der vielfältigen homöostatischen Funktionen des kardiovaskulären Systems die Aussagekraft von Herzfrequenzmerkmalen für die Differenzierung psychischer Beanspruchungsgrade bezweifelt worden. Herzfrequenzuntersuchungen bei informationsverarbeitenden Tätigkeiten unter Feldbedingungen zeigten, daß es bei einer Bestimmtheit von kleiner als 10 % zwischen Parametern der Aufgabenschwierigkeit und der Herzfrequenz nicht mehr möglich ist, durch physische und psychische Beanspruchungsanteile bestimmte Varianzanteile gesichert voneinander zu trennen (Rohmert & Luczak, 1973). Dennoch ließ sich vielfach belegen, daß dieser geringe Veränderungsspielraum der psychisch verursachten Herzfrequenzvariabilität zuverlässig und gültig hinsichtlich seiner Beziehungen zur Intensität psychischer Beanspruchung ist.

Die entscheidende *Regelgröße* des kardiovaskulären Systems ist der *arterielle Blutdruck*. Die Regulation des arteriellen Blutdrucks erfolgt über das Herzzeitvolumen und den peripheren Gefäßwiderstand. Es ist deutlich, daß die Herzfrequenz nur eine der Stellgrößen in diesem komplexen Regelgeschehen ist. Das eigentlich „unbiologische" Vorgehen, die Herzfrequenz als einzigen Parameter des kardiovaskulären Systems in psychophysiologischen Beanspruchungsuntersuchungen zu erfassen, erfordert große Präzision in der Bedingungskontrolle (u.a. körperliche und thermische Belastungen).

Implizit wird vom Untersucher unterstellt, daß folgende Regulationsbesonderheiten, wenn schon nicht kontrolliert, so doch durch die sorgfältige Planung der Untersuchungsbedingungen bedacht werden können:
- die kompensatorischen Beziehungen zwischen Blutdruck, Herzfrequenz und peripherem Widerstand.

  In dem Bereich energetisch unbedeutender Stoffwechselerhöhungen bei kognitiven Beanspruchungen ist eine gleichsinnige tachycarde Reaktion der Herzfrequenz und des systolisch/diastolischen Blutdrucks festzustellen. Die gleiche Abhängigkeit von der Aufgabenstellung wie bei der Herzfrequenz läßt die Regulation des peripheren Gefäßwiderstands erkennen. Während interne Informationsverarbeitungen (Rechnen, Speichern) von einer sympathikotonen Vasokonstriktion begleitet sind, dominieren bei der Informationsaufnahme vasodilatatorische Veränderungen.
- Einfluß der Atmung auf die Dynamik des Kreislaufgeschehens über die medullären Regulationszentren.

  Besonders bei der Analyse phasischer Herzfrequenzreaktionen ist der mögliche Einfluß rhythmischer Blutdruckwellen von Bedeutung (Schandry,

1989). Insbesondere aufgabeninduziertes inneres Sprechen mit einer entsprechenden Atmungsmodulation bedarf einer sorgfältigen Kontrolle.

Nahezu alle Bestandteile des analogen Kurvenbildes des Elektrokardiogramms (EKG) sind in der Aktivierungsforschung bereits mit Verhaltens- und Leistungsmerkmalen in Beziehung gesetzt worden. Überwog in den 50er Jahren noch in Felduntersuchungen die relativ ungenaue photoelektrische Registrierung des Pulses/min nach dem Verfahren von Müller & Himmelmann (vgl. Lehmann, 1962), so ist heute allgemein üblich, die Dauer unmittelbar aufeinanderfolgender R-Zacken des EKG, als Herzperiodendauer (HPD) bezeichnet, zu erfassen. Mehrkanalige Meßwertspeichersysteme erlauben eine beeinträchtigungsarme Messung der HPD, selbst in Verlaufsanalysen über 24 Stunden (Fahrenberg & Myrtek, 1996).

Charakteristisches Merkmal erhöhter Schwierigkeit bei Informationsverarbeitungsprozessen ist eine *Erhöhung der Herzschlagfrequenz* (HF). Die Interpretation von verlaufsbezogenen Abnahmen oder Anstiegen der HF als Monotonie- bzw. Ermüdungsanzeichen ist ohne Kenntnis der Spezifik der kognitiven Anforderungen und ohne Kenntnis der kompensatorischen Gegenmaßnahmen gegen die erlebte Destabilisierung der Tätigkeitsregulation nicht möglich. Insbesondere bei relativ kurzen Belastungsphasen (bis zu 30 min) ist das Aktivitätsniveau bei unterschiedlich schwierigen Arbeitsanforderungen gut zu differenzieren. Längere gleichbleibende Belastungsphasen führen in der Regel zu Habituationen, in derem Verlauf es zu einer Nivellierung von Unterschieden kommt.

Besteht das Interesse an Aussagen zum Aktivierungsverlauf mit einer feineren Zeitauflösung (z.B. in Minutenbereiche), ist die mittlere HF weniger aussagefähig. Hierfür haben sich unterschiedliche Variabilitätsmaße der Herzperiodendauer als brauchbar erwiesen (Mulder & Mulder, 1980; Mulder, 1992; Veldman, 1992).

Zwei Klassen von Variabilitätskennwerten lassen sich unterscheiden:
1. Beschreibungsgrößen für die HF-Variabilität über längere Zeiträume hinweg, die den Zeitreihencharakter der HPD unberücksichtigt lassen.
Hierfür finden die Varianz der HPD oder der Variabilitätskoeffizient Verwendung.
2. Maße, die die serielle Abhängigkeit aufeinanderfolgender HPD berücksichtigen, die u.a. auf den Einfluß der respiratorischen Arhythmie, von Blutdruckwellen oder auf durch geistige Anforderungen ausgelöste Arousal-Reaktionen zurückzuführen sind. Diese Maße setzen in unterschiedlicher Weise Differenzen aufeinanderfolgender HPD in Beziehung zur Anzahl von Trendänderungen von Abschnitten monotoner Verlängerungen oder Verkürzungen der HPD. Sie bilden damit wesentlich sensibler als die gröbere Varianz

kurzzeitige Schwankungen der Herzschlagvariabilität ab. Das am häufigsten verwendete derartige Maß ist der Arhythmie-Quotient (ARQ) (Laurig & Philipp, 1970).

Die Abtrennung homöostatischer Regulationseinflüsse von psychisch verursachten Herzfrequenzänderungen ist unter streng kontrollierten Bedingungen am ehesten durch Autokorrelations- und Spektralanalysen möglich. Hierbei wird die Korrelation zwischen HPD innerhalb einer Zeitreihe bestimmt, indem der Abstand der miteinander in Beziehung gesetzten Meßwertpaare schrittweise vergrößert wird (Autokorrelation). Anschließend erfolgt eine mathematische Umsetzung (z.B. über Fourier-Analysen) der Meßwerte aus dem Zeit- in den Frequenzbereich (Spektralanalyse).

Drei Frequenzbänder werden unterschieden: Sehr langsame Veränderungen (kleiner als 0.07 Hz) werden mit der Körpertemperaturregulation in Zusammenhang gebracht. Veränderungen in einem mittleren Frequenzband um 0.10 Hz stehen in Beziehung zur Blutdruckregulation (Barorezeptor-Einwirkung). Im Frequenzbereich um 0.25 Hz bilden sich respiratorische Einflüsse ab. Der Barorezeptorenaktivität – und damit dem 0.10 Hz-Band – ist besondere Aufmerksamkeit als Indikator der geistigen Anspannung während Informationsverarbeitungsprozessen gewidmet worden. Damit ist es möglich, eine Verlaufsbewertung der Aufmerksamkeitsmodulation in Verbindung mit dem kognitiven Aufwand, der mit der Aufgabenbewältigung verbunden ist, vorzunehmen. Die untere Auflösungsschwelle dürfte bei ca. 30 Sekunden liegen. Auf die zugrunde liegenden physiologischen Mechanismen kann hier nicht eingegangen werden (vgl. ausführlich bei Mulder, 1992; Veldman, 1992; Rau & Richter, 1995). Eine Erhöhung des kognitiven Aufwands geht mit einer Amplitudensenkung im 0.10 Hz-Band einher.

Die nachfolgende Abb. 9.4 verdeutlicht die Parameter HF (hier als Reziprokwert der HPD oder Inter-Beat-Interval – IBI – dargestellt) und die Amplitude des 0.10 Hz-Bandes. Auf einem Flugsimulator waren unterschiedlich komplizierte Flugaufgaben zu bewältigen (Jorna, 1993).

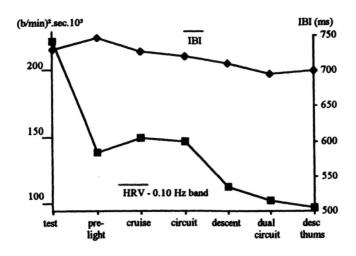

Die im Flugsimulator zu fliegende Platzrunde entsprach einer standardisierten '8'. Meßphase:

Rest	- Ruhemessung
Preflight	- Ausfüllen von Fragebögen
Cruise	- Überlandflug
Circuit	- Fliegen von Standardkurven
Descent	- Sinkflug
Dual circuit	- Doppelaufgabe (Standardkurven/Gedächtnisanforderung)
Desc. turns	- Kurven im Sinkflug

Abb. 9.4: Herzfrequenz und 0.10 Hz-Komponente in Abhängigkeit von der Schwierigkeit von simulierten Flugaufgaben (Jorna, 1993)

Mit wachsender Aufgabenschwierigkeit kommt es zu einem Anstieg der HF (Reduktion der IBI) und einer trennscharfen Amplitudenreduktion im 0.10 Hz-Band.

Bei Außendienstverkäufern ließ sich zeigen, daß die Schwierigkeitseinschätzung vor einem Kundengespräch in signifikanter Beziehung zum 0.10 Hz-Band steht. Für eine Stichprobe von n = 26 betrug die Korrelation r=-.41, p<05 (Abb. 9.5). Je größer die erwarteten Schwierigkeiten vor einem Gespräch eingeschätzt wurden, desto stärker war die Amplitudensenkung ausgeprägt (Prinz, 1995).

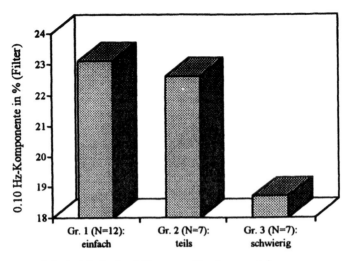

Schwierigkeitseinschätzung vor Kundengespräch:
signifikante Unterschiede zwischen Gr. 1 und Gr. 3 *
p< .05

Abb. 9.5: 0.10 Hz-Komponente (Bandpaßfilterung) am Gesprächsbeginn in Abhängigkeit von der vorher eingeschätzten Schwierigkeit des Gespräches (Prinz, 1995)

Folgende Faktoren sind zu berücksichtigen, um Veränderungen der mittleren HF oder der HPD und ihrer Variabilität im Verlaufe einer beanspruchenden Tätigkeit als durch psychische Ermüdung bedingte Stabilitätsverluste interpretieren zu können:
1. Erfassung körperlicher Aktivitäten und ihrer Auswirkungen auf die Herzfrequenz;
2. Anpassungsgrad der Untersuchungspartner an die Untersuchungssituation;
3. Analyse der Aufgabenstruktur (vor allem Komplexität / Kompliziertheit, Zeitcharakteristika);
4. Analyse interindividueller Unterschiede in der Effektivität der Tätigkeitsausführung.

Zu 1) Eine zeitsynchrone Registrierung von HPD und Tätigkeitsmerkmalen über die Arbeitsschicht hinweg gestattet eine Kontrolle der Herzfrequenzvariation bei dominierend motorischen Aktivitäten gegenüber informatorischen Arbeiten bei körperlicher Ruhigstellung. Die Analyse ausgewählter Tätigkeitskomponenten mit zumindest konstanten körperlichen Beanspruchungsanteilen erlaubt dann eine Verlaufsanalyse der HPD-Parameter über eine Arbeitsschicht.

Zu 2) Besonders die mittlere Herzfrequenz weist ausgeprägte *Anpassungserscheinungen* an die Untersuchungssituation auf. Diese sind bei Variabilitätsmaßen in weit geringerem Maße festzustellen. Dieser Anpassungseffekt tritt auch bei unter Realbedingungen arbeitenden Arbeitskräften auf, die diese Tätigkeit bereits langjährig ausüben. Am zweiten Untersuchungstag ist die mittlere HPD signifikant erhöht bzw. die HF gemindert. Es ist daher ratsam, Beanspruchungsuntersuchungen mit physiologischen Parametern nach einem Meßwertwiederholungsplan durchzuführen. Das kommt zugleich dem Validierungsanliegen der Erfassung möglicher kumulativer Ermüdungserscheinungen im Wochenverlauf entgegen.

Zu 3) und 4)
Der dominierenden Einfluß der Aufgabenstellung auf die Regulation der phasischen HF-Reaktion ist selbst unter kontrollierten Feldbedingungen nachweisbar (Richter et al., 1980). Nicht zuletzt wegen dieser gesetzmäßigen Beziehung zwischen Art der kognitiven Prozesse und Richtung der HF-Veränderungen ist die Analyse der Aufgaben und Anforderungen unerläßlicher Bestandteil der Beanspruchungsuntersuchung. Herzfrequenzsenkungen sind nicht schlechthin als Desaktivierungsanzeichen zu interpretieren. Eine derartige Bewertung von HF-Veränderungen ist nur in Abhängigkeit von den jeweiligen Tätigkeitsanforderungen möglich. Der Berücksichtigung der Gerichtetheit aktivationaler Prozesse kommt neben dem dominierenden Intensitätsaspekt besonders bei der Ermüdungsindikation ausschlaggebende Bedeutung zu.

Niveauunterschiede in Mittelwert und Streuung der HF zwischen unterschiedlichen Aufgaben liefern Informationen über Unterschiede in der Aufgabenschwierigkeit und dem damit verbundenen unterschiedlichen Bewältigungsaufwand, gestatten jedoch keine Aussage über den Grad der Ermüdung.

Dafür ist eine Analyse des Zeitverlaufs der HF-Parameter unerläßlich. Erst Parameterveränderungen gegenüber Zeitabschnitten mit relativer Parameterkonstanz sind mit einem Stabilitätsverlust der Handlungsregulation in Verbindung zu bringen.

> Entsprechend dem im Kapitel 5 vorgeschlagenen Bewertungskonzept von Ermüdungsgraden ist vor dem Auftreten von Desaktivierungszuständen mit kompensatorischen Aktivitätserhöhungen zu rechnen. Eine *Herzfrequenzerhöhung* bei Konstanz der objektiven Aufgabenschwierigkeit und der äußeren Bedingungen kann als *Ermüdungsanzeichen* auf der Stufe der *labilen Kompensation* verstanden werden. Eine danach einsetzende Herzfrequenzsenkung wäre dann als Symptom des Verlustes kompensatorischer Aktivierungsmöglichkeiten und Ausdruck *verstärkter Destabilisierung* physiologischer Regulationssysteme aufzufassen.

Unter experimentellen Bedingungen und bei motivational bedingter geringer Selbstbeanspruchung kann eine Desaktivierung unmittelbar dem Stabilitätszustand der Handlungsausführung folgen, ohne daß eine vorübergehende Aktivitätserhöhung eintritt. Diese Abhängigkeit vom Ausmaß der Selbstbeanspruchung macht die Interpretation von Herzfrequenzänderungen – und darüber hinaus die Interpretation aller physiologischen Parameter – im Verlaufe einer Arbeitsschicht schwierig.

Einheitliche Auffassungen bestehen in der Literatur hinsichtlich der Interpretation von Variabilitätserhöhungen im Tätigkeitsverlauf. Variabilitätsvergrößerungen bei konstanter oder nur geringfügig sich ändernder HF treten bei sinkender konzentrativer Zuwendung zur Tätigkeitsausführung auf und können somit als Frühanzeichen einsetzender psychischer Ermüdung verstanden werden. Diese Arhythmievergrößerung geht einher mit einer herabgesetzten Zuverlässigkeit der Tätigkeitsausführung.

> **Zusammenfassend ist festzuhalten:**
>
> 1. Eine Bewertung von Herzfrequenzveränderungen ist ohne genaue Kenntnis der Aufgaben- und Anforderungsstruktur, ohne Kenntnis des individuellen Leistungsniveaus der Arbeitskräfte und ohne exakte Kontrolle motorischer, thermischer und respiratorischer Einflüsse nicht möglich.
> 2. Die spezifische Gerichtetheit von Herzfrequenzveränderungen (bradycarde Senkung bei Informationsaufnahme; tachycarde Erhöhung bei interner Informationsverarbeitung) ist durch Anforderungsanalysen der jeweiligen Arbeitsaufgaben zu kontrollieren, um die Gültigkeit derartiger physiologischer Maße beurteilen zu können.

3. Sind die genannten Faktoren berücksichtigt, können Herzfrequenzerhöhungen bei gleichbleibenden Anforderungen nach längerer Tätigkeitsausführung als ermüdungsbedingte Stabilitätsverluste zentralnervöser Aktiviertheit interpretiert werden. Herzfrequenzsenkungen können ebenfalls, wenn eine Verursachung durch Anpassungs- und Lernvorgänge ausgeschlossen werden kann, als Ermüdungszeichen angesehen werden. Das gleiche trifft für die Erhöhung der Herzfrequenzvariabilität zu.

4. Die Verwendung von Herzfrequenzmerkmalen zur Effektivitätsbewertung von Tätigkeitsausführungen erfordert eine zeitsynchrone Erfassung des Tätigkeitsverlaufs und nach Möglichkeit auch die Erfassung von Erlebensmerkmalen.

Elektromyographische Aktivitätsindikatoren

Bioelektrische Merkmale der Muskelaktivität werden in letzter Zeit erfolgreich zur Bewertung muskulärer Beanspruchung verwendet. Seit der Entwicklung elektro-physiologischer Methoden in den 30er Jahren ist wiederholt der Versuch unternommen worden, Muskelaktionspotentiale als Aktivitätskorrelate bei geistigen Leistungen zu erfassen. Jedoch erst die Entwicklung elektronischer Integrations- und Mittelungstechniken hat diesem Parameterbereich einen breiteren Einsatz in der psycho-physiologischen Labor- und Feldforschung eröffnet.

Die Erfassung des Oberflächen-Elektromyogramms (EMG), das als relativ unscharf lokalisierbares Interferenzmuster von Einzelaktionspotentialen der Muskelfasern eines Muskels oder einer Muskelgruppe angesehen werden kann, ist mit beträchtlichem meßtechnischem Aufwand verbunden. Die Auswertungsobjektivität, die bei der herkömmlichen Ausmessung von Frequenz- und Amplitudenveränderungen nicht als gesichert angesehen werden kann, ist durch die elektronische Integrationstechnik des EMG mit anschließender Digitalisierung gewährleistet (Abb. 9.6). Ein grundsätzliches Problem der Oberflächenmyographie ist die geringe inter- und intraindividuelle Reproduzierbarkeit der Ergebnisse bei Meßwiederholungen durch Schwierigkeiten bei der genauen Lokalisation der Ableitungsorte und durch Veränderungen des Übergangswiderstandes der Hautoberfläche. Die Wahl geeigneter Muskelgruppen zur Erfassung myographischer Korrelate der zentralen Aktiviertheit bei geistiger Tätigkeit wird zudem erschwert durch Unterschiede in der Lokalisation der muskulären Anspannung, die durchaus nicht die gesamte Skelett- oder mimische Muskulatur umfaßt und inter- und intraindividuell stark variiert (z.B. Anspannungen im Schulter-Arm-Bereich, Stirn- oder Kinnmuskulatur).

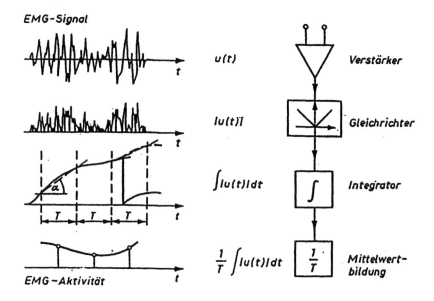

Abb. 9.6: Integration des Oberflächenmyogramms (Rau, 1977)

Mit wachsender Schwierigkeit der Aufgabenbewältigung läßt sich allgemein eine Erhöhung der EMG-Aktivität nachweisen.

Für die Tätigkeit des Videocodierens konnten Rohmert & Luczak (1973) ermüdungsbedingte Anstiege der abgeleiteten elektrischen Muskelaktivität nachweisen. Entsprechend dem gewählten hierarchischen Klassifikationsansatz von Ermüdungsstufen wurden Aktivitätsanstiege in peripher-physiologischen Meßgrößen (m.extensor digitorum, Elektrookulogramm) der Stufe stabiler Kompensation, Aktivitätsanstiege in zentralen Stammuskeln (m. rhomboidius) der Stufe labiler Kompensation zugeordnet.

Unter gut kontrollierten Feldbedingungen konnten Boucsein & Thum (1996) bei geistig anspruchsvollen Bildschirmarbeits-Tätigkeiten die aktivational unterschiedliche Wirksamkeit von Unterbrechungen während der Arbeit nachweisen (Abb. 9.7).

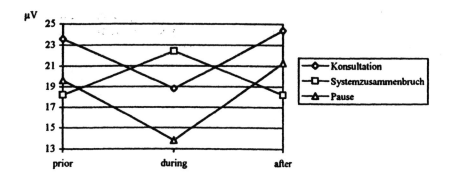

Abb. 9.7: Nacken-EMG während unterschiedlicher Arten von Unterbrechungen bei PC-Arbeit (Boucsein & Thum, 1996)

Während eine offizielle Kurzpause zu einer signifikanten Verringerung der EMG-Aktivität im Schulter-/Nacken-Bereich führt, steigt während einer erzwungenen Pause gleicher Länge durch eine Computersystem-Störung die EMG-Aktivität an.

EMG-Messungen erhalten im Zusammenhang mit den ständig zunehmenden Muskel-Skelett-Erkrankungen und Haltungsschäden besondere Bedeutung. Untersuchungen bei Boeing und Volvo haben deutlich gemacht, daß Rückenschmerzen und Muskelverspannungen über mangelhafte ergonomische Arbeitsplatzgestaltung hinaus vor allem auf Arbeitsunzufriedenheit, Autonomieverlust und mangelnde Aufgabenvariabilität, also auf Kernmerkmale psychischer Belastungen zurückgeführt werden konnten (Lundberg, 1994; Lundberg, 1996).

Biochemische Aktivitätsindikatoren

In den letzten Jahren hat sich innerhalb der Neuroendokrinologie eine eigenständige Forschungsrichtung, die *Psychoendokrinologie*, herausgebildet, die Zusammenhänge zwischen biochemischen Parametern, insbesondere den Hormonen, und zentralnervösen Aktivitätszuständen untersucht (Kirschbaum, 1991; Schedlowski, 1994).

Im folgenden soll lediglich auf die Verwendung der zumeist analysierten Katecholamine (Adrenalin und Noradrenalin) in der Aktivierungsforschung eingegangen werden. Deren Freisetzung aus dem Nebennierenmark durch das ACTH ist in Kapitel 7 beschrieben. Beide Hormone bewirken im Organismus in kürzester Zeit sympathikotone Aktivitätsveränderungen, wie z.B. eine Erhöhung der Kreislaufaktivität und eine Glykogenmobilisierung. Jede durch körperliche und geistige Tätigkeit ausgelöste Aktivitätserhöhung geht mit einer Erhöhung der Plasmakatecholamine einher, in deren Folge eine verstärkte Adrenalin- und Noradrenalinausscheidung im Urin nachweisbar ist. Die quantitative Analyse eines ihrer Abbauprodukte, der Vanillinmandelsäure, wird als zuverlässige Nachweismethode von Streßreaktionen empfohlen. Die geringen Belästigungen während der Untersuchung (Sammelurin in größeren Zeitintervallen) hat dieses Meßverfahren zu einer Routinemethode für Felduntersuchungen werden lassen. Jedoch erfordert die Parametergewinnung aus dem Urin (die Plasmakatecholaminbestimmung ist gegenwärtig noch sehr unzuverlässig) ein relativ grobes zeitliches Erfassungsraster und schränkt damit die differenzierten Verlaufsanalysen zur Bestimmung zeitlicher Beanspruchungsprofile ein. Die Verwendung der Katecholaminausscheidung als Meßverfahren des Aktivitätsniveaus erfordert die sorgfältige Kontrolle einer Reihe von Faktoren (u.a. Tee- und Kaffeegenuß, Rauchen, körperliche Beanspruchung).

Wie schon bei der Behandlung der bioelektrischen Korrelate der Aktivierung betont worden ist, stellt auch hier die Trennung der Anpassungseffekte von ermüdungsbedingten Aktivitätsveränderungen ein methodisches Problem dar.

Ist nach Abschluß von Anpassungsprozessen ein stabiles tätigkeitsspezifisches Aktivitätsniveau erreicht, gestattet die Ausscheidungsrate der Katecholamine eine Differenzierung des kognitiven und emotionalen Aufwandes bei der Bewältigung unterschiedlich schwieriger Aufgaben. Eine Vielzahl derartiger Untersuchungen liegen vor.

Untersuchungen, die zeitliche Veränderungen von Katecholaminausscheidungen als Indikator über- oder unterfordernder Arbeitstätigkeiten verwendeten, sind vor allem aus dem Arbeitskreis von Frankenhaeuser bekannt (Frankenhaeuser et al., 1989). Überfordernde Tätigkeitssituationen sind gekennzeichnet durch einen Anstieg vor allem der Adrenalin-Ausscheidung während der Arbeitszeit gegenüber Kontrollbedingungen.

Zur Verdeutlichung sei hier eine Felduntersuchung bei Sägewerksarbeitern mit unterschiedlich beanspruchenden Arbeitsinhalten dargestellt (Johansson, Aronsson & Lindström, 1978). Eine Untersuchungsgruppe von 14 Arbeitern mit Tätigkeiten, die durch einen hohen Wiederholungsgrad, Taktbindung und Daueraufmerksamkeit gekennzeichnet waren, wurde eine Kontrollgruppe von 10 Arbeitskräften mit flexibler Arbeitseinbindung gegenübergestellt. Die körperlichen Belastungen, Einhaltung der Ruhebedingungen und Standardisierung des Untersuchungstages beider Gruppen waren vergleichbar (Abb. 9.8).

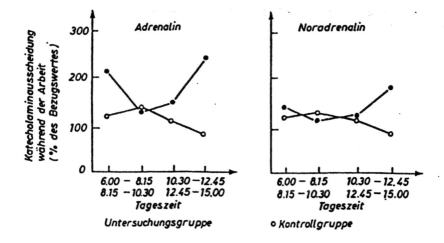

Abb. 9.8: Adrenalin- und Noradrenalinausscheidung in einer Untersuchungs- und Kontrollgruppe von Sägewerksarbeitern während der Arbeitsschicht (Johansson, Aronsson & Lindström, 1978), Untersuchungsgruppe: n=14, Kontrollgruppe: n=10

Nach einer anfänglichen Anpassungsreaktion der Untersuchungsgruppe erhöhte sich die Adrenalin- und Noradrenalin-Ausscheidung während der Arbeitsschicht signifikant. Die Kontrollgruppe wies demgegenüber ab der zweiten Schichtstunde einen monotonen Abfall auf. Die Tätigkeit der Untersuchungsgruppe, die sowohl durch qualitative Unterforderung als auch quantitative Überforderung gekennzeichnet war, kann offensichtlich nur durch eine kompensatorische Mobilisierung adaptiver biochemischer Prozesse bewältigt werden. Derartiges instabiles Aktivierungsverhalten ist langfristig gesundheitsschädigend. Die Erhöhung psychosomatischer Störungen und der Fehlzeiten der Untersuchungsgruppe gegenüber der Kontrollgruppe sind ein Hinweis auf bereits eingetretene chronische organische Beeinträchtigungen.

Neue methodische Entwicklungen der Streß- und Beanspruchungsforschung sind auf ein Langzeitmonitoring des Befindens und physiologischer Aktivierungszustände gerichtet, um nicht nur immer kürzer werdende Segmente von Erwerbstätigkeit zu untersuchen, sondern Störungen im gesamten Lebenszyklus, insbesondere während der Erholungsphasen, der Bewertung zugrunde legen zu können (Fahrenberg & Myrtek, 1996). Hierzu sind in der schon genannten Arbeitsgruppe um Marianne Frankenhaeuser in Stockholm im Rahmen des 'Total Workload'-Ansatzes vielfältige Untersuchungen durchgeführt worden. Auch zur Bewertung derartiger Arbeits-Erholungs-Zyklen erwiesen sich die Katecholamine als besonders valide Indikatoren.

Eine Untersuchung von Managern bei der Autofirma Volvo zeigt den geschlechtsspezifischen unterschiedlichen Aktivierungsverlauf bei Männern und Frauen. Während bei den Männern die Ausschüttung von Noradrenalin nach Beendigung der Arbeit zurückgeht, steigen die ohnehin höheren Werte bei den Managerinnen nach der Berufsarbeit weiterhin an, aller Wahrscheinlichkeit Ausdruck der zusätzlichen Belastungen durch Haushaltsarbeit (Abb. 9.9, Frankenhaeuser et al., 1989; Frankenhaeuser, 1993).

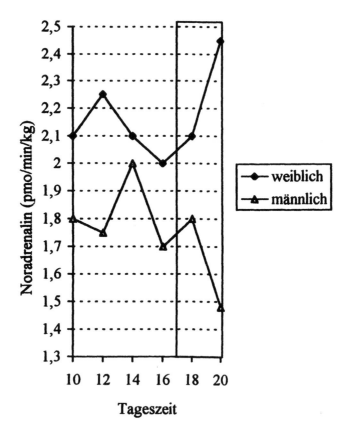

Abb. 9.9: Noradrenalinausschüttung im Tagesverlauf bei männlichen und weiblichen Managern (Frankenhaeuser, 1993)

In den letzten Jahren hat die Diagnostik biochemischer Parameter aus dem Speichel großes Interesse gefunden, da sich damit eine noninvasive Technik eröffnet, die unter Feldbedingungen wesentlich leichter als Urin- oder Blutanalysen einsetzbar ist. Besondere Aufmerksamkeit hat dabei die Untersuchung des *Speichel-Cortisols* gefunden (Kirschbaum, 1991; Kirschbaum & Hellhammer, 1994). Unter psychischer Belastung wurden bei Piloten, Kraftwerksoperateuren und Managern wiederholt erhöhte Cortisolausscheidungen festgestellt (Kakimoto et al., 1988; Schreinicke et al., 1993). Die stark ausgeprägte Biorhythmik dieses Parameters (monoton fallender Trend der Hormonausschüttung über den Tag) stellt besondere Anforderungen an eine exakte Bedingungskontrolle, um damit Beanspruchungseffekte messen zu können.

Neuerdings findet auch die Analyse der untersuchungsökonomisch günstig zu bewertenden *Speichel-Elektrolyte Kalium* und *Natrium* in der Streß- und Beanspruchungsforschung Anwendung. Nach sorgfältiger Kontrolle der Analysebedingungen (insbesondere der Standardisierung der Speichelsammlung) spricht ein Anstieg der *Kaliumionen*-Konzentration für eine erhöhte sympathikoton vermittelte Aktivitätssteigerung, während ein Abfall der *Natriumionen*-Konzentration eher für das Vorliegen chronischer emotionaler Streßzustände sprechen soll (Hinton et al., 1992; Richter et al., 1995; Rau & Richter, 1995).

Bei hinlänglicher Kontrolle von Standardisierungsbedingungen, Homogenisierung von Untersuchungsgruppen und der Trennung von Anpassungs- und Ermüdungsreaktionen ist für Felduntersuchungen in den nächsten Jahren mit einer verstärkten Verwendung insbesondere von Speichelparametern bei der Identifizierung von differentialpsychologischen Unterschieden in den Beanspruchungsreaktionen und Erholungsvorgängen von Belastungen zu rechnen.

Übungsaufgaben Kapitel 9

1. Welche objektiven und subjektiven Merkmale der Arbeitstätigkeit sind für die Diagnostik von Beanspruchungsfolgen von besonderer Bedeutung?
2. Wodurch zeichnen sich die EZ-Skalen gegenüber anderen Skalierungsverfahren psychischer Beanspruchung aus?
3. Welche physiologischen Parameter sind unter Feldbedingungen zur Aktivierungsdiagnostik verwendbar?
4. Was ist methodisch zu berücksichtigen, um Aktivierungsveränderungen als Ermüdungsanzeichen zu interpretieren?

10. Vorgehen der Beanspruchungsuntersuchung unter Feldbedingungen

In den Tabellen 10.1 und 10.2 sind aufbauend auf den detaillierten Darstellungen dieses Textes methodische Vorschläge für die Analyse und Bewertung von Belastungen und Beanspruchungen unter Feldbedingungen zusammengestellt worden. Diese Empfehlungen beruhen auf den dargestellten methodischen Möglichkeiten und Grenzen der einzelnen Parameterbereiche. Dabei erfolgt vor allem bei den physiologischen Parametern eine Beschränkung auf gegenwärtig unter Feldbedingungen einsetzbare Verfahren.

Ausgangspunkt einer Untersuchung wird in jedem Falle eine Grobanalyse sein, um zu prüfen, ob es sich bei der fraglichen Problemstellung überhaupt um Fragen von Fehlbeanspruchungen handelt oder ob nicht vielmehr andere Ursachen hinter dem beispielsweise erhöhten Krankenstand, der verminderten Arbeitszufriedenheit oder den Qualitätsproblemen zu suchen sind. Auch die Abgrenzung zwischen den unterschiedlichen Formen psychischer Fehlbeanspruchung ist in der Regel bereits mit den Methoden einer solchen Grobanalyse möglich. Sind die Ursachen der Fehlbeanspruchung bereits auf einer solchen Analysestufe offensichtlich – dies wird durchaus bei vielen Fragestellungen der Fall sein – erübrigt sich vielfach der hohe analytische Aufwand vertiefender Untersuchungen.

Es mehren sich aber durchaus Fragestellungen, die eine spezielle psychophysiologische Aufwandsdiagnostik erfordern, um zum Beispiel bei der Auslegung des Personals für Überwachungs- und Steueranlagen hochautomatisierter Systeme oder bei deren Zuverlässigkeitsabschätzung valide Aussagen zu erhalten.

Tab. 10.1: Vorschlag des methodischen Vorgehens für eine Grobanalyse psychischer Fehlbeanspruchungen.

Analyseaspekte	Methoden	Kovariablen-Kontrolle

1. Prüfen, ob Problemstellung auf psychische Fehlbeanspruchung zurückzuführen	- Krankenstandsanalyse
	  • Altersstandardisierung
	  • Fallzahl / Jahr
	- Fluktuationsanalyse
	- Arbeitszufriedenheitsanalyse (Neuberger & Allerbeck, 1978; Bruggemann, 1972)
	- psychosomatische Beschwerden (FBL: Fahrenberg, 1994)
	- Analyse ergonomischer Faktoren (AET: Rohmert & Landau, 1978)
	- Körperliche Beanspruchung
	  • Schätztabellen
	  • Herzfrequenz
		- soziodemographische Faktoren
		- sozial-politische Rahmenbedingungen

2. Identifizierung der Art psychischer Fehlbeanspruchungen	- orientierende Tätigkeitsanalyse (REBA 4.0: Pohlandt et al., 1996) - subjektive Arbeitsanalyse (SAA: Udris & Alioth, 1980; KFZA: Prümper et al., 1996) - TBS-S (Hacker et al., 1995)	- Persönlichkeitsmerkmale (u.a. Leistungsmotivation, Neurotizismus, Typ-A)
3. Ermittlung des Anforderungsprofils	- Tätigkeitsbewertungssysteme (TBS: Hacker et al., 1995; VERA/RHIA: Volpert et al., 1983, 1987) - stationäre Tätigkeitsanalyse	
4. Stichprobenauswahl für nachfogende Feinanalyse	- Auswahl der Untersuchungspopulation n > 5; Leistungsanalyse (n > 6 Monate) - Auswahl einer Vergleichsgruppe	- vergleichbare körperliche und geistige Anforderungen

5. Plan einer Untersuchung für differenzierte Analyse

	Meßwiederholung		
	1. Tag	2. Tag	Vergleichsgruppe
leistungsstarke Arbeitskräfte			
leistungsschwache Arbeitskräfte			

Tab. 10.2: Vorschlag des methodischen Vorgehens für eine differenzierte Analyse psychischer Beanspruchung.

Analyseaspekte	Methoden	Kovariablen
1. Analyse des Arbeitsauftrages	- Aufbau und Ablauforganisation von Arbeitsaufträgen	
2. Analyse der Arbeitsanforderungen	- Tätigkeitsinventare, Kognitive Mikroanalyse, Bewegungsanalyse, Anforderungsprofile (TAI: Frieling et al., 1993; TBS-O, TBS-GA, TBS-S: Hacker et al., 1995) - Messung der körperlichen Schwere der Arbeit (HF, EMG) - Diagnostik der Qualität operativer Abbildsysteme (Skalierungsverfahren)	- Auftragskontinuität - Stichprobenmerkmale: Alter, Körper, Gewicht
3. Analyse des Beanspruchungsverlaufes		

3.1. Tätigkeitsverlaufsanalyse	* zeitbezogene Mengen- und Fehleranalysen: Zuverlässigkeitsanalysen
	
	* leistungsbestimmende Teiltätigkeiten: %-Anteil operativer und Vorbereitungsanteile; Erholungszeiten
	* Mittelwert und Streuung leistungsbestimmender Teiltätigkeiten im Schichtverlauf
	* Analyse von Handlungsblockierungen
	* Korrekturhandlungen; Strategieanalyse im Schichtverlauf
	* Verhaltensmerkmale:
	  - Blickabwendungen
	  - Kontrollblicke
	  - Kürzestpausen
	  - informelle Kommunikation
		- Auftragskontinuität
		- Konstanz leistungsbestimmender Parameter
		- Konstanz der Produktionsbedingungen
		- Qualifikationsniveau
		
		- objektive Freiheitsgrade

3.2. Analyse von Befindensänderungen	* aktuelle Befindensbeeinträchtigungen
	  - BMS-Verfahren (Plath & Richter, 1984)
	  - EZ-Skalen (Nitsch, 1976)
	  - NASA Load Index (Pfendler, 1990)
		- Motivation
		- Neurotizismus
		- Typ-A Ausprägung
		- Rigidität

3.3. Physiologische Aktivierungsparameter	* Parameter der Herzfrequenz * EMG-Aktivität * Blutdruck * Speichel-Cortisol * Speichel-Elektrolyte	- Situationsanpassung - Übungsniveau - Gesundheit - Biorhythmik - Ernährung - Rauchen
4. Analyse der Erholungsvorgänge in der arbeitsfreien Zeit	* Zeitbudget-Analysen: Tage über eine Woche * Schlafqualität * Erholungsfähigkeit	- Geschlecht - Qualifikation - Wohnsituation
5. Analyse anforderungsspezifischer Leistungsvoraussetzungen	* Erfassung interindividueller Unterschiede für Homogenisierung der Untersuchungsgruppen * nachträgliche Stichprobenschichtung	- Alter - Qualifikation
6. Bewertung des Ausmaßes psychischer Fehlbeanspruchungen	* Stabilitätsverlauf leistungsbestimmender Tätigkeitsmerkmale * Grade der Ermüdungs- und Monotoniezustände * Destabilisierungen physiologischer Reaktionen	
7. Evaluationen der Veränderungsmaßnahmen (Arbeitsinhalt, Arbeitszeit, Training)	* Methoden aus Punkt 3 * Prüfung der externen Validität	- sozialpsychologische Effekte

Nicht zu leisten vermag die hier skizzierte Methodik gegenwärtig:

- eine metrische Bestimmung des Ausmaßes psychischer Fehlbeanspruchungen. Das Fehlen einer eindimensionalen Metrik, die sich bei der Polysymptomatik auch ausschließt, zwingt dazu, Parameterbereiche mit unterschiedlichem Skalenniveau auf der Ebene ordinaler Stabilitätszustände zu beschreiben und damit ein dimensionsloses Ordinalmaß einzuführen. Dennoch erlauben ordinale Klassifikationsansätze (Rohmert & Luczak, 1973), Musteranalysen mit Hilfe der Theorie unscharfer Mengen (Richter & Straube, 1988) oder von Wirkungsgrad-Diagrammen von Leistung und Aufwand (Richter & Grunert, 1991) eine ausreichend valide Zustandsbewertung.
- Nicht möglich sind derzeit auch die Angabe von Normativen zumutbarer Ermüdungs- oder Streßzustände. Die erforderlichen Methoden, um prognostische Aussagen über Befindensveränderungen und die Stabilität psycho-

physiologischer Regulationssysteme zu machen, sind erst in Ansätzen entwickelt und im Labor weiter zu validieren. Dennoch erlaubt die in Kapitel 9.1. erwähnte Software-Methodik REBA 4.0 für die aus Projektunterlagen vorherzusagenden wahrscheinlichen Beanspruchungsfolgen bereits eine durchaus praktisch verwendbare Näherung an eine prognostische Bewertung.
- Nicht möglich sind beim gegenwärtigen differential-psychologischen Wissensstand individuelle Prognosen über zu erwartende Ermüdungszustände. Die bisherigen Methoden gestatten lediglich Gruppenaussagen über wahrscheinlich auftretende Fehlbeanspruchungen.

Welche Praxisanliegen sind beim gegenwärtigen Wissensstand beantwortbar?
- Die Identifizierung des Vorliegens psychischer Fehlbeanspruchungen; die Identifizierung der Art der Fehlbeanspruchung und der Spezifik beeinträchtigender Folgen (psychische Ermüdung, Monotonie, Sättigung, Streß, Burnout). Die trennscharfe Bestimmung des Vorliegens psychischer Ermüdung oder Monotonie ermöglicht die Einleitung gezielter Bekämpfungsmaßnahmen.
- Für ausgewählte Tätigkeitsklassen ist eine Stufung des Ausmaßes psychischer Ermüdung möglich.
Ein vorläufiger Grenzwert für zumutbare Ermüdungsgrade liegt vor.
- Eine Ordinalreihung von Tätigkeiten nach dem Grad ihrer Gestaltungsbedürftigkeit ist möglich.
- Eine Identifizierung der Hauptquellen, die psychische Fehlbeanspruchung auslösen können.

Weitere Anstrengungen sind erforderlich, um für eine Realisierung des Prinzips der Projektierung von Arbeitstätigkeiten eine Systematik be- bzw. entlastender kognitiver Leistungen und deren Kombinierbarkeit in realen Arbeitstätigkeiten zu erstellen, um eine beeinträchtigungslose Bewältigung des Arbeitsprozesses als Voraussetzung seiner Gesundheits- und Persönlichkeitsförderlichkeit zu sichern.

Übungsaufgaben Kapitel 10

1. Welche Komponenten sind mindestens bei einer Bewertung von Beanspruchungsfolgen zu untersuchen?

2. Weshalb sind Meßwertwiederholungspläne für eine differenzierte Diagnostik von Beanspruchungsfolgen zu empfehlen?

Lösungen der Übungsaufgaben zu Kapitel 1

Aufgabe 1

In der EU-Rahmenrichtlinie wird über die Sicherheit hinaus auch der Schutz der Gesundheit am Arbeitsplatz vom Gesetzgeber gefordert. Psychische Fehlbeanspruchungen wie Ermüdung, Monotonie und Streß werden explizit als zu vermeiden formuliert. In der deutschen Arbeitsschutzgesetzgebung besteht bei der Umsetzung noch Handlungsbedarf.

Aufgabe 2

Die vier Bewertungsebenen sind als hierarchisches Bewertungssystem zu verstehen: Die Ausführbarkeit ist auf die Sicherung ergonomischer und anthropometrischer Grenzwerte gerichtet. Die Schädigungslosigkeit ist auf die Gewährleistung medizinischer Grenzwerte orientiert. Beeinträchtigungsfreiheit bezieht sich auf den Schutz vor psychischen Fehlbeanspruchungen, Persönlichkeitsförderlichkeit schließlich zielt auf die Gesundheits- und Entwicklungsförderlichkeit von Arbeitssystemen.

Lösungen der Übungsaufgaben zu Kapitel 2

Aufgabe 1

Die reiz- und reaktionsorientierten Modelle beziehen sich lediglich auf die Belastungen durch den Systemeingang (Stressoren) bzw. die Folgen aufgrund unspezifisch angenommener Einwirkungen. Eine psychische Verarbeitung durch Handlungsmuster und Persönlichkeitseigenschaften wird in den transaktionalen Modellen einbezogen. Hierbei spielen besonders Bewertungsprozesse der Anforderungen, der Bewältigungsmöglichkeiten und der Resultate der Bewältigung die entscheidende Rolle.

Aufgabe 2

Ressourcen sind ein spezifisches Verständnis von protektiven salutogenetischen Anforderungen und Persönlichkeitseigenschaften, die einen Schutz vor psychosozialen Risiken gewähren. Es werden organisationale, soziale und personale Ressourcen unterschieden. Zu beachten ist dabei, daß es eher eine Aspektfrage der Betrachtung von Systemkomponenten bei der Beanspruchungsbewältigung ist, die damit beschrieben wird, weniger eigenständige Faktoren, die in Kontrast zu Stressoren zu setzen wären.

Aufgabe 3

Die „pathogene Trias" kennzeichnet ein multiplikatives Zusammenwirken von erlebter Schwere der Arbeit, fehlenden Tätigkeitsspielräumen und Fehlen von sozialen Unterstützungen. Sie ist insbesondere als Prädiktor für Herz-Kreislauferkrankungen beschrieben worden.

Lösungen der Übungsaufgaben zu Kapitel 3

Aufgabe 1

Eine vollständige Beschreibung des Belastungs-Beanspruchungsprozesses muß beinhalten:
- die Erfassung der objektiven und subjektiven Anforderungsstruktur
- Arbeitsbedingungen der Aufgabenausführung
- die Schwierigkeit oder Anspannung bei der Bewältigung der Anforderungen
- die Erfassung der positiven und negativen Auswirkungen des Beanspruchungs-Leistungsprozesses

Aufgabe 2

Die klassische AAK-Konzeption ist gekennzeichnet durch ein statisches Verständnis der Anforderungen, keine Berücksichtigung von dynamischen Prozessen der Bewältigung, Dominanz physischer Arbeitsanforderungen. Die BBK-Konzeption hat im Mittelpunkt der Analyse die Dynamik der Regulation von Tätigkeiten, unter Einschluß differentialpsychologischer Bewältigungsbesonderheiten. Nicht nur kognitive, sondern auch emotionale Faktoren finden im Modell Berücksichtigung.

Aufgabe 3

Die Allgemeine Zentrale Aktiviertheit ist in der Konzeption von Bartenwerfer der Versuch einer intervallskalierten Erfassung der erlebten psychischen Anspannung durch beanspruchende Anforderungen. Der Ermüdungsgrad ist diesem Modell nach als Funktion der Intensität dieser Anspannung, deren Dauer und von Verlaufsbesonderheiten zu bestimmen. Empirische Untersuchungen im Labor und im Feld haben gezeigt, daß diese AZA-Anspannung gut mit der Höhe der Herzfrequenz korreliert. Zur Ermittlung der AZA sind sowohl physiologische Aktivitätsmaße, wie auch spezielle Skalierungsverfahren (Paarvergleich; Größenschätzung) verwendbar.

Lösungen der Übungsaufgaben zu Kapitel 4

Aufgabe 1

Streßzustände sind gekennzeichnet durch mit einer erregt-geängstigten Verspanntheit verbundenen Aktivitätserhöhungen, die andauernd sind und die die Erholungsfähigkeit einschränken. Diese Rückbildungsstörungen bedürfen häufig einer psychotherapeutischen Behandlung.
Ermüdungszustände treten regelhaft nach längerdauernder Überforderung der Leistungsvoraussetzungen auf. Ihre Rückbildung bedarf eines Pausen- und Erholungsregimes. Verbesserte Arbeitsorganisation, insbesondere die Bereitstellung von Tätigkeitsspielräumen und Trainingsmaßnahmen von Orientierungsgrundlagen und Handlungsprogrammen sind wirksame Maßnahmen zur Ermüdungsvorbeugung.

Aufgabe 2

Monotonie ist eine typische Folge unterfordernder Arbeitsanforderungen. Kernbedingung der Monotonieentstehung ist geforderte Aufgabenzuwendung bei fehlendem Beachtensumfang. Ein wellenförmiger Aktivierungsverlauf ist charakteristisch. Ein Tätigkeitswechsel vermag zum schnellen Verschwinden der Phänomenologie (Langeweile, Müdigkeit) zu führen.

Lösungen der Übungsaufgaben zu Kapitel 5

Aufgabe 1

Psychische Ermüdung kann in die Phasen der stabilen und labilen Kompensation und der anhaltenden funktionellen Störungen differenziert werden. Charakteristische Merkmale hierfür sind Intensitätsgrade des Erlebens psychischer Ermüdung (z.B. BMS-Skalen), Leistungsschwankungen und Aktivitätsveränderungen peripherer und zentraler Aktivitätsindikatoren (z.B. Herzfrequenz, Blutdruck, Elektromyogramm).

Aufgabe 2

Insbesondere Leistungen des Neugedächtnisses sind ermüdungsanfällig, weniger die des Langzeitgedächtnisses. Die Verweildauer von Informationen im visuellen und akustischen Speicher verlängern sich; dadurch wird die verbal-akustische Kodierung erschwert. Besonders anfällig sind die akustischen „Schleifen" zur Informationsaufrechterhaltung im Arbeitsgedächtnis.

Verzögerung der Informationsüberführung ins LZG; Schwierigkeiten bei der semantischen Strukturierung im LZG.

Aufgabe 3

Kurzzeitpausensysteme für die Verminderung psychischer Ermüdung weisen weitgehend die gleichen Merkmale wie die für die Vorbeugung physischer Ermüdung auf. Entsprechend dem exponentiellen Verlauf der Erholungskurven sind Kurzzeitpausen wirkungsvoller als längere Pausen. Die Pausenlage muß vorbeugend sein. Die Effizienz von Pausen ist an ihre regelmäßige Durchführung und die Wahl eines die Arbeitsanforderungen kompensierenden Pauseninhalts gebunden.

Lösungen der Übungsaufgaben zu Kapitel 6

Aufgabe 1

Monotonie ist eine charakteristische Folge psychischer Unterforderungen, die sehr wahrscheinlich dann auftritt, wenn keine Abwendung von der gestellten Aufgabe möglich ist (ständige visuelle Zuwendung zur Informationsquelle), jedoch die Eintönigkeit und der hohe Wiederholungsgrad der Anforderungen keine geistige Auseinandersetzung erlaubt (Überforderung durch Unterforderung). Physiologische Grundlagen sind im Mangel von afferenten Zuströmen in der formatio reticularis, mit der durch Eintönigkeit und emotionalen Neutralität der Anforderungen ausgelösten reduzierten limbischen Stimulation sowie in den reduzierten reafferenten Reizflüssen vom Cortex in die formatio reticularis zu suchen. Durch diese Prozesse kommt es zu einer Verminderung basaler Aktivierungsprozesse.

Aufgabe 2

Monotonie kann am ehesten vermieden werden, wenn es gelingt, den Aufgabenstrukturen einen stetigen stimulierenden Charakter zu geben. Hierfür sind besonders geeignet:
- eine Mensch-Maschine-Funktionsteilung, die dem „Prinzip des aktiven Operateurs" folgt,
- arbeitsorganisatorische Lösungen, die eine erhöhte Vielfalt von Anforderungen sichern und besonders vollständige Aufgaben mit eigenständigen Kontroll- und Vorbereitungsfunktionen sichern.
- derartige vollständige Aufgaben sollten ein ständiges Lernpotential enthalten
- eintönige Geräusche und erhöhte Umgebungstemperaturen sollten vermieden werden.

Lösungen der Übungsaufgaben zu Kapitel 7

Aufgabe 1

Im tätigkeitspsychologischen Verständnis wird unter Streß eine als beunruhigend-ängstigend erlebte Diskrepanz zwischen den Tätigkeitsmotiven und den Handlungszielen verstanden. Dies insbesondere dann, wenn es sich um die Verfolgung Ich-naher Ziele handelt. Das Ausmaß von Streß ist ganz wesentlich von kognitiv-emotionalen Bewertungsprozessen der Anforderungen, der Bewältigungsmöglichkeiten und der erreichten Ergebnisse der Bewältigung abhängig.

Demgegenüber unterscheidet das Streß-Verständnis nach Selye positiven, förderlichen Streß (Eustress) und negativen, schädigenden Streß (Distress). Dieses Begriffsverständnis verwischt die Funktion psychischer Bewertungsprozesse der Aufgabenbewältigung.

Aufgabe 2

Typ A-Verhalten kann als eine spezifische Ausprägung ineffizienter Handlungsregulation gekennzeichnet werden (unscharfe, überhöhte Ziele, Parallelhandlungen, gestörte Rückmeldungsverarbeitung, gestörte soziale Kooperationsbeziehungen). Damit können alle Formen von psychologischer Arbeitsgestaltung, die die Qualität von Aufgabenzielen, klare und transparente Rückmeldungssysteme, eindeutige Funktionsverteilungen in einer Organisation und die Vermeidung von Hyperaktivität unterstützen, auch als Beratungs- und Gestaltungsmaßnahmen Verwendung finden.

Ebenso ist es möglich, mit Hilfe psychotherapeutischer Maßnahmen und Techniken der Kontrolle von Hyperaktiviertheit im Rehabilitationsprozeß Extremausprägungen von Typ-A-Verhalten nachhaltig abzubauen.

Aufgabe 3

Eingeengte Tätigkeitsspielräume sind regelhaft mit fremdgesteuertem Zwangstakt und Zeitdruck verbunden. Derartige Situationen führen leicht zu Kontrollverlust, reduzieren Mikropausen in der Arbeit, die einen hohen Erholungswert haben, und führen damit zu anhaltenden Zuständen von Hypersympathikotonie. In der Folge sind pathophysiologisch gut beschriebene Zustände von Hypertonie, gestörtem Fettstoffwechsel und Gefäßsklerotisierungen in den Herz-Kranzgefäßen nachweisbar, die Herzinfarktrisiken erhöhen. Vergleichbar bewirkt ebenfalls der Verlust erlebter sozialer Unterstützung eine stetige negative Emotionalität und Verunsicherung, in deren Folge besonders das Herz-Kreislauferkrankungs-Risiko, wie auch das Risiko von Magen-Darm-Erkrankungen steigt.

Lösungen der Übungsaufgaben zu Kapitel 8

Aufgabe 1

Burnout ist als Begriff in den letzten 20 Jahren in die psychologische Literatur eingeführt worden. Es wird damit eine spezifische Form negativer Beanspruchungsfolgen beschrieben, die charakteristisch ist für dialogische, kommunikative Tätigkeiten, in denen die Kontrolle bzw. der aktive Einsatz von Emotionen eine entscheidende Rolle spielt (Pflegedienste, Reisebüros u.ä.). Von den Symptomen sind besonders die Depersonalisationssymptome und der Zustand emotionaler Erschöpfung als Unterscheidungsmerkmale wesentlich. Letzterer tritt allerdings auch bei chronischen Streßzuständen auf. Beide Symptombereiche sind nur schwer zu unterscheiden.

Lösungen der Übungsaufgaben zu Kapitel 9

Aufgabe 1

Zur Differentialdiagnostik unterschiedlicher Formen von Unterforderung und Überforderung erweisen sich als besonders wesentlich:
– die zyklisch-sequentielle Vollständigkeit von Tätigkeiten,
– Wiederholungsgrad,
– Rückmeldungen (zeitlich und Umfang),
– Tätigkeitsspielraum,
– soziale Unterstützung (sozialer Rückhalt),
– Vielfalt und Variabilität der Anforderungen.

Aufgabe 2

Die Eigenzustands-Skalen nach Nitsch sind durch eine Binärfaktorenanalyse strukturierter Ratingsskalen, die einem theoretischen Modell des Zusammenwirkens von motivationalen und beanspruchungsrelevanten Skalen folgen, entwickelt worden. Anhand großer Eichstichproben sind die Skalen intervallskaliert in Stanine-Werten zu Konstruktbereichen zusammengefaßt. Umfangreiche Validierungen aus den Bereichen der Sport- und Arbeitspsychologie liegen vor.

Aufgabe 3

Unter Feldbedingungen haben sich als besonders geeignet für die Diagnostik von Aktivierungszuständen bei geistiger Beanspruchung erwiesen:

- Merkmale der Herzfrequenz (Mittelwert, Variabilitätsmaße),
- Blutdruck, diskontinuierlich,
- Hautleitwert zur Erfassung emotionaler Beteiligung,
- Elektromyographie,
- biochemische Parameter: Katecholamine, Speichel-Cortisol, Speichel-Elektrolyte.

Aufgabe 4

Für die Interpretation physiologischer Parameter als Ermüdungs- oder Streßanzeichen sind sorgfältige Verlaufsanalysen erforderlich, um Stabilisierungs- bzw. Destabilisierungstendenzen über der Zeit als Ermüdungsindikatoren interpretieren zu können. Eine inhaltliche Interpretation physiologischer Veränderungen sollte nur in Verbindung mit zeitsynchron erfaßten Befindenszuständen und Verhaltens- bzw. Leistungsmerkmalen erfolgen. Sorgfältig sind für die Interpretation von insbesondere Absolutniveaus physiologischer Parameter zu beachten:
- Gesundheitszustand,
- Lebensalter (z.B. beim Blutdruck),
- Umgebungsbedingungen wie Temperatur, Lärm,
- Grad der körperlichen Beanspruchung.

Lösungen der Übungsaufgaben zu Kapitel 10

Aufgabe 1

Für eine sondierende Untersuchung des Vorliegens psychischer Fehlbeanspruchungen sind erforderlich:
- Erfassung soziodemographischer Faktoren und Krankenstandsanalyse,
- Orientierende Analyse psychischer Arbeitsanforderungen (z.B. REBA),
- Erfassung auffälliger psychosomatischer Beschwerden,
- Einsatz von Arbeitsanalysesystemen (AET, TBS-O oder VERA/RHIA),
- Diagnostik erlebter Beanspruchungsfolgen (z.B. EZ-Skalen, BMS).

Aufgabe 2

Meßwertwiederholungsansätze sind erforderlich, um
- bei der Verwendung von physiologischen Parametern regelhaft auftretende Anpassungsreaktionen kontrollieren zu können,
- um die erforderliche Reteststabilität von Verhaltens-und Befindensparametern prüfen zu können,
- um zufällige Bedingungsvariationen der Bedingungs- und Auftragsstabilität kontrollieren zu können.

Literaturverzeichnis

Adams, J.S. (1965). Inequity in social exchange. In L. Berkowitz (Ed.). *Advances in Experimental Social Psychology, Vol.2*, (pp. 267-299). New York: Academic Press.
Allmer, H. (1996). *Erholung und Gesundheit. Grundlagen, Ergebnisse, Maßnahmen*. Göttingen: Hogrefe.
Antonovsky, A. (1987). *Unraveling the mystery of health. How people manage stress and stay well*. San Francisco: Jossey-Bass.
Apenburg, E. (1986). Befindlichkeitsbeschreibung als Methode der Beanspruchungsmessung. *Zeitschrift für Arbeits- und Organisationspsychologie, 30*, 3-14.
Apples, A.W.P.M. (1991). Loss of control, vital exhaustion and coronary heart disease. In Steptoe, A. (Ed.). *Stress, personal control and health*. Chichester: Wiley.
Bamberg, E. & Busch. Ch. (1996). Betriebliche Gesundheitsförderung durch Streßmanagementtraining. Eine Metaanalyse (quasi)-experimenteller Studien. *Zeitschrift für Arbeits- und Organisationspsychologie, 40*, 127-137.
Bamberg, E. & Greif, S. (1982). Stress: Bedrohung der Gesundheit oder subjektiver Begriff? *Psychosozial, 5*, 8-28.
Bartenwerfer, H.G. (1960). Untersuchungen zum Monotonieproblem. *Zentralblatt für Arbeitswissenschaft, 14*, 231-234.
Bartenwerfer, H.G. (1969). Einige praktische Konsequenzen aus der Aktivierungstheorie. *Zeitschrift für experimentelle und angewandte Psychologie, 16*, 195-222.
Bartenwerfer, H.G. (1970). Psychische Beanspruchung und Ermüdung. In *Handbuch der Psychologie. Band 9: Betriebspsychologie*. Göttingen: Hogrefe.
Becker, P. (1982). *Psychologie der seelischen Gesundheit. Band 1: Theorien, Modelle, Diagnostik*. Göttingen: Hogrefe.
Becker, P. (1995). *Verhaltenskontrolle und Gesundheit*. Göttingen: Hogrefe.
Becker, P. & Minsel, B. (1986). *Psychologie der seelischen Gesundheit. Band 2: Persönlichkeitspsychologische Grundlagen, Bedingungsanalysen und Förderungsmöglichkeiten*. Göttingen: Hogrefe.
Bergmann, B. (1994). Zur Lernförderung im Arbeitsprozeß aus psychologischer Sicht. In Bergmann, B. & Richter, P. (Hg.). *Die Handlungsregulationstheorie* (S. 117-135). Göttingen: Hogrefe.
Birbaumer, N. & Schmidt, R.F. (1996). *Physiologische Psychologie*. Berlin: Springer.
Blumenfeld, W. (1932). Über die Fraktionierung der Arbeit und ihre Beziehung zur Theorie der Handlung. In *Bericht über den XII. Kongreß der Deutschen Gesellschaft für Psychologie* (S. 291-294). Jena: Fischer.
Bootzin, R.R. (1996). Schlafstörungen. In J. Margraf (Hg.). *Lehrbuch der Verhaltenstherapie, Band 2*, (S. 147-162). Berlin: Springer.
Bornemann, E. (1959). *Untersuchungen über den Grad der geistigen Beanspruchung*. Meisenheim/Glan.
Boucsein, W. (1991). Arbeitspsychologische Beanspruchungsforschung heute – eine Herausforderung an die Psychophysiologie. *Psychologische Rundschau, 42*, 129-144.
Boucsein, W. (1992). *Electrodermal activity*. New York: Plenum Press.
Boucsein, W. (1993). Psychophysiology in the computer workplace – goals and methods. In Luczak, H., Cakir, A. & Cakir. G. (Eds.). *Work with display units 92* (pp 135-139). Amsterdam: Elsevier.

Boucsein, W. & Thum, M. (1996). Multivariate psychophysiological analysis of stress-strain processes under different break schedules during computer work. In Fahrenberg, J. & Myrtek, M. (Eds.). *Ambulatory assessment. Computer-assisted psychological and psychophysiological methods in monitoring and field studies* (pp. 305-313). Seattle: Hogrefe & Huber Publishers.

Brown, I.D. (1978). Dual task methods of assessing work-load. *Ergonomics*, 21, 221-224.

Bruggemann, A., Großkurth, P. & Ulich, E. (1975). *Arbeitszufriedenheit. Schriften zur Arbeitspsychologie, Nr. 17*. Bern: Huber.

Burisch, M. (1993). *Das Burnout-Syndrom. Theorie der inneren Erschöpfung*. Berlin: Springer.

Büssing, A. (1992). *Organisationsstruktur, Tätigkeit und Individuum. Untersuchungen am Beispiel der Pflegetätigkeit*. Göttingen: Hogrefe.

Büssing, A. & Perrar K.M. (1992). Die Messung von Burnout. Untersuchung einer deutschen Fassung des Maslach Burnout Inventory (MBI-D). *Diagnostica, 38*, 328-353.

Büssing, A., & Glaser, J. (1993). Tätigkeits- und Arbeitsanalyseverfahren für das Krankenhaus (TAA-KH). In Gebert, D. & Hacker, W. (Hg.). *1. Deutscher Psychologentag in Dresden. Band „Arbeits- und Organisationspsychologie"* (S. 293-305).

Caplan, R.D., Cobb, S., French, J.R.P., Van Harrison, R. & Pinneau, S.R. (1982). *Arbeit und Gesundheit. Streß und seine Auswirkungen bei verschiedenen Berufen*. Bern: Huber.

Cox, T., Kuk, G. & Leiter, M.P. (1993). Burnout, health, work stress, and organizational healthness. In W.B. Schaufeli, C. Maslach & T. Marek (Eds.). *Professional burnout: Recent developments in theory and research* (pp.177-194). London: Taylor & Francis.

De Konick, J.M. (1987). Sleep and dreams in technostress management. In Sethi, A.S., Caro, D.H.J. & Schuler, R.S. (Eds.). *Strategic management of technostress in the information society* (pp. 338-356). Toronto: Hogrefe.

DIN. (1987). *Normen des Deutschen Institutes für Normung*.

Dörner, D. (1989). *Die Logik des Mißlingens*. Hamburg: Rowohlt.

Düker, H. (1965). *Der Konzentrations-Leistungs-Test*. Göttingen: Hogrefe.

Dunkel, H. (1996). *Psychologisch orientierte Systemanalyse im Büro*. Bern: Huber.

Easterbrook, J.A. (1959). The effect of emotion on cue utilization and the organization of behavior. *Psychological Review, 66*, 183-201.

Eilers, K., Nachreiner, F. & Hänecke, K. (1986). Entwicklung und Überprüfung einer Skala zur Erfassung subjektiv erlebter Anstrengung. *Zeitschrift für Arbeitswissenschaft, 40*, 215-224.

Eissing, G. (1992). Mentale Belastung. Möglichkeiten und Grenzen der Erfassung und Bewertung. *Schriftenreihe des Instituts für angewandte Arbeitswissenschaft, Band 26*. Köln: Institut für angewandte Arbeitswissenschaft.

Enzmann, D. & Kleiber, D. (1989). *Helfer-Leiden: Streß und Burnout in psychosozialen Berufen*. Heidelberg: Asanger.

Enzmann, D. (1994). Work- and Client-related Stresses as Predictors of Burnout: Results from a Three Wave Longitudinal Study. *Paper presented at the 23rd International Congress of Applied Psychology*, July 17-22, 1994, Madrid (Spain).

EU-Gesetze. (1993). *Maastrichter Verträge*.

Faber, J. (1980). Die Ersetzung aversiver Prognosen – Ein Ansatz zur Reduktion emotionaler Belastung. *Dissertation am Fachbereich 12 der Technischen Universität Berlin*.

Fahrenberg, J. & Myrtek, M. (Eds.) (1996). *Ambulatory Assessment. Computer-Assisted Psychological and Psychophysiological Methods in Monitoring and Field Studies*. Seattle & Toronto: Hogrefe & Huber Publishers.

Fahrenberg, J. (1994). *Die Freiburger Beschwerdenliste (FBL)*. Göttingen: Hogrefe.
Fisher, S. (1986). *Stress and strategy*. London: Erlbaum.
Fletcher, B. C. & Jones, F. (1993). A refutation of Karasek's demand-discretion model of occupational stress with a range of dependend measures. *Journal of Organizational Psychology, 14*, 319-330.
Fletcher, B.C. (1991). *Work, stress, disease and life expectancy*. Chichester: Wiley.
Fock, R.E.R. & Krueger, G.R.F. (1994). Chronisches Erschöpfungssyndrom – CFS. *Deutsches Ärzteblatt, 91*, 2946-2953.
Frankenhaeuser, M. (1981). Coping with job stress – a psychobiological approach. In Gardell, B. & Johansson, G. (Eds.). *Working life*. Chichester: Wiley.
Frankenhaeuser, M. (1993). Current issues in psychobiological stress research. In Vartiainen, M. (Ed.). *European Views In Psychology – Keynote lectures* (pp. 1-11). Tampere, Finland: III European Congress of Psychology.
Frankenhaeuser, M., Lundberg, U., Fredriskon, M., Melin, B., Tuomisto, M., Myrsten, A.L., Hedman, M., Bergman-Losman, B. & Wallin, L. (1989). Stress on and off the job as related to sex and occupational status in white-collar workers. *Journal of Organizational Behavior, 10*, 321-346.
Frese, M. (1979). Arbeitslosigkeit, Depressivität und Kontrolle – eine Studie mit Wiederholungsmessung. In Kieselbach, T. & Offe, H. (Hg.). *Arbeitslosigkeit*. Darmstadt: Steinkopf.
Frese, M. (1989). Theoretical models of control and health. In Sauter, S.L., Hurrell, J.J. & Cooper, C.L. (Eds.). *Job control and worker health* (pp. 107-128). Chichester: Wiley.
Frese, M. & Mohr, G. (1978). Die psychopathologischen Folgen des Entzugs von Arbeit (S. 282-338). In Frese, M., Greif, S. & Semmer, N. (Hg.). *Industrielle Psychopathologie*. Bern: Huber.
Frese, M. & Semmer, N. (1991). Streßfolgen in Abhängigkeit von Moderatorvariablen: Der Einfluß von Kontrolle und sozialer Unterstützung. In Greif, S., Bamberg, E. & Semmer, N. (Hg.). *Psychischer Streß am Arbeitsplatz* (S. 135-153). Göttingen: Hogrefe.
Frese, M., Albrecht, K., Kreuscher, R., Papenstein von, P., Prümper, J. & Schulte-Göcking, H. (1995). Handlungsstile und Leistungsverhalten: Die Rolle von Plan- und Zielorientierung in Problem- und Leistungssituationen. *Zeitschrift für Arbeits- und Organisationspsychologie, 39*, 67-77.
Freudenberger, H.J. (1974). Staff burnout. *Journal of Social Issues, 30*, 159-165.
Friczewski, F. (1988). *Sozialökologie des Herzinfarktes: Untersuchung zur Pathologie industrieller Arbeit*. Berlin: Wissenschaftszentrum für Sozialforschung.
Frieling, E. & Sonntag, K. (1987). *Lehrbuch der Arbeitspsychologie*. Bern: Huber.
Frieling, E., Facaoaru, C., Benedix, J., Pfaus, H. & Sonntag, Kh. (1993). *Tätigkeits-Analyse-Inventar: Theorie, Auswertung, Praxis. Handbuch und Verfahren*. Landsberg: ecomed.
Glass, D.C., Krakoff, L.R., Contrada, R. (1980). Effects of harassment and competition upon cardiovascular and plasma catecholamine responses in type A and type B individuals. *Psychophysiology, 17*, 453-463.
Gopher, D. & Donchin, E. (1986). Workload – An examination of the concept. In Boff, K. & Kaufman, L. (Eds.). *Handbook of perception and human performance*. New York: Wiley.
Graf, O. (1922). Über lohnendste Arbeitspausen bei geistiger Arbeit. *Psychologische Arbeiten, 7*, 548-582.

Graf, O. (1927). Die Arbeitspause in Theorie und Praxis. *Psychologische Arbeiten, 9*, 563-681.
Graf, O. (1970). Arbeitszeit und Arbeitspausen (bearb. von J. Rutenfranz und E. Ulich), In *Handbuch der Psychologie, Bd. 9: Betriebspsychologie*, Göttingen: Hogrefe.
Greenglass, E.R., Burke, R.J. & Odrak (1990). A gender-role perspective of coping and burnout. *Applied Psychology: An International Review, 39*, 5-27.
Greif, S., Bamberg, E. & Semmer, N. (Hg.). (1991). *Psychischer Streß am Arbeitsplatz.* Göttingen: Hogrefe.
Hacker, W. (1958). Zur Methodik der Bestimmung von Belastungswirkungen mittels der Flimmerverschmelzungsfrequenz. *Psychiatrie, Neurologie und Klinische Psychologie, 10*, 327-245.
Hacker, W. (1961). Zur Problematik von Verfahren zur Ermüdungsbestimmung. *Probleme und Ergebnisse der Psychologie II*, 15-29.
Hacker, W. (1982). Beanspruchungskomponenten von Routinetätigkeiten. *Zeitschrift für Psychologie, 190*, 241-266.
Hacker, W. (1991). Von der Prävention zur Gesundheitsförderung durch Arbeitsgestaltung. *Zeitschrift für Arbeits- und Organisationspsychologie, 35*, 48-58.
Hacker, W. (1994). Arbeitsanalyse zur prospektiven Gestaltung von Gruppenarbeit (S. 49 - 80). In Antoni, C.H. (Hg.). *Gruppenarbeit in Unternehmern.* Weinheim: Psychologie Verlags Union.
Hacker, W. (1995). *Arbeitstätigkeitsanalyse.* Heidelberg: Asanger.
Hacker, W. (Hrsg.) (1996). *Erwerbsarbeit der Zukunft. Arbeit für Ältere?* Zürich: vdf.
Hacker, W. & Richter, P. (1984). *Psychische Fehlbeanspruchung.* Berlin: Springer.
Hacker, W. & Skell, W. (1993). *Lernen in der Arbeit.* Bonn und Berlin: Bundesinstitut für Berufsbildung.
Hacker, W., Heisig, B., Hinton, J., Teske-El Kodwa, S. & Wiesner, B. (1994). Planende Handlungsvorbereitung. *Wissenschaftliche Zeitschrift der Technischen Universität Dresden, 434*, 69-75.
Hacker, W., Fritsche, B., Richter, P. & Iwanowa, A. (1995). *Das Tätigkeitsbewertungsverfahren – TBS-L.* Zürich: vdf.
Hacker, W., Reinhold, S., Darm, A., Hübner, I. & Wollenberger, E. (1997). *Beanspruchungsscreening bei Humandienstleistungen (BHD-Systeme).* Frankfurt/M: Swets Testservice.
Hackman, J.R. & Oldham, G.R. (1975). Development of the Job Diagnostic Survey. *Journal of Applied Psychology, 60*, 159-170.
Hancock, P.A. & Meshkati, N. (Eds.). (1988). Human mental workload. *Advances in psychology, 52.* Amsterdam: North-Holland.
Heisig, B. (1996). *Planen und Selbstregulation. Struktur und Eigenständigkeit der Konstrukte sowie interindividuelle Differenzen.* Frankfurt am Main: Peter Lang.
Hemmann, E., Hänsgen, C., Merboth, H. & Richter, P. (1996). Gestaltung von Arbeitsanforderungen im Hinblick auf Gesundheit und sicheres Verhalten. *Abschlußbericht – im Auftrag der Bundesanstalt für Arbeitsschutz der Projektgruppe „Gesi" am Fachbereich Psychologie der Technischen Universität Dresden (unveröff.).*
Hinton, J.W., Burton, R.F., Farmer, J.G., Rotheiler, E., Shewan, D., Gemmelt, M., Berry, J. & Gibson, R. (1992). Relative changes in salivary (Na+) and (K+) concentrations relating to stress induction. *Biological Psychology, 33*, 63-71.
Hockey, G.R. (1993). Cognitive-energetical control mechanisms in the management of work demands and psychological health. In Baddeley, A. & Weiskrantz, L. (Eds.). *Attention, selection, awareness and control* (pp. 328-346). Oxford: Guilford Science Publications.

Hoffmann, P. & Lehnert, H. (1992). *Belastung und Beanspruchung bei Fluglotsen.* Forschungsabschlußbericht der Arbeiterkammer Wien. Wien: Manuskriptdruck.
Hoyos, C. Graf & Ruppert, F. (1995). Die Sicherheitsdiagnose als Komponente des Sicherheitsmanagements. In Hoyos, C. Graf & Zimolong, B. (Hg.). Arbeitssicherheit und Gesundheitsschutz in Organisationen. In *Beiträge zur Organisationspsychologie. Band 11* (S. 79-105). Göttingen: Verlag für Angewandte Psychologie.
Hoyos, C. Graf (1974). *Arbeitspsychologie.* Stuttgart: Kohlhammer.
Hoyos, C. Graf (1980). *Psychologische Unfall- und Sicherheitsforschung.* Stuttgart: Kohlhammer.
ISO 6385. *„Ergonomie von Arbeitssystemen".*
ISO 70025. *„Ergonomic principles related to mental work-load".*
Jahoda, M., Lazarsfeld, P.F. & Zweisel, H. (1975). *Die Arbeitslosen von Marienthal. Eine soziographischer Versuch.* Frankfurt a.M.: Suhrkamp (Erstausgabe 1933).
Janke, W. & Debus, D. (1978). *Die Eigenschaftswörterliste (EWL).* Göttingen: Hogrefe.
Janke, W., Erdmann, G. & Boucsein, W. (1978). Der Streßverarbeitungsbogen. *Ärztliche Praxis, 38,* 1208-1210.
Jenkins, C. D., Zyzanski, S.J. & Rosenman, R.H. (1979). *Jenkins Activity Survey (JAS).* Palo Alto: The Psychological Cooperation.
Johansson, G., Aronsson, G. & Lindström, B.O. (1978). Social psychological and neuroendocrine stress reactions in highly mechanized work. *Ergonomics, 21,* 583-599.
Johnson. J.V. (1989). Control, collectivity and the psychosocial work environment. In Sauter, S.L. J.J. Hurrell & C.L. Cooper (Eds.). *Job control and worker health.* Chichester: Wiley.
Jones, F. & Fletcher, B. (C). (1996). Job control and health. In Schabracq, M.J., Winnubst, J.A.M. & Cooper, C.L. (Eds.). *Handbook of work and health psychology* (pp 33-50). Chichester: Wiley.
Jorna, P.G.M. (1993). Heart rate and workload variations in actual and simulated fight. *Ergonomics, 36,* 1043-1054.
Kahnemann, D. (1973). *Attention and effort.* Englewood N.S.: Prentice, Hall.
Kakimoto, Y., Nakamura, A., Tarui, H., Nagasawa, Y. & Yagura, S. (1988). Crew workload in JASDF C1-transport flights. I. Change in heart rate and salivary cortisol. *Activation Space Environment Medicine, 59,* 511-516.
Kalimo, R. & Vouri, J. (1990). Work and sense of coherence – resources for competence and life satisfaction. *Behavioral Medicine, 16,* 76-89.
Kallus, K.W. (1995). *Erholungs-Belastungs-Fragebogen (EBF).* Frankfurt a.M.: Swets Test Service.
Kaluza, G. & Basler, H.D. (1991). *Gelassen und sicher im Streß. Ein Trainingsprogramm zur Verbesserung des Umgangs mit alltäglichen Belastungen.* Berlin: Springer.
Karasek, R.A. & Theorell, T. (1990). *Healthy work. Stress, productivity, and the reconstruction of working life.* New York: Basic Books.
Karasek, R.A. (1979). Job demands, job decision latitude and mental strain: implications for job redesign. *Administrative Science Quarterly, 24,* 285-308.
Karsten, A. (1928). Psychische Sättigung. *Psychologische Forschung, 10,* 142-158.
Kelley, C.R. & Wargo, M.J. (1967). Cross-adaptive operator loading tasks. *Human Factors 9,* 345-358.
Kirschbaum, C. & Hellhammer, D.H. (1994). Salivary cortisol in psychoneuroendocrine research: recent developments and applications. *Psychoneuroendocrinology, 19,* 313-333.
Kirschbaum, C. (1991). *Cortisolbestimmung im Speichel – Eine Methode der Biologischen Psychologie.* Bern: Huber.

Knowles, W.B. (1963). Operator loading tasks. *Human Factor, 5,* 155-161.
Kohlisch, O. & Schaefer, F. (1996). Physiological changes during computer tasks: responses to mental load or to motor demands? *Ergonomics, 39,* 213-224.
Kraepelin, E. (1902). Die Arbeitskurve. *Philosophische Studien, 19,* 450 ff.
Kraft, U., Udris, I., Mussmann, C. & Muheim, M. (1994). Gesunde Personen – salutogenetisch betrachtet. *Zeitschrift für Gesundheitspsychologie, 2,* 216-239.
Künstler, B. (1980). Psychische Belastung durch die Arbeitstätigkeit – theoretisches Rahmenkonzept der Entwicklung eines Fragebogens zum Belastungserleben. *Probleme und Ergebnisse der Psychologie, 74,* 45-66.
Laurig, W. & Philipp, U. (1970). Veränderungen in der Pulsarhythmie in Abhängigkeit von der Arbeitsschwere. *Arbeitsmedizin, Sozialmedizin, Arbeitshygiene, 5,* 184-188.
Lazarus, R.S. & Launier, R. (1981). Streßbezogene Transaktionen zwischen Person und Umwelt. In Nitsch, J.R. (Hrsg.). *Streß.* Bern: Huber.
Lehmann, G. (1962). *Praktische Arbeitsphysiologie. 2. Auflage.* Stuttgart: Thieme.
Leitner, K. (1993). Auswirkungen von Arbeitsbedingungen auf die psychosoziale Gesundheit. *Zeitschrift für Arbeitswissenschaft, 47,* 98-110.
Leitner, K., Volpert, W., Greiner, B., Weber, W.G. & Hennes, K. unter Mitarbeit von Oesterreich, R., Resch, M. & Krogoll, T. (1987). *Analyse psychischer Belastung in der Arbeit. Das RHIA-Verfahren.* Köln: TÜV Rheinland.
Leonova, A.B. (1993). Psychological means for the control and prevention of industrial stress in computerized working places. *European Work and Organizational Psychology, 3,* 11-27.
Leontjew, A.N. (1979). *Tätigkeit, Bewußtsein, Persönlichkeit.* Berlin: Volk und Welt.
Leplat, J. & Sperandio, J.C. (1967). La mesure de la charge de travail par la technique de la tache ajontee. *L'Annee Psychologique, 67,* 255-277.
Levi. L. (1981). Psychosoziale Reize, psychophysiologische Reaktionen und Krankheit. In Nitsch, J.R. (Hg.). *Streß* (S. 188-211). Bern: Huber.
Leymann, H. & Gustafsson, A. (1996). Mobbing at work and the development of post traumatic stress disorders. *European Journal of Work and Organizational Psychology, 5,* 251-275
Luczak, H. (1987). Psychophysiologische Methoden zur Erfassung psycho-physischer Beanspruchungszustände. In Kleinbeck, U. & Rutenfranz, J. (Hg.) *Arbeitspsychologie, Band D/III/1 der Enzyklopädie der Psychologie.* Göttingen: Hogrefe.
Luczak, H. (1993). *Arbeitswissenschaft.* Berlin: Springer.
Lundberg, U. (1994). Methods and application of stress research. *Technological and Health Care, 73,* 1-7.
Lundberg, U. (1996). Work, stress and musculoskeletal disorders. In Ullsperger, P., Ertel, M. & Freude, G. (Eds.). *Occupational health and safety aspects of stress at modern workplaces.* (pp. 66-78). Tagungsbericht 11. Berlin: Wirtschaftsverlag. Schriftenreihe der Bundesanstalt für Arbeitsmedizin. Berlin: Wirtschaftsverlag.
Lundberg, U., Kadefors, R., Melin, B., Palmerud, G., Hassmen, P., Engström, M. & Dohns, I.E. (1994). Psychophysiological stress and EMG activity of the trapezius muscle. *International Journal of Behavioral Medicine, 4,* 354-370.
Magnusson, D. (1977). Overachievement as a person characteristic and its relation to physiological reactions or what does it cost to try to achieve too much? *Reprint from Department of Psychology Nr. 493,* University of Stockholm.
Margraf, J. (1994). Kurzfragebogen zur Schnellerkennung behandlungsbedürftiger Angst. In Faust, V., Kossow, K.D., Künzel, D., Lorenz, G., Margraf, J. et al. (Hg.). *Angst-Manual.* Emsdetten: Kybermed.

Margraf, J. (1996). (Hg.). *Lehrbuch der Verhaltenstherapie*. Berlin: Springer.
Margraf, J., & Meusling, U. (1994). Psychologische Behandlung bei psychischen Störungen Erwachsener. In Mockel, C. M., Molt, W. & von Rosenstiel, L. (Eds.). *Handbuch der angewandten Psychologie*. 2. Auflage. Landsberg: Ecomed.
Marstedt, G., Last, R., Wahl, W.B. & Müller, R. (1993). *Gesundheit und Lebensqualität*. Bremen: Angestelltenkammer.
Maslach, C. & Jackson, S.E. (1978). *MBI: Maslach Burnout Inventory*. Palo Alto: Consulting Psychologists Press.
Maslach, C. & Jackson, S.E. (1986). *MBI: Maslach Burnout Inventory*. University of California. Palo Alto: Consulting Psychologists Press.
Maslach, C. (1976). Burnout. *Human Behavior, 5*, 16-22.
Mason, J.W. (1975). A historical view of the stress field. *Journal of Human Stress, 1*, 22-35.
Matthews, K.A. (1988). Coronary heart disease and type A behaviors: update on and alternative to the Booth-Kewley and Friedman (1987) quanititative review. *Psychological Bulletin, 104*, 373-380.
McGrath, D.E. (1981). Streß und Verhalten in Organisationen. In Nitsch, J.R. (Hg.). *Streß* (441-498). Bern: Huber.
McGrath, J.E. (1982). Some methodological problems in the research of stress. In Krohne, H.W. & Laux, L. (Eds.). *Stress, anxiety and achievement*. Washington D.C.: Hemisphere.
Meichenbaum (1991). *Das Streß-Bewältigungstraining*. Bern: Huber.
Meijman, T.F., Thunnissen, M.J. & Vries-Griever, D.A.G.H. (1990). The after-effects of a prolonged period of day-sleep on subjective sleep quality. *Work & Stress, 4*, 65-70.
Moore-Ede, M. (1993). *The twenty-four-hour-society*. Reading: Addison-Wesley Publishing Company.
Mulder, G., & Mulder, L.J.M. (1980). Coping with mental work load. In Levine, S. & Ursin, H. (Eds.). *Coping and health* (pp. 233-258). New York: Plenum Press.
Mulder, L.J.M. (1992). Measurement and analysis methods of heart rate and respiration for use in applied environments. *Biological Psychology, 34*, 205-236.
Mulder-Hajonides, v.M. & Hoofdaker, v.R.H. (1984). The Groningen sleep quality scale. *Proceedings of the 14th CINP Congress*. Italy: 14th CINP Congress.
Münsterberg, H. (1912). *Psychologie und Wirtschaftsleben – Ein Beitrag zur angewandten Experimental-Psychologie*. Leipzig: Barth
Myrtek, M. (1985). *Typ-A-Verhalten. Untersuchungen und Literaturanalysen unter Berücksichtigung der psychophysiologischen Grundlagen*. München: Minerva.
Nachreiner, F. (1994). Möglichkeiten zur Umsetzung psychologischer Erkenntnisse aus dem Bereich des Arbeitsschutzes. In Burckhardt, F. & Winkelmeier, C. (Hg.). *Psychologie der Arbeitssicherheit* (S. 156-168). Heidelberg: Asanger.
Nachreiner, F., Mesenholl, E. & Mehl, K. (1993). *Arbeitsgestaltung. Lehrmaterialien an der FernUniversität Hagen*. Hagen: University Press.
Neuberger, O. & Allerbeck, M. (1978). *Messung und Analyse von Arbeitszufriedenheit. Erfahrungen mit dem „Arbeitsbeschreibungsbogen ABB"*. Bern: Huber.
Nitsch, J. R. & Hackforth, D. (1981). Streß in Schule und Hochschule – eine handlungspsychologische Funktionsanalyse. In Nitsch, J. R. (Hg.). *Streß*. Bern: Huber.
Nitsch, J.R. (1972). Das Ermüdungsproblem in kybernetischer Sicht. *Arbeit und Leistung, 26*, 201-212.
Nitsch, J.R. (1976). Die Eigenzustandsskala (EZ-Skala) – ein Verfahren zur hierarchisch-mehrdimensionalen Befindlichkeitsskalierung. In Nitsch, J.R. & Udris, I. (Hg.). *Beanspruchung im Sport. Reihe Training und Beanspruchung. Band 4*. Bad Homburg: Limpert.

Nitsch, J.R. (1981). *Streß*. Bern: Huber.
O'Donnell, R.D. & Eggemeier, F.T. (1986). Workload assessment methodology. In Boff, K., Kaufman, L. & Thomas, J.P. (Eds.). *Handbook of perception and human performance, Cognitive processes and performance (Vol. II)*. New York: Wiley.
Offner, M. (1910). *Die geistige Ermüdung. Eine zusammenfassende Darstellung des Wesens der geistigen Ermüdung, der Methoden der Ermüdungsmessung und ihrer Ergebnisse speziell für den Unterricht*. Berlin.
Pauli, R. (1937). Mehrfacharbeit und Enge des Bewußtseins. *Archiv der gesamten Psychologie, 98*, 217-234.
Peterson, C., Seligmann, M.E.P. & Vaillant, G.E. (1988). Pessimistic explanatory style is a risk factor for physical illness; a thirty-five-year longitudinal study. *Journal of Personality and Social Psychology, 55*, 23-27.
Pfendler, C. (1990). Zur Messung der mentalen Beanspruchung mit dem NASA-Task Load Index. *Zeitschrift für Arbeitswissenschaft, 44*, 158-163.
Plath, H.E. & Richter, P. (1984). *Ermüdung, Monotonie, Sättigung, Streß. Der BMS-Erfassungsbogen*. Berlin: Psychodiagnostisches Zentrum/ Göttingen: Hogrefe.
Plath, H.E. (1976). Zur Indikation von Belastungswirkungen kognitiver Tätigkeiten bei unterschiedlicher Schwierigkeit der Aufgabenbewältigung. In Hacker et al. (Hg.). *Psychische Regulation von Arbeitstätigkeiten*. Berlin: Deutscher Verlag der Wissenschaften.
Poffenberger, A.T. (1928). Effects of continuous work upon output and feeling. *Journal of Applied Psychology, 12*, 72-85.
Pohlandt, A., Jordan, P., Rehnisch, G. & Richter, P. (1996). REBA - Ein rechnergestütztes Verfahren für die psychologische Arbeitsbewertung und -gestaltung. *Zeitschrift für Arbeits- und Organisationspsychologie, 40*, 63-74
Price, V.A. (1982). What is Type A? A cognitive social learning model. *Journal of Occupational Behaviour, 3*, 109-129.
Prinz, R. (1995). Belastungsbewältigung von Verkäufern in Kundengesprächen: Eine psychophysiologische Feldstudie. *Diplomarbeit an der Fachrichtung Psychologie der Technischen Universität Dresden (unveröff.)*.
Prümper, J., Hartmannsgruber, K. & Frese, M. (1995). KFZA. Kurz-Fragebogen zur Arbeitsanalyse. *Zeitschrift für Arbeits- und Organisationspsychologie, 39*, 125-132.
Rau, G. (1977). Anwendung der Elektromyographie bei der Beurteilung körperlicher Momentan- und Langzeitbeanspruchung. *Zeitschrift für Arbeitswissenschaft, 31*, 112-120.
Rau, R. & Richter, P. (1995). *24-Stunden-Monitoring zur Prüfung der Reaktivität psychophysiologischer Parameter in Belastungs- und Erholungsphasen*. Forschungsbericht der Bundesanstalt für Arbeitsmedizin. Bremerhaven: Wirtschaftsverlag.
Rau, R. & Richter, P. (1996). Psychophysiological analysis of strain in real work situations. In Fahrenberg, J. & Myrtek, M. (Eds.). *Assessment. Computer-Ambulatory assisted psychological and psychophysiological methods in monitoring and field studies* (pp. 271-287). Seattle: Hogrefe & Huber.
Reitemeier, B. & Richter, P. (1990). Zur psychophysiologischen Belastung und Beanspruchung des Zahnarztes bei allgemeinstomatologischen Tätigkeiten. *Zeitschrift für die gesamte Hygiene, 188*, 275-291.
Richter, P. (1985). Arbeitsinhaltsgestaltung und Gesundheit – Pathopsychologie der Arbeit. *Psychologie und Praxis, Heft 4*, 310-321.
Richter, P. (1994). Job content and myocardial health risks – consequences for occupational consequences. In Vartiainen, M. & Teikari, V. (Eds.). *Change, learning and mental work in organizations*. Helsinki: Otaniemi University Press.

Richter, P. & Raum, H. (1973). Zur Anwendbarkeit von Skalierungsverfahren bei der Analyse von Regulationsgrundlagen der Tätigkeit. In Hacker, W.; Raum, H.; Quaas, W. & Schulz, H.-J. (Hg.). *Psychologische Arbeitsuntersuchung* (S. 169-176). Berlin: Deutscher Verlag der Wissenschaften.

Richter, P., Richter, P.G., Schmidt, C.F. & Straube, B. (1980). Psychophysiologische Aufwandsbestimmung als Grundlage der Effektivitätsbeurteilung von Arbeitstätigkeiten. *Zeitschrift für Psychologie, 188*, 275-291.

Richter, P. & Grunert, P. (1991). Psychophysiologische Beanspruchungs- und Zuverlässigkeitsdiagnostik des Menschen in komplexen Automatisierungssystemen. *Wissenschaftliche Zeitschrift der Technischen Universität Dresden, 40*, 47-51.

Richter, P., Jordan, P. & Pohlandt, A. (1994). Bewertung und Gestaltung vollständiger Tätigkeiten im Rahmen eines sozio-technischen Ansatzes. In Bergmann, B. & Richter, P. (Hg.). *Die Handlungsregulationstheorie – Von der Praxis einer Theorie* (S. 253-268). Göttingen: Hogrefe.

Richter, P., Hinton, J.W., Meissner, D. & Scheller, P. (1995). Changes in salivary (K+), (Na+) & (K+)/(Na+) with varied test demands. *Biological Psychology, 39*, 131-142.

Richter, P. & Pohlandt, A. (1996). Assessment of task design and mental load. In Ullsperger, P., Ertel, M. & Freude, G. (Eds.). *Occupational health and safety aspects of stress at modern workplaces. Schriftenreihe der Bundesanstalt für Arbeitsmedizin* (S. 28-38). Tagungsbericht 11. Berlin: Wirtschaftsverlag.

Richter, P. & Uhlig, K. (1996). Psychosoziale Ressourcen und kardiovaskuläres Risiko bei Frauen im mittleren Lebensalter. In *Abstracts des 40. Kongresses der Deutschen Gesellschaft für Psychologie*, München: Selbstverlag.

Richter, P., Rudolph, M. & Schmidt, Ch.F. (1996). *FABA: Fragebogen zur Erfassung beanspruchungsrelevanter Anforderungen*. Frankfurt a.M.: Swets Test Service.

Richter, P.G. & Straube, B. (1988). Ein Ansatz zur integrativen Auswertung multivariater Veränderungsmessungen auf der Basis der Theorie unscharfer Mengen. *Zeitschrift für Psychologie, 196*, 293-314.

Rohmert, W. (1984). Das Belastungs-Beanspruchungs-Konzept. *Zeitschrift für Arbeitswissenschaft, 38*, 193-200.

Rohmert, M. & Luczak, H. (1973). Ergonomische Beurteilung informatorischer Arbeit. *Internationale Zeitschrift für angewandte Physiologie, 31*, 209-229.

Rohmert, W. & Landau, K. (1978). *Das Arbeitswissenschaftliche Erhebungsverfahren zur Tätigkeitsanalyse (AET). Handbuch*. Bern: Huber.

Rohmert, W. & Laurig, W. (1993). Physische Beanspruchung durch muskuläre Belastungen. In Schmidtke, H. (Hg.). *Ergonomie. 3. Auflage* (pp. 121-143). München: Hanser.

Rühle, R. (1977). Methoden und Wirkungen der Vermittlung operativer Abbilder von Arbeitsprozessen. *Informationen der Technischen Universität Dresden*, 22-7-77.

Rühle, R. (1988). *Kognitives Training in der Industrie*. Berlin: Springer.

Sanders, A.F. (1971). *Psychologie der Informationsverarbeitung*. Bern: Huber.

Savalova, N.D., Lomov, B.F. & Ponomarenko, W.A. (1986). *Das Abbild im System psychischer Tätigkeitsregulation*. Moskau: Nauka (russisch).

Schabraq, M.J.; Winnubst, J.A.M. & Cooper, C.L. (Eds.). *Work and health psychology* (pp. 51-86). London: Wiley.

Schallberger, U. (1995). Die Persönlichkeitsabhängigkeit von Beschreibungen der eigenen Arbeitssituation. *Zeitschrift für experimentelle Psychologie, 42*, 111-131.

Schandry, R. (1989). *Lehrbuch der Psychophysiologie*. München-Weinheim: Psychologie Verlags Union.

Schedlowski, M. (1994). *Streß, Hormone und zelluläre Immunfunktionen*. Heidelberg: Spektrum.

Scheuch, K. & Schröder, H. (1991). *Mensch unter Belastung*. Berlin: Deutscher Verlag der Wissenschaften.

Schiffmann, M., Laurig, W. & Vedder, J. (1995). ERGONLIFT WIN – Rechnerunterstützte Methodik zur Bewertung und Prävention für das manuelle Handhaben von Lasten. *Arbeitsmedizin, Sozialmedizin, Umweltmedizin, 30*, 101-106.

Schindler, L. & Hohenberger, E. (1982). *Die verhaltenstherapeutische Behandlung von Schlafstörungen*.

Schmidtke, H. (1965). *Die Ermüdung*. Bern: Huber.

Schmidtke, H. (Hg.) (1993). *Ergonomie*. München: Hanser.

Schönpflug, W. (1976). Regulation und Fehlregulation im Verhalten. I. Verhaltenstruktur, Effizienz und Belastung. *Psychologische Beiträge, 21*, 174-202.

Schönpflug, W. (1987). Beanspruchung und Belastung bei der Arbeit – Konzepte und Theorien. In Kleinbeck, U. & Rutenfranz, J. (Hg.). *Arbeitspsychologie* (S. 130-184). Göttingen: Hogrefe.

Schreinicke, S., Hinz, A., Huber, B., Kratzsch, J. & Heerden, S. (1993). Stress-related changes of saliva cortisol in VDU-operators. *International Journal of Psychophysiology, 14*, 132-145.

Schroda, F. (1995). Der Einsatz von organisationalen und personalen Ressourcen in Zusammenwirkung mit Belastungen auf die Gesundheit von Frauen im Klimakterium. *Diplomarbeit in der Fachrichtung Psychologie der Technischen Universität Dresden*.

Schütte, M. (1986). Zusammenstellung von Verfahren zur Ermittlung des subjektiven Beanspruchungserlebens bei informatorischer Belastung. *Zeitschrift für Arbeitswissenschaft, 40*, 83-89.

Schwarzer, R. (1997). *Psychologie des Gesundheitsverhaltens, 2. Auflage*. Göttingen: Hogrefe.

Schwenkmezger, P. (1994). Gesundheitspsychologie: Die persönlichkeits-psychologische Perspektive. In Schwenkmezger, P. & Schmidt, L.R. (Hg.). *Lehrbuch der Gesundheitspsychologie* (S. 47-61). Stuttgart: Enke.

Selye, H. (1953). *Einführung in die Lehre vom Adaptionssyndrom*. Stuttgart: Enke.

Semmer, N. (1984). *Streßbezogene Tätigkeitsanalyse: Psychologische Untersuchungen zur Analyse von Streß am Arbeitsplatz*. Weinheim: Beltz.

Semmer, N., Zapf, D. & Greif, S. (1996). 'Shared job strain': a new approach for assessing the validity of job stress measurements. *Journal of Work and Organizational Psychology, 69*, 293-310.

Siegrist, J. (1988). *Medizinische Soziologie*. München: Urban & Schwarzenberg.

Siegrist, J. (1996). *Soziale Konflikte und Gesundheit*. Göttingen: Hogrefe.

Sperandio, J.C. (1978). The regulation of working methods as a function of work-load among air traffic controllers. *Ergonomics, 21*, 195-202.

Spielberger, C.D. & Reheiser, E.C. (1994). The job stress survey: measuring gender differences in occupational stress. *Journal of Social Behavior and Personality, 9*, 199-218.

Sprenger, A. (1992). Bewertung von Anzeigetechnologien im Kraftfahrzeug am Beispiel der Geschwindigkeitsanzeige im Head-up-Display. In Reinschild, D. (Hg.). *Bewertung von Windschutzscheiben, Anzeige- und Blickregistrierungstechniken* (S. 65-80). Köln: Verlag TÜV Rheinland.

Stern, J.A. (1994). Blink rate: a possible measure of fatigue. *Human Factors, 36*, 285-297.

Tent, L. (1968). Versuche zur Früherfassung von Merkmalen mentaler Überbeanspruchung. Ein Beitrag zum Problem der vorzeitigen Invalidität. *Archiv für die gesamte Psychologie, 120*, 1-24.

Theorell, T. (1986). Stress at work and risk of myocardial infarction. *Postgraduate Medical Journal, 62*, 791-795.
Theorell, T. (1996). Flexibility at work in relation to employee health. In Schabracq, M.J., Winnubst, J.A.M. & Cooper C.L. (Eds.) *Handbook of work and health psychology* (pp. 147-160). Chichester: Wiley.
Theorell, T., Knox, S. & Svennsson, W.D. (1985). Blood pressure variations during a working day at age 28. *Journal of Human Stress, 11*, 36-41.
Thorndike, E.L. (1900). Mental fatigue. *Psychological Review, 7*, 466-482.
Udris, I. (1981). Stress in arbeitspsychologischer Sicht. In J.R. Nitsch (Hg.). *Streβ*. Bern: Huber
Udris, I. & Alioth, A. (1980). Der Fragebogen zur subjektiven Arbeitsanalyse (SAA). In Martin, E., Ackermann, U., Udris, I. & Oegerli, K. (Hg.). *Monotonie in der Industrie* (S. 61-68). Bern: Huber.
Udris, I. & Frese, M. (1988). Belastung, Streβ, Beanspruchung und ihre Folgen. In Frey, D., Hoyos, Graf C. & Stahlberg, D. (Hg.). *Angewandte Psychologie. Ein Lehrbuch* (S. 427-447). München: Psychologie Verlags Union.
Udris, I., Kraft, U. & Mussmann, C. (1991). *Warum sind „gesunde" Personen „gesund"? Untersuchungen zu Ressourcen von Gesundheit (Forschungsprojekt „Personale und organisationale Ressourcen der Satutogenese." Bericht Nr. 1)*. Zürich: ETH, Institut für Arbeitspsychologie.
Udris, I., Rimann, M. & Thalmann, K. (1994). Gesundheit erhalten, Gesundheit herstellen: Zur Funktion salutogenetischer Ressourcen. In Bergmann, B. & Richter, P. (Hg.). *Die Handlungsregulationstheorie. Von der Praxis einer Theorie*. Göttingen: Hogrefe.
Uhlig, K. (1995). Psychosoziale Ressourcen und Belastungen bei Frauen im mittleren Lebensalter. *Diplomarbeit an der Fachrichtung Psychologie der Technischen Universität Dresden.*
Ulich, E. (1960). Unterforderung als arbeitspsychologisches Problem. *Psychologie und Praxis, 4*, 156-161.
Ulich. E. (1982). Streβ, Probleme und Forschungsergebnisse. *Psychosozial, 5*, 5-7.
Ulich, E. (1994). *Arbeitspsychologie*. Zürich: vdf.
Van Dierendonck, D., Schaufeli, W.B. & Sixma, H.J. (1994). Burnout among general practitioners: a perspective from equity theory. *Journal of Social and Clinical Psychology, 13*, 86-100.
Veldman, H. (1992). *Hidden effects of noise as revealed by cardiovascular analysis. Dissertationsschrift an der Rijksuniversität*. Groningen: University Press..
Wagner, T. & Richter, P. (1996). Ein integrierter Klassifikationsansatz zur Schwierigkeitsbewertung von Landstraßensegmenten. *38. Jahrestagung der experimentell arbeitenden Psychologen*, Eichstädt, April 1996 (Tagungsband).
Wagner, T.; Heger, J.; Weise. G. & Richter, P. (1997) Die psychophysiologische Aufwandsregulation des Kraftfahrers auf Außerortsstraßen in Abhängigkeit von der Kurvigkeit des Streckensegments. *Zeitschrift für Arbeitswissenschaft, Heft 1*.
Wall, T.D.; Jackson, P.R.; Mullarkey, S. & Parker, S.K. (1996). The demands-control model of job strain: a more specific test. *Journal of Work and Organizational Psychology, 69*, 153-166.
Warr, P. (1990. Decision latitude, job demands and employee well-being. *Journal of Occupational Psychology, 63*, 193-210.
Weber, M. (1905). Die protestantische Ethik und der Geist des Kapitalismus. Photomechanischer Nachdruck. In *Gesammelte Aufsätze zur Religionssoziologie von Max Weber*. Tübingen: Mohr.

Welford, A.T. (1978). Mental work-load as a function of demand, capacity, strategy and skill. *Ergonomics, 21*, 151-167.

Wendt, H.W. (1956). Über Ermüdungsindikatoren. *Psychologie und Praxis, 1*, 129-145.

Weyer, G., Hodapp, V. & Neuhäuser, S. (1980). Weiterentwicklung von Fragebogenskalen zur Erfassung der subjektiven Belastung und Unzufriedenheit im beruflichen Bereich (SBUS-B). *Psychologische Beiträge, 22*, 335-355.

Wickens, C.D. (1986). *Engineering psychology and human performance.* Columbus: Charles E. Merrill Publishing Company.

Wieland-Eckelmann, R. (1992). *Kognition, Emotion und psychische Beanspruchung.* Göttingen: Hogrefe.

Wiener, N. (1958). *Mensch und Menschmaschine,* Frankfurt am Main: Metzner.

Wittchen, H.U., Bullinger-Naber, M. et al. (1995). *Angst. Angsterkrankungen, Behandlungsmöglichkeiten.* Basel: Karger.

Wotschak, W. (1985). Neue Konzepte der Arbeitsgestaltung – Dispositionsspielräume und Arbeitsbelastung. In Naschold, F. (Hg.). *Arbeit und Politik* (S. 241-266). Frankfurt a.M.: Campus.

Zapf, D., Knorz, C. & Kulla, M. (1996). On the relationship between mobbing factors and job content, social work environment and health outcomes. *European Journal of Work and Organizational Psychology, 5*, 215 - 237.

Zijlstra, F.R.H. (1993). *Effiency in work behaviour. A design approach for modern tools.* Delft: Delft University Press.

www.asanger.de

Prof. Dr. Ina Rösing
Direktorin der Abt.
Kulturanthropologie
an der Universität Ulm

Ina Rösing
Ist die Burnout-Forschung ausgebrannt?
Analyse und Kritik der internationalen Burnout-Forschung.
2003, 330 S., kt., Euro 29.-, SFr. 50.70
ISBN 3-89334-409-8

"Zu lange ist Burnout ausschließlich von der Psychologie thematisiert und erforscht worden, und zwar meistens auf eine ziemlich unkritische Art und Weise. Nach über 25 Jahren Burnoutforschung wurde es also Zeit für eine mehr umfassende und kritische Darstellung des Phänomens. Genau dies leistet dieses Buch auf hervorragende Weise. Nicht nur wird der enge psychologische Interpretationsrahmen gesprengt und somit neue, umfassendere gesellschaftliche und kulturelle Perspektiven eröffnet, sondern die gängige Forschungspraxis kritisch hinterfragt. Pflichtliteratur für jeden, der sich mit Burnout auseinandersetzen möchte ". *(Prof. Dr. Wilmar Schaufeli, Utrecht University)*

„Adding to her critique, Dr. Rösing brings her own fresh perspective based on her background in cultural anthropology and the sociology of science. In combination, the breadth of literature and the view of someone outside the usual disciplines that focus on burnout brings new light on the field. This new light shines brightly into the dark corners of the current state of our understanding of burnout, and beckons us to follow new directions". *(Prof. Dr. Victor Savicki, Western Oregon University, USA)*

„Ina Rösings Buch war überfällig. Ein 'must read' für alle, die sich dem Thema forschend nähern wollen." *(Dr. Matthias Burisch, Universität Hamburg)*

Asanger Verlag • Heidelberg, Kröning
Dr. Gerd Wenninger,
Bödldorf 3, 84178 Kröning, Tel. 08744-7262, Fax 08744-967755
e-mail: verlag@asanger.de, Internet: www.asanger.de